“2011计划”甘肃省司法科学与区域法治发展协同创新中心建设项目

甘肃省司法改革研究

GANSUSHENG SIFA GAIGE YANJIU

李玉基 李东亮 主编

金石 南永绪 何青洲 祁亚平 詹王镇 执行主编

中国政法大学出版社

2017·北京

图书在版编目（CIP）数据

甘肃省司法改革研究/李玉基，李东亮主编．—北京：中国政法大学出版社，2017.12

ISBN 978-7-5620-8034-3

Ⅰ.①甘…　Ⅱ.①李…　②李…　Ⅲ.①司法制度—体制改革—研究—甘肃　Ⅳ.①D927.420.64

中国版本图书馆CIP数据核字(2018)第002086号

出 版 者　中国政法大学出版社

地　　址　北京市海淀区西土城路25号

邮寄地址　北京100088信箱8034分箱　邮编100088

网　　址　http://www.cuplpress.com（网络实名：中国政法大学出版社）

电　　话　010-58908586(编辑部)　58908334(邮购部)

编辑邮箱　zhengfadch@126.com

承　　印　固安华明印业有限公司

开　　本　720mm×960mm　1/16

印　　张　14.5

字　　数　240千字

版　　次　2017年12月第1版

印　　次　2017年12月第1次印刷

定　　价　49.00元

作者简介

李玉基，男，汉族，生于1963年1月，甘肃会宁人，中共党员，现任甘肃政法学院党委副书记、院长，教授，硕士生导师。1984年毕业于西北政法大学，先后担任甘肃政法学院法学院院长、教务处长、院长助理，甘肃政法学院党委委员、副院长。兼任中国法学会经济法研究会理事，甘肃省法学会常务理事，中国立法学研究会副会长，第十三、十四届、十五届兰州市人大代表、法制工作委员会委员，甘肃省社科联副主席等职，主要研究方向为经济法律制度。近年来主要致力于循环经济法的研究，在省级以上学术刊物公开发表了《大学课堂教学及管理的价值取向——基于大学“优秀教学奖”评选的视角》《论循环经济法中的生产者责任延伸制度》等学术论文50余篇，公开出版了《证券法学》《经济法》《循环经济基本法律制度研究》等专著8部。主持国家社科基金项目《〈循环经济促进法〉实施中的难点分析和对策研究》，主持甘肃省社科规划项目《循环经济基本法律制度研究——基于我国〈循环经济促进法〉的思考》《循环经济法制创新研究》等。2004年获“全国优秀教师”荣誉称号，2012年、2013年两次荣获甘肃省教学成果一等奖。

李东亮，男，汉族，1959年4月出生，中共党员，山西静乐人，出生地山东临沂，大学学历，在职法律硕士。现任甘肃省人民检察院党组副书记、副检察长（正厅长级）、检委会委员。曾任甘肃省嘉峪关市人民检察院副检察长，嘉峪关市司法局局长、市政府法制局局长，嘉峪关市政法委书记，金昌市人民检察院检察长，甘肃省人民检察院反贪局局长。

金石，全国检察业务专家，甘肃省人民检察院法律政策研究室主任，吉林大学博士研究生，西北师范大学、甘肃政法学院兼职硕士研究生导师。近年来，先后在《中国司法》《西南政法大学学报》《河南社会科学》《人民检察》《行政法学研究》等国家级知名期刊发表文章30余篇。主持或参与完成中国法学会、最高人民检察院和甘肃省哲学社会科学重点研究课题14项。

南永绪，男，生于1970年12月，甘肃会宁人。1994年毕业于甘肃政法学院法律系，法学学士，甘肃省高级人民法院刑事审判第一庭副庭长 ，四级高级法官。长期从事刑事审判工作，注重理论联系实际，近年来获得最高人民法院、甘肃省高级人民法院多项奖项，甘肃省委优秀调研报告特等奖。

何青洲，男，汉族，出生于1979年，甘肃庆阳人。现任甘肃政法学院法学院副院长，甘肃省司法学科与区域法治发展协同创新中心执行副主任，甘肃省教育法制培训与研究中心培训部副主任，甘肃政法学院副教授，西南政法大学法学博士，甘肃政法学院硕士生导师，中国社会科学院法学研究所访问学者。兼任"2011计划"司法文明协同创新中心兰州基地研究人员、西南政法大学人权教育与研究中心研究人员、甘肃政法学院·吉林大学法学院法律古籍整理研究所研究人员。研究专长为法理学、司法制度、法律社会学等。参加国家社会科学基金重点项目和教育部人文社会科学重点研究基地重大项目多项，主持甘肃省哲学社会科学规划项目1项，甘肃省人民检察院重点项目3项，甘肃省高级人民法院司法理论研究项目1项，甘肃省高等学校科研项目1项，甘肃政法学院重点项目1项，甘肃政法学院智库项目1项，在法学和政治学类国家级核心期刊发表论文多篇，专著《"人民司法"在中国的实践路线：政治正义的司法实现》（中国政法大学出版社2016年版）、编著《中国法律文献学引论》（合著，中国政法大学出版社2014年版），获甘肃省人民检察院"依法治国与检察理论"论文二等奖，甘肃省高等学校科研成果奖三等奖，甘肃政法学院首届学科专业竞赛优秀指导教师一等奖，甘肃政法学院科研成果奖二等奖。

祁亚平，男，汉族，出生于1973年，甘肃庆阳人，现任甘肃政法学院副教授，硕士生导师，甘肃省司法科学与区域法治发展协同创新中心副主任。主要研究方向为刑事司法制度和刑事证据制度。著有《刑事庭审之事实认定的本质、局限以及罪案评价研究》法律出版社2016年版；《刑事庭审之事实认定》甘肃人民出版社2011年版；《刑事证据学原理》甘肃人民出版社2011年版。主持甘肃省哲学社会科学规划项目1项，甘肃省人民检察院检察理论项目1项，甘肃政法学院重点课题研究1项，甘肃政法学院智库项目1项，甘肃政法学院重大项目1项。

詹王镇，男，1973年12月出生，法学博士，高级法官，甘肃省高级人民法院研究室副主任，甘肃省司法科学与区域法治发展协同创新中心研究员，省委宣讲团成员、九三学社中央法律委员会委员、九三学社甘肃省委员会参政议政部特约研究员、中国人生科学协会人生与法律专业委员会常务副主任、甘肃省环境资源法学研究会常务理事、《甘肃日报》特约评论员、《甘肃法学》特约通讯员、甘肃省政协特邀人员、甘肃省委统战部智库研究人员、甘肃省级法学专业学术带头人等。在《人民法院报》《湖南大学学报》《兰州大学学报》等发表论文近五十篇，出版专著及规划教材十多部，主持过国家级、省级研究项目十多项。在研最高人民法院司法研究重大课题《司法解释和案例指导理论与实务问题研究》和甘肃省哲学社会科学一般项目《司改语境下庭审话语研究——以甘肃庭审话语为例》、安徽省人文社科重点研究项目《城乡一体化视角下的农民土地权益保护与发展研究》等项目五项。主要研究方向：审判理论、土地法、民商法、经济刑法、司法管理。

目 录
Contents

上 篇 甘肃省司法改革成效

下 篇 甘肃省司法改革专题研究

上　篇

甘肃省司法改革成效

甘肃省高级人民法院工作报告（2014 年）

甘肃省高级人民法院院长　梁明远

——2014 年 1 月 15 日在甘肃省第十二届人民代表大会第二次会议上

一、2013 年主要工作

2013 年，甘肃省法院在省委的坚强领导、省人大的依法监督和省政府、省政协及社会各界的大力支持下，在最高人民法院的指导下，深入贯彻落实党的十八大、十八届三中全会和习近平总书记关于法治建设重要论述精神，牢牢把握全省工作大局，紧紧围绕“努力让人民群众在每一个司法案件中都感受到公平正义”的目标，狠抓执法办案，加强公正司法，践行司法为民，强化队伍建设，深化法院管理，各项工作实现了新发展。

第一，忠实履行审判职责。共受理各类案件 192 346 件，审（执）结 186 145 件，同比分别上升 4. 93%和 3. 69%，审（执）结率为 96. 78%；省法院受理案件 3101 件，审（执）结 3051 件，同比分别上升 2. 31%和 3. 39%，审（执）结率为 98. 39%，同比上升 1. 03 个百分点。

坚持罪刑法定原则，依法审结刑事案件 16 844 件，判处罪犯 16 511 人。审结严重刑事案件 4517 件，判处五年以上有期徒刑、无期徒刑、死刑的 1409 人。积极投入藏区反自焚专项斗争，依法稳妥审理自焚事件中的刑事犯罪案件。依法惩治经济犯罪，审结生产销售伪劣商品等犯罪案件 555 件。审结贪污、贿赂、滥用职权等职务犯罪案件 781 件，判处罪犯 906 人。重视人权司法保障，坚持无罪推定、疑罪从无、证据裁判原则，对 45 名被告人依法宣告无罪。严把案件质量关，上报最高法院复核的死刑案件核准率连续两年保持 100%。

坚持平等保护原则，依法审结民事、商事、知识产权案件 117 558 件，标的 93. 6 亿元。其中审结损害赔偿、劳动争议等与民生相关的民事案件 56 389 件，金融、证券、票据等商事案件 46 405 件，著作权、专利权、商标权和植物新品种权等知识产权案件 238 件。加大调解力度，一审民事、商事案件调撤率达到 73. 08%。主动服务经济发展，依法妥善审理涉及“3341”项目工程建设的案件。

坚持合法性审查原则，依法审结行政诉讼案件 1541 件，受理非诉行政执行案件 1128 件，裁定准予执行 1047 件。开展行政案件跨行政区域相对集中管辖试点，探索解决行政案件受理难、审理难、执行难问题。注重行政纠纷的实质性化解，行政诉讼案件协调和解率达到 21. 88%。坚持每年发布《行政审判白皮书》，与省政府联合召开第五次行政复议应诉与行政审判工作联席会议，司法与行政良性互动局面进一步形成。审结国家赔偿案件 33 件，赔偿金额 128 万元。

坚持保障胜诉权益原则，依法执结案件 39 794 件，到位标的 30. 7 亿元，执结率为 95. 5%。深化执行联动机制，建立“点对点”司法查控系统，提高财产查控质量和效率。严惩失信被执行人，将 83 个拒不执行人民法院生效裁判的单位、748 名欠债不还的“老赖”列入失信被执行人“黑名单”和人民银行征信系统，在媒体上公开曝光，并限制融资借贷、经营置产、招投标和出境、高消费行为，敦促其主动履行义务。推行“一线工作法”，执行信访案件化解率达到 100%，受到最高人民法院的通报表扬。清理金融债权积案 1220 件，收回资金 2. 3 亿元。清理党政机关执行人民法院生效裁判专项积案 218 件，标的 1. 24 亿元，甘肃省成为全国 5 个首批提前完成清理任务的省份之一，省法院在中央政法委召开的工作推进会上作为两个发言单位之一介绍了经验，最高人民法院专门刊发了甘肃省的典型做法。

第二，大力加强公正司法。坚持从审判执行工作的各个节点、各个层面抓起，努力促进公正司法。从提高审判质效抓起。依托信息技术，强化对立案、分案、开庭、裁判、执行、归档等各个流程节点的监控和预警提示，提高办案效率；依托法院三级网络，积极推行远程视频提讯，节约办案成本，缩短办案期限。从强化监督指导抓起。严格审判监督程序裁判标准，审结二审案件 10 169 件，改判、发回重审 1853 件；审结再审案件 423 件，改判、发回重审 121 件。其中审结民商事抗诉再审案件 151 件，改判、发回重审 31 件，占 20. 5%，以调解等其他方式处理 120 件。对改判、发回重审案件逐案分析通报，落实责任追究和整改措施，全省法院二审、再审案件维持率同比上升2.68个百分点。从深化审判改革抓起。把量刑纳入法庭审理程序，切实规范法官自由裁量权，使量刑过程“看得见”、量刑结果“可比较”。大力推行小额诉讼，对符合条件的案件简化立案手续、庭审程序、裁判文书制作，依法从速审理。从推进司法公开抓起。公开庭审过程、裁判文书、执行信息，开通法院官方微博，举办“公众开放日”、新闻发布会，发布年度“十大案件”，录播重大敏感案件庭审，邀请人大代表、政协委员视察法院工作、旁听案件庭审。全省法院上网公开裁判文书63 759份。落实人民陪审员倍增计划，扩大司法民主，省法院向省人大常委会专题报告了人民陪审员工作情况。

第三，切实践行司法为民。始终把司法为民作为法院一切工作的出发点和落脚点，切实维护群众权益、方便群众诉讼。大力畅通信访和申诉渠道。落实涉诉信访终结办法，制定出台涉诉信访工作四项制度，推动涉诉信访案件在法治轨道内解决。不断强化司法便民措施。与有关部门出台道路交通事故、保险纠纷诉调对接办法和试行意见，扩大了群众维权途径。加强司法救助工作，为经济确有困难的当事人减缓免诉讼费801.6万元，同比上升50.9%，对符合司法救助条件的138名当事人落实救助资金448.4万元。扎实开展扶贫帮扶行动。协调10个省直扶贫单位为永靖县帮扶项目43个，项目资金7400余万元，各单位自筹帮扶资金350万元。突出法院特色，加大普法宣传和矛盾纠纷调处化解工作，举办法制讲座22场次，就地化解纠纷31起。选派14名年轻优秀干部轮流驻村挂职。

第四，努力加强队伍建设。突出“五个建设”，着力打造忠诚为民务实清廉的法院队伍，全省法院共有100个集体、169名个人受到省部级以上表彰奖励。加强思想政治建设。坚持理论武装，强化理想信念、政治纪律，坚定法院工作的政治方向。加强法院党的建设。健全完善党组工作规则，省法院班子连续5年被省委考核为好班子。协助地方党委对9个中级人民法院31名班子成员进行了调整。加强司法能力建设。举办各类培训班21期，培训干警2390人，邀请最高法院讲师团对全省法院近万名干警开展了为期5天的集中培训；选调447人参加了最高人民法院国家法官学院及省委党校组织的培训。加强司法廉政建设。大力推进廉政风险防控机制建设，对26个中、基层法院开展了审务督察，全省法院受理举报线索527件，查处违纪违法人员14名，移送相关部门追究刑事责任的6人。加强司法作风建设。扎实开展党的群众路线教育实践活动，聚焦“四风”问题，有针对性地开展了“四个一”文明窗口创建、“假如我是当事人”“假如我是服务对象”换位思考研讨、执行和信访积案集中清理化解、全省法院纪律作风大查访等一系列活动，推动了司法作风的明显改进。

第五，不断深化法院管理。坚持以管理促规范、以规范提质效、以质效保公正、以公正树公信，努力提升法院工作科学化水平。深化司法审判管理。不断创新加强审判质量管理、效率管理、流程管理、层级管理和绩效管理，司法审判管理水平进一步提高。深化司法人事管理。把办案质量、效率、效果纳入法官的绩效考评，鼓励多办案、快办案、办好案。制定出台《直属法院组织人事工作管理办法》，理顺了铁路、林区、矿区专门法院的管理体制。为基层法院协调招录公务员 282 名。深化司法行政管理。争取审判法庭建设项目 19 个，建设面积 15.7 万平方米。完成了 338 个人民法庭标识统一工作，启动了覆盖人民法庭的四级专网建设。启用数字法院业务应用系统，大力推广办公自动化，使执法办案、审判管理和其他政务工作更便捷、更智能、更直观、更公开。

回顾一年来的工作，法院工作还存在一些困难和问题：少数法官综合素质不强，一些案件质量效率不高、裁判效果不好；执行难和涉诉信访化解难等老问题由于成因复杂、牵扯面广，虽下了大气力整治，但效果还不理想；个别干警作风不正、纪律不严，违纪违法行为依然存在；案件数量持续增长，法院编制紧缺，尤其是基层人才流失严重，案多人少矛盾依然突出；很多法官持续超负荷工作，身心健康堪忧；司法保障政策尚未完全落实，边远、民族地区法院工作条件亟待改善。对上述问题和困难，我们将在各方面的关心支持下，努力克服，积极改进。

二、2014 年工作的总体思路和主要任务

2014 年，全省法院要认真贯彻落实党的十八届三中全会、中央政法工作会议和省委十二届六次全委（扩大）会议精神，紧紧围绕“努力让人民群众在每一个司法案件中都感受到公平正义”这个目标，牢牢把握司法为民公正司法这条主线，坚持能动司法，不断提升办案水平和司法公信力，为全面深化改革、建设幸福美好新甘肃提供有力司法保障。

（1）始终坚持党的领导。坚持高举旗帜不动摇，坚持中国特色社会主义

司法制度不动摇，始终在思想上、政治上、行动上同党中央保持高度一致。坚决贯彻落实党中央和省委的重大决策，及时向省委汇报法院工作的重大部署、重点任务和重要事项，把法院工作置于党的绝对领导之下。自觉接受人大、政协、检察机关、媒体舆论监督和社会各界的监督，确保宪法法律赋予的职责依法履行，确保人民赋予的权力服务人民。

（2）主动服务全省大局。紧贴省委“转型跨越、富民兴陇”发展战略，依法妥善审理涉及经济结构调整和“3341”项目工程、“1313”华夏文明传承创新区建设等方面的案件，为加快全省改革发展营造良好社会环境。切实履行维护稳定第一责任，严厉打击危害国家安全、煽动民族分裂以及暴力恐怖犯罪，严惩严重暴力犯罪和危害人民群众安全感的犯罪，全力维护国家安全，保障人民群众安居乐业。

（3）切实维护群众利益。重点解决好损害群众权益的突出问题，绝不允许让普通群众打不起官司，绝不允许执法犯法造成冤假错案。高度关注教育、就业、“三农”、医疗、社会保障等领域的群众诉求，推进社会公平保障体系建设。加强农民权益保护，组织开展涉民生案件专项集中执行活动。进一步加强司法便民利民工作，让确有错误的裁判依法得到纠正，让有理无钱的人打得起官司，让有理有据的人打得赢官司，让打赢官司的当事人最大限度地实现权益。

（4）积极推进司法改革。落实主审法官和合议庭办案责任制，让审理者裁判、让裁判者负责。坚持以庭审为中心，严格落实诉讼制度，确保事实证据调查在法庭、定罪量刑辩论在法庭、裁判结果形成在法庭。进一步健全错案防止、纠正、责任追究机制，在审判环节坚决守住防止冤假错案的底线。大力推进司法民主，落实人民陪审员倍增计划。加快审判流程公开、裁判文书公开和执行信息公开三大平台建设，着力打造阳光司法工程，力求让每一名当事人都能打一个公正、明白、受尊重的官司，让公平正义以看得见的方式实现。

（5）大力加强队伍建设。更加注重思想政治建设，确保法院队伍始终忠于党、忠于国家、忠于人民、忠于法律。积极推进法院队伍的正规化、专业化、职业化建设，培养更多的审判业务专家和办案能手。认真查纠人民群众反映强烈的司法作风问题，树立公正、廉洁、为民的良好形象。切实加大反腐倡廉建设力度，严格落实“五个严禁”“十个不准”等禁令铁规，确保法官清正、法院清廉、司法清明。

（6）着力夯实基层基础。坚持重心下移、固本强基，监督指导中、基层法院提高司法水平。加强基层法院规范化、信息化和基础设施建设，不断改善基层司法条件。坚持从严治院和从优待警相结合，激励优秀人才扎根基层、服务群众。积极争取和落实惠及基层的政策措施，进一步增强基层实力、激发基层活力、提高基层战斗力。

甘肃省人民检察院工作报告（2014 年）

甘肃省人民检察院检察长　路志强

——2014 年 1 月 15 日在甘肃省第十二届人民代表大会第二次会议上

2013 年的检察工作

过去一年，全省检察机关在省委和高检院的领导下，在省人大及其常委会的监督下，深入贯彻落实科学发展观，坚持“以强化监督、维护公正为主题，以改革创新、勇创一流为动力，以忠诚为民、务实清廉为追求”，认真履行法律监督职责，圆满完成了各项预期目标。

一、严惩破坏经济发展的犯罪，积极服务全省经济建设

坚持把检察工作放到全省工作大局中谋划和推进，以服务发展体现职能，以履行职能促进发展。

（1）严惩破坏甘肃投资环境的犯罪。围绕“十大行动”和“3341”项目工程建设，严肃查办项目审批、土地征用、招商引资等过程中的职务犯罪 147 人，同比增长 75%，净化了投资环境；围绕保障经济转型升级，批捕金融诈骗、盗窃、职务侵占等破坏生产经营和侵害企业权益的犯罪嫌疑人 1187 人，起诉 2277 人，同比分别增长 6.7% 和 4.9%，优化了发展环境。正确把握罪与非罪等法律政策界限，为 242 名受到错告、诬告的领导干部和企业负责人澄清了是非，理顺了干事创业者的情绪，调动了开拓创新的积极性。

（2）严惩破坏市场秩序的犯罪。积极参与整顿和规范市场经济秩序工作，批捕生产销售“毒蔬菜”“假羊肉”、假冒注册商标、合同诈骗、非法经营等破坏市场经济秩序的犯罪嫌疑人 282 人，起诉 473 人。认真落实行政执法与

刑事司法衔接机制，监督行政执法部门向公安机关移送破坏市场秩序的犯罪案件 319 件 375 人，同比分别增长 81.3% 和 65.2%，维护了市场经济秩序。

（3）严惩重点建设领域的职务犯罪。组织开展了集中查办涉农惠民领域贪污贿赂犯罪专项工作，查办征地补偿、生态保护等领域的贪污贿赂犯罪 491 人，同比增长 36.4% ，维护了农民群众的合法权益。加大惩治商业贿赂和工程建设领域职务犯罪力度，查办产权交易、医疗卫生、房屋拆迁等领域的职务犯罪 139 人。组织开展了查办国家助学金管理领域渎职侵权犯罪专项行动，查办侵害中小学生利益的犯罪 50 人。

二、严惩破坏社会稳定的犯罪，努力促进平安甘肃建设

坚持把维护全省社会稳定作为检察工作的基本任务，密切关注社会治安和公共安全出现的新特点、新动向，批捕各类刑事犯罪嫌疑人 12 676 人，起诉 19 773 人，同比分别上升 4.2%和 8.1%。

（1）严惩各类严重刑事犯罪。突出打击危害国家安全犯罪、黑恶势力犯罪、严重暴力犯罪、毒品犯罪和邪教组织犯罪，批捕犯罪嫌疑人 5913 人，起诉 8039 人，同比分别上升 6% 和 3.9% 。认真开展甘南藏区反自焚专项斗争，省检察院专门制定了工作方案，从全省抽调业务骨干赴甘南进行指导，批捕犯罪嫌疑人 28 人，起诉 17 人。

（2）深入推进检调对接化解矛盾。努力把检察环节轻微刑事案件和民事申诉案件和解融入社会矛盾大调解工作格局中。对涉嫌犯罪但无逮捕必要的 766 人依法作出不批捕决定，同比上升 89.1% ；对犯罪情节轻微、社会危害性较小的 181 人依法作出不起诉决定，同比上升 36.1% ；促成轻微刑事案件和解 358 件；促成民事行政案件和解息诉 203 件，有效化解了矛盾纠纷，增加了和谐因素。

（3）积极参与社会治理。配合有关部门对城乡接合部、校园周边等治安重点地区进行专项整治。针对办案中发现的食品安全、征地补偿等方面的监管漏洞，向发案单位提出检察建议 335 件。集中开展平安建设法制宣传活动，印发宣传材料 24 万余份，提供法律帮助 1240 余次。

三、严惩侵害群众利益的犯罪，切实维护人民群众合法权益

坚持把执法为民作为检察工作的根本出发点和落脚点，严厉惩治涉及群

众切身利益的违法犯罪问题。

（1）坚决惩治损害民生的犯罪。严厉打击侵害民生的各类犯罪，批捕“两抢一盗”，拐卖妇女儿童及网络诈骗等犯罪嫌疑人 4227 人，起诉 5522 人；严厉打击寻衅滋事、敲诈勒索等欺压群众、横行乡里的村霸街霸，批捕犯罪嫌疑人 998 人，起诉 1283 人。组织开展了查办发生在群众身边、损害群众利益的职务犯罪专项工作，立案查处 305 人。开展了危害民生刑事犯罪专项立案监督活动，建议行政执法部门移送犯罪线索 397 件，公安机关已立案 388 件。

（2）切实加强对特殊群体的司法保护。出台未成年人犯罪记录封存实施办法等制度 7 项，不批捕未成年人 239 人，不起诉 100 人。运用立案监督、支持起诉等方式，办理危害劳动保障的犯罪案件 30 件、拖欠农民工工资案件 253 件。推进刑事被害人救助工作，对 395 名生活确有困难的被害人发放救助金 268 万余元。

（3）着力解决人民群众涉检信访问题。以严肃认真的态度对待人民群众来信来访，受理涉检信访 100 件，已全部办结。立案复查刑事申诉案件 299 件。认真开展来省进京访“百日整治”和清理化解涉检信访积案专项活动，对排查出的 12 件疑难信访积案，逐案析因，明确责任，综合施策，目前已基本化解息诉，全省涉检进京访继续处于全国最低水平。

四、严惩职务犯罪，深入开展反腐倡廉建设

充分发挥检察机关在惩防体系建设中的职能作用，坚持“老虎”“苍蝇”一起打，保持反腐败的高压态势。

（1）严肃查处贪污贿赂大案要案。立案侦查贪污贿赂犯罪 603 件 999 人，同比分别上升 4.3% 和 5.5% ，其中，大案 376 件，要案 61 人，同比分别上升 10.3% 和 22% 。在省委的坚强领导和地方党委的积极配合下，省人民检察院带头查办了“酒泉市政协原主席杨林受贿 1350 余万元案”“酒泉市城建局原局长史勇受贿 2500 余万元、巨额财产来源不明 2600 余万元案”，有力震慑了腐败犯罪。查办行贿、介绍贿赂犯罪 72 人，同比上升 8.1% 。通过办案挽回经济损失 1.44 亿元，同比上升 25.2% 。

（2）严肃查处渎职侵权犯罪。顺应时代要求和群众呼声，严肃查办吃老百姓饭、误老百姓事、损老百姓利益的不作为、乱作为渎职侵权案件。立案

侦查 186 件 370 人，同比分别上升 56.3% 和 85% ，其中，重特大案件 105 件，要案 22 人，同比分别上升 110% 和 214.3% 。积极介入重大安全生产事故调查 73 件，查办事故背后的职务犯罪 58 人，使不作为、乱作为的庸官、懒官受到了惩治和教育。

（3）严肃查处执法司法人员犯罪 。注重在执法办案、明察暗访和群众上访中发现执法司法不公背后的职务犯罪，立案侦查涉嫌滥用职权等犯罪的行政执法人员 123 人；立案侦查涉嫌执法犯法、徇私枉法等犯罪的司法人员 42 人，使贪赃枉法者受到了严惩。

五、强化预防工作，努力从源头遏制犯罪

按照“把权力关进制度笼子里”的要求，创新工作机制，切实加强预防犯罪工作。

（1）创新制度防腐措施。本着预防为主、挽救在先的原则，主动探索推进对国家工作人员的警示提醒、训诫督导、责令纠错等三项制度，对群众和社会有反映的 192 人进行警示提醒；对存在不当履职隐患的 234 人进行训诫督导；对履职有过错的 76 人责令纠错，及时教育挽救了一批干部。各级院主动加强与组织部门及党校的联系协调，联合建立预防职务犯罪警示教育进党校工作机制，强化了对各级领导干部、重要岗位工作人员的廉政勤政教育，共开展预防犯罪警示教育 4723 次，受教育 23 万余人次。

（2）构建专群结合的预防格局。坚持把查案与查漏、向发案单位提出检察建议与向党委政府部门提供决策建议结合起来，开展预防调查 592 件，其中，323 份调查报告引起各地党委、人大领导重视并批示。提出预防建议 717 件，其中，685 件检察建议被相关单位采纳并整改落实。受理行贿犯罪档案查询 52 417 次，促进了社会诚信体系建设。

（3）深入开展“两联系、两促进”专项行动。为直接服务重点项目建设，促进经济发展，以开展“重大项目建设服务年”活动为契机，组织开展了以“联系企业、联系项目，促进发展、促进廉洁”为主题的专项行动，为省列总投资 1.2 万亿元的 200 个重大项目提供法律服务，3780 名检察官积极参与联促行动。共设立检察服务室 803 个，开展走访调研 1355 次，帮助整章建制 551 项，调处矛盾纠纷 159 件，依法督促政府有关部门及时为企业办理手续 292 项。通过这些措施，提醒、引导、帮助企业家知法、守法，依法依规办

事，力争使其“创业不闯灯”“干事不出事”“流汗不流泪”“吃苦不吃亏”，受到了各级党委、政府和企业的普遍欢迎。

六、强化法律监督，努力维护司法公正

认真履行法律监督职责，始终坚持依法监督、规范监督、理性监督，不断提升法律监督的成效和水平。

（1）强化刑事立案和侦查活动监督。重点监督纠正有案不立、有罪不究、违法立案、办关系案、人情案等问题，监督侦查机关立案 639 件，监督撤案 1400 件，同比分别上升 20.1% 和 91.8%；追捕 972 人，追诉 330 人，同比分别上升 11.3 % 和 91.9% 。

（2）强化审判活动监督。积极指导各地重点监督纠正裁判不公、徇私枉法等突出问题，对认为确有错误的刑事、民事、行政判决、裁定提出抗诉 271 件，法院审结 189 件，改判、发回重审 132 件。办理民事执行监督 1122 件，法院采纳 1038 件，采纳率为 92.5% 。

（3）强化刑罚执行和监管活动监督。加大对刑罚变更执行活动的监督力度，监督纠正提请减刑、假释、暂予监外执行不当 763 人次。会同公安、监狱机关联合开展了罪犯交付执行与留所服刑专项检查活动，监督清理违法留所服刑罪犯 138 人，监督看守所送交监狱执行罪犯 341 人。

七、强化内部监督，确保检察权公正行使

按照信任不能代替监督，打铁先要自身硬的要求，坚持把强化自身监督放到与执法司法监督同等重要的位置，完善内外部监督制约机制，不断加大内部监督力度。

（1）自觉接受人大监督。省十二届人大一次会议闭幕后，省人民检察院立即梳理出省人大代表对检察工作 9 个方面的意见和建议，并逐项落实了整改措施。坚持向人大及其常委会报告工作制度，各级院向同级人大常委会报告专项工作 98 次，省检察院向省人大常委会专题报告了关于反贪污贿赂工作和代表意见建议办理的情况，并针对代表提出的意见建议及时进行了整改。认真办理人大代表转交的案件 69 件，确保了件件有落实。建立了检察官联系人大代表制度，三级院 339 名检察官分层级联系所在地的全国和省人大代表，主动汇报工作、征求意见，自觉接受监督。

（2）自觉接受民主监督和社会监督。高度重视政协委员对检察工作的意见建议，及时通报检察工作，主动征求意见。严格执行人民监督员制度，组织人民监督员监督案件 37 件。省人民检察院先后 3 次邀请特约检察员和专家学者参与重大决策，认真吸纳意见建议。加大检务公开力度，通过门户网站、检察微博、新闻发布会等平台，及时向社会公布重大工作部署和重大案件办理情况 392 次，增强了检察机关的执法透明度和公信力。

（3）自觉加强执法办案监督。坚持依制度促规范，以规范执法保公正，仅 2013 年省人民检察院就制定了搜查工作规定、防范冤假错案工作意见等 24 项规章制度，确保了执法办案每项工作、每个环节都有据可依、有章可循。组织开展了案件质量评查活动，对存在的案件质量隐患等问题及时进行了监督纠正。先后两次派出 11 个工作组赴市县两级院，对遵守办案纪律、接待群众来访等情况进行了专项督察，对发现的问题督促整改、责令限期纠错。

通过以上措施，执法行为进一步规范，监督力度进一步加大，办案质量和效率进一步提高，高检院通报的 114 项案件质量考核指标中，甘肃检察机关有 7 项位居全国第一，有 23 项进入全国前 5 名，有 43 项进入全国前 10 名，有 84 项进入全国前 20 名，占考核指标的 73.7% ，考核指标上升到了近十年来的最好水平。查办教育领域渎职侵权犯罪专项行动等 6 项工作的做法被最高人民检察院在全国推广。

八、强化自身建设，努力提高履职水平

以提升队伍素质能力和执法公信力为目标，深入推进检察机关自身建设，确保严格、公正、文明、廉洁执法。

（1）大力加强思想政治建设。认真开展党的群众路线教育实践活动，通过实地走访、开门纳谏等方式征求意见建议 372 条，梳理查摆出“四风”方面的问题 32 个，并逐个分析了原因、制定了措施、进行了整改；针对执法办案等方面的问题，建立完善了 25 项制度。通过开展教育实践活动，进一步夯实了广大检察干警忠诚、为民、务实、清廉的思想基础。

（2）大力加强队伍专业化建设。以领导干部和执法一线检察官为重点，加大业务培训力度，共举办各类培训班 461 期，培训检察人员 10 420 余人次，省人民检察院联合北京大学首次举办了高级检察官研修班，有力地提升了培训的质量和效果。加强专业人才的培养选拔和管理使用，组织开展了挂

职锻炼、岗位练兵、业务竞赛、司法考试备考等工作，189 名干警通过国家司法考试。

（3）大力加强作风建设。认真执行中央八项规定和省委“双十条”规定，组织 360 名各级院领导干部开展大调研活动，形成调研报告 43 份，梳理出检察工作中需要改进的 9 个方面的问题，专题召开“破解发展难题、推动工作进位”现场办公会，解决制约发展的问题 83 个。组织开展了“提质增效”活动，省人民检察院年初确定的 82 项争先进位目标任务，全部按时完成，其中超额完成 25 项，占完成数的 30.5%。

（4）大力加强扶贫工作。各级院共协调帮扶重点项目 215 个，帮助落实项目资金 9406 万余元，自筹资金 460 万余元，为联系村修建道路 275 公里、便民桥 23 座、捐赠化肥等物资 266 吨、硬化连户道路及庭院 376 家。省人民检察院还组织联系两当县的省直五部门召开了帮扶推进会和现场观摩会，整体推动了扶贫工作，使联系的 8 个村 2013 年人均纯收入平均增长 30%。

我们也清醒地看到，工作中还存在一些不足和问题：一是法律监督职能作用发挥还不够充分，一些院仍然存在重配合、轻监督甚至不敢监督、不善监督、监督不到位等问题。二是检察队伍整体素质有待进一步提高，高层次人才较少。三是自身监督措施落实不到位，个别地方仍然存在执法不严格、不规范、不文明甚至执法犯法的现象，对前来办事的群众冷硬横推的问题还没有完全根除。四是信息化建设和基层基础工作仍然薄弱。对这些问题，我们将在以后的工作中认真加以解决。

2014 年全省检察工作主要任务

各位代表，在新的一年里，全省检察机关将进一步围绕中心，服务大局，强化法律监督，维护公平正义，大力加强队伍建设，转变工作作风，努力为全省经济发展和社会稳定多做贡献。

一、更加主动地服务经济社会发展

紧紧围绕全省工作大局谋划检察工作，更加有效地服务“十大行动”、“3341”工程、“1313”文化工程、“丝绸之路经济带甘肃黄金段”建设等中心工作。以对待国有企业同等的态度依法保护、支持非公经济的发展。依法打击非法集资、虚假招投标、“吃拿卡要”等破坏市场经济秩序的违法犯罪活动，努力维护公平有序的市场环境和公正高效的投资环境。紧扣“1236”扶贫攻坚行动，依法惩治农村基础设施建设、易地扶贫搬迁、新型城镇化建设、生态环境保护等领域的犯罪，保障小康建设顺利推进。

二、更加有力地维护社会和谐稳定

紧紧围绕平安甘肃建设，密切关注社会治理中出现的新情况，加强和改进批捕、起诉工作，及时有力地惩治危害国家安全、人民群众安全、公共安全以及食品药品、安全生产等领域的犯罪活动。深入开展反恐怖、反自焚、网络造谣等专项治理。深入贯彻宽严相济刑事政策，完善未成年人、残疾人、老年人犯罪检察制度，着力减少社会对抗。积极推广“枫桥经验”，完善刑事和解、检调对接机制，从源头上预防和减少涉检矛盾纠纷的发生，着力维护社会稳定。

三、更加努力地维护人民群众的合法权益

紧紧围绕法治甘肃建设，依法坚决打击黑恶势力犯罪、严重暴力犯罪、多发性侵财犯罪、“黄赌毒”犯罪、拐卖妇女儿童犯罪和利用网络实施的犯罪。扎实开展打击危害民生民利犯罪专项活动。坚守好检察官的职业良知，坚持既严格执法、公正执法，又文明执法、人性执法、柔性执法、阳光执法。严把案件质量关，以“零差错”的姿态严防冤假错案的发生，切实维护好每一个当事人的合法权益。

四、更加严厉地惩治职务犯罪

紧紧围绕廉洁政治建设，继续坚持有案必查、有腐必惩，“老虎”“苍蝇”一起打，严肃查办领导机关和领导干部中的贪污贿赂犯罪案件，发生在群众身边的腐败案件。加大惩治渎职侵权犯罪力度，严肃查处滥用司法权、行政执法权、审批权给国家和人民利益造成重大损失的犯罪案件，严肃查处重大环境污染事件、重大责任事故背后的渎职侵权犯罪案件。加强与纪检监察、其他执法司法机关的协调配合，增强反腐败合力。

五、更加突出地开展职务犯罪预防工作

紧紧围绕惩防体系建设，进一步加强预防职务犯罪工作，在继续深入开展“两联系、两促进”专项行动的同时，今年将在全省检察机关部署开展“保民生、促三农”专项行动和预防职务犯罪进学校、进机关活动。加强预防犯罪制度建设，形成“不能腐”的约束机制。加强重大典型案件剖析，发挥预防犯罪的治本功能。健全行贿犯罪档案查询体系，建立职务犯罪记录和查询制度。加强预防职务犯罪宣传教育，增强干部守法的自觉性，构建不愿腐的思想防线。

六、更加有效地维护执法司法公正

紧紧围绕人民群众反映强烈的问题加强法律监督，将有案不立、有罪不究、刑讯逼供、裁判不公、贪赃枉法、制造冤假错案等司法腐败问题列为今年的重点工作，加强领导、精心部署、出拳亮剑、严查重处，以“零容忍”的态度坚决清除执法司法队伍中的害群之马，以队伍的纯洁赢得司法的公信。同时要针对有权人、有钱人被判刑后减刑快、假释和暂予监外执行比例高、实际服刑时间短等社会反映强烈的问题，认真进行专项监督检查，坚决维护司法公正。

七、更加扎实地抓好队伍建设

紧紧围绕信念坚定、执法为民、敢于担当、清正廉洁以及政治、业务、责任、纪律、作风“五过硬”的要求抓好队伍建设，更加坚决地接受省委领导，更加自觉地接受人大、政协、社会各方面及舆论的监督，更加精心地打造既敢于亮剑又善于舞剑的精干团队，以更严厉的举措严肃整治检察人员中的违纪违法行为，以铁的纪律带出铁的队伍，以抓铁有痕的作风守护好铁的法律，以更加优异的成绩回报党和人民的信任和重托。

各位代表，面对新形势新任务，全省检察机关将进一步解放思想，改革创新，攻坚克难，扎实工作，努力为全省经济发展和社会稳定作出新的更大的贡献。

有关用语说明

（1）行政执法与刑事司法衔接机制（见《报告》）。为防止和纠正行政执法中的执法不严、以罚代刑等问题，2011 年 3 月，中办、国办转发了国务院法制办、最高人民检察院等部门《关于加强行政执法与刑事司法衔接工作的意见》，要求行政执法部门发现违法事实符合刑法、司法解释关于经济犯罪、职务犯罪追诉标准，构成犯罪的，必须依法及时向公安机关或检察机关移送，进入刑事司法程序。检察机关依据有关规定对此进行法律监督。

（2）检调对接（见《报告》）。是指检察机关在履行法律监督职能过程中，以服务民生、修复受损社会关系为宗旨，主动把检察机关化解社会矛盾的工作机制与社会矛盾纠纷大调解机制对接，促进实现和谐司法的工作机制。

（3）轻微刑事案件和解（见《报告》）。是指检察机关在办理轻微刑事犯罪案件中，对于犯罪嫌疑人真诚悔过、积极赔偿损失并取得被害人谅解，被害人要求或者同意司法机关对犯罪嫌疑人从宽处理的案件，可以依法对犯罪嫌疑人不批捕、不起诉，或者建议人民法院从宽处理。

（4）未成年人犯罪记录封存（见《报告》）。是指公安机关、人民检察院、人民法院、司法行政机关对有轻微犯罪行为的未成年人，依照法定的条件和程序，将其轻微犯罪记录予以封存保管，限制其公开的制度。除司法机关为办案需要或者法律规定需要查询的以外，不得向任何单位和个人提供被封存的犯罪记录。依法进行查询的单位，应当予以保密。

（5）刑事被害人救助（见《报告》）。2009 年，中央政法委员会、最高人民检察院等 8 部门共同制定下发了《关于开展刑事被害人救助工作的若干意见》，规定由于案件事实不清、证据不足或者犯罪嫌疑人死亡，检察机关对作出不批准逮捕或不起诉决定的刑事案件被害人，得不到刑事附带民事赔偿，且具有下列情形之一的：因遭受暴力犯罪侵害造成丧失劳动能力，无其他收入来源；无力承担巨额医疗费用；被害人死亡，依靠其抚养或赡养的近亲属生活特别困难的，给予适当的经济救助。

（6）涉检信访（见《报告》）。是指公民、法人或其他单位通过信访渠道反映的涉及检察机关或检察人员的案件，包括：①不服检察机关处理决定的案件；②反映检察机关在处理群众举报线索中久拖不决，未查处、未答复的案件；③反映检察机关违法违规或检察人员违纪违法的案件。

（7）司法人员（见《报告》）。根据《中华人民共和国刑法》第 94 条规定，司法人员是指有侦查、检察、审判、监管职责的工作人员。

（8）对国家工作人员警示提醒、训诫督导、责令纠错制度（见《报告》第）。为了从源头上预防国家工作人员职务违法犯罪，2013 年初，省人民检察院作出部署，要求全省检察机关创新预防工作机制，延伸工作触角，加强与纪委、监察等部门沟通协调，探索建立对国家工作人员的警示提醒、训诫督导、责令纠错制度。警示提醒是指：对群众有举报、社会有反映，以及单位重大决策、大额资金使用、重要人事任免等过程中有可能存在的不廉洁行为，需要事前预警的，检察机关会同有关部门进行警示提醒，讲明政策法律，防止发生违法行为甚至犯罪行为。训诫督导是指：对在执法办案中发现有不当履职隐患，可能造成国家和群众利益受损，或引发群体性事件，或造成一定不良社会影响，通过发提醒书等方式进行训诫，或提出要求和希望。责令纠错是指：对在查办案件过程中发现有履职过错的国家工作人员，联合纪委、监察部门，通过专门教育或约谈等方式责令纠错，督促改正。

（9）预防职务犯罪教育进党校（见《报告》）。是指检察机关通过党校建立预防教育新平台，由检察官走上讲堂，结合查办案件，加强对国家工作人员特别是领导干部、后备干部、新录用公务员和国企管理人员等进行职务犯罪预防教育，增强公职人员廉洁自律意识，提高勤政为民的自觉性，努力从源头上遏制和减少腐败犯罪的发生。

（10）行贿犯罪档案查询（见《报告》）。为充分发挥检察机关法律监督职能作用，打击商业贿赂违法犯罪，2006 年，最高人民检察院决定建立行贿犯罪档案查询系统，运用计算机技术对行贿犯罪信息进行分类录入、存储，并向社会提供查询服务。该系统录入 1997 年以来检察机关立案侦查，并经法院判决的发生在建设、金融、医药卫生、教育和政府采购等领域的行贿犯罪案件，检察机关依照规定为有关行业主管（监管）部门及符合条件的其他单位和个人提供查询服务。对经查询有行贿犯罪记录的单位和个人，由行业主管（监管）部门及有关单位作出相应处置。

（11）“两联系、两促进”专项行动（见《报告》）。2013 年，省人民检察院紧紧围绕省委“3341”项目工程建设，决定在全省检察机关开展为期 2 年的“联系企业、联系项目，促进发展、促进廉洁”专项行动。其中，省人民检察院针对 20 个省列重大建设项目单位直接联系服务；各市州分院按照属地原则，对其他 180 个省列重大项目开展联系服务工作。服务内容主要包括：①深入宣传法律。及时把相关法律书籍和资料、依据提供给企业和项目业主，并随时提供法律咨询。②帮助整章建制。帮助企业建立依法建设、经营的制度，使企业在资金使用、物资采购、项目招标等重点问题上有章可循，防止权力失控、行为失范、决策失误。③监督运行。督促企业依法行事，按制度运行，避免出现有法不依、有章不循，甚至有意地钻法律制度空子或违法犯罪的行为。④帮办手续。协助企业到有关部门办理各种审批事项及证照手续，亲自了解项目运行程序，从中发现一些失职渎职等职务犯罪的线索。⑤应对检查。利用包联企业干部的身份，与企业领导一起应对来自各方面的检查、验收，在接受检查中既监督纠正企业自身存在的问题，又监督防范检查中出现的违法违纪问题。⑥教育保护干部。一方面预防惩处企业负责人和经营管理人员实施贪污贿赂等职务犯罪，另一方面保护、支持企业负责人放手大胆地干事创业。

（12）“枫桥经验”（见《报告》）。20 世纪 60 年代初，浙江省诸暨市枫桥镇干部群众创造了“发动和依靠群众，坚持矛盾不上交，就地解决，实现捕人少、治安好”的做法。为此，1963 年毛泽东同志亲笔批示要“各地仿效，经过试点，推广去做”，“枫桥经验”由此产生。之后，“枫桥经验”得到不断发展，并逐渐形成了具有鲜明时代特色的“党政动手，依靠群众，预防纠纷，化解矛盾，维护稳定，促进发展”的枫桥新经验，成为新时期专门工作与群众路线相结合的典范。习近平总书记 2013 年 10 月就坚持和发展“枫桥经验”作出重要指示，强调要把“枫桥经验”坚持好、发展好，把党的群众路线坚持好、贯彻好。

甘肃省高级人民法院工作报告（2015 年）

甘肃省高级人民法院院长　梁明远

——2015 年 1 月 30 日在甘肃省第十二届人民代表大会第三次会议上

2014 年，甘肃省高级人民法院在省委的坚强领导、省人大的依法监督和省政府、省政协及社会各界的大力支持下，在最高人民法院的指导下，深入贯彻党的十八届三中、四中全会精神和习近平总书记关于法治建设的重要论述，紧紧围绕“让人民群众在每一个司法案件中都感受到公平正义”的目标，忠实履行宪法法律赋予的职责，稳步推进法院改革，全面加强自身建设，各项工作取得了新进展。

一、审判执行工作

全省法院共受理案件 215 331 件，审（执）结 203 163 件，同比分别上升 12. 07%和 9. 26%，法定审限内结案率为 97. 03%；省高级人民法院受理案件 3328 件，同比上升 7. 32%，审（执）结 2985 件，法定审限内结案率为 98. 51%。加强刑事审判工作，审结刑事案件 20 234 件，同比上升 20. 13%，其中审结故意杀人、抢劫等暴力犯罪、黑社会性质组织犯罪等案件 5201 件，走私、非法集资、金融诈骗等案件 915 件，国家工作人员贪污贿赂、挪用公款、渎职侵权犯罪案件 817 件。尊重保障人权，恪守无罪推定、疑罪从无原则，充分运用证据裁判、非法证据排除规则，对 42 名被告人依法宣告无罪。严格死刑案件证明标准，上报最高人民法院复核的死刑案件核准率位居全国高院前列。加强民事、商事、知识产权审判工作，审结案件 129 642 件，标的 110. 55 亿元。审结民事案件 74 477 件，依法化解矛盾、保障民生、促进和谐。审结商事案件 54 997 件，标的 84. 53 亿元；主动加强司法应对，与省政府金融办、省银监局召开 15 家金融机构参加的座谈会，通报案件审理中发现的问题，对防范金融风险提出司法建议。加强知识产权司法保护，审结案件168件，最高人民法院向全国推介了甘肃植物新品种案件审判经验。加强行政审判工作，审结行政诉讼案件1880件，受理非诉行政执行案件1934件，裁定准予执行1366件。开展行政案件相对集中管辖试点工作，着力解决行政案件受理难、审理难、执行难。加强审判监督工作，审结申诉、申请再审案件2047件，决定提起再审135件。规范减刑、假释案件审理，开展专项检查，建立“五个一律”审理制度，审结减刑、假释案件9555件。省高级人民法院减刑、假释案件立案公示率和职务、涉黑、金融犯罪罪犯减刑、假释公开开庭率均达到100%。加强国家赔偿工作，审结国家赔偿案件46件，决定赔偿金额40.08万元，省高级人民法院在全国法院国家赔偿工作会议上介绍了经验。加强执行工作，受理执行案件43 842件，执结39 759件，到位金额38.06亿元；积极开展执行专项活动，涉民生案件专项执行活动比最高人民法院要求提前3个月完成任务，“转变执行作风、规范执行行为”专项活动，受到最高人民法院的表扬；召开全省第五次解决执行难联席会议，与25家协作单位共同签署《共筑诚信惩戒失信合作备忘录》；参与发布甘肃省诚信“红黑榜”，将2334名失信被执行人纳入“黑名单”；建成“点对点”司法查控网络，查询被执行人信息1.7万余条，冻结资金6亿元。

二、司法为民工作

积极回应人民群众的多元司法需求，践行司法为民宗旨。进一步扩大司法公开。建成集审判流程公开、裁判文书公开、执行信息公开“三大平台”于“一网”的甘肃法院司法公开网，向社会公众公开10类70余项信息，向案件当事人公开4类100余项审判信息，司法公开“三大平台”比最高人民法院要求提前2年建成。开通法院官方微博、微信，推行庭审网络直播，创新公开方式。进一步落实便民措施。推行远程视频立案、开庭、接访，全省107个法院设置了远程视频接访室。在甘肃法院网设立“院长信箱”“给大法官留言”栏目，方便群众表达诉求。全省法院缓、减、免诉讼费522.11万元，省高级人民法院发放司法救助金198万元。进一步保障特殊群体合法权益。成立妇女儿童维权合议庭、维权岗113个，设立未成年人案件综合审判庭机构5个、未成年人合议庭57个，实行优先立案、优先开庭、优先执行的工作机制。为永靖县关山乡联系点协调落实项目 21 个、项目资金 1584 万元，争取社会力量给 358 名贫困学生发放救助金 43.97 万元，帮助群众建立百合销售网店，先后组织 359 名干警驻村蹲点总计 5385 天。积极发挥组长单位牵头作用，协调 9 个省直帮扶单位为永靖县落实项目 59 个，项目资金 7675 万元。

三、司法改革工作

认真落实中央、省委及最高人民法院改革部署，报请省委全面深化改革领导小组审议通过了 9 项改革方案，大部分改革工作已取得了阶段性成果。行政案件异地管辖全面推开。除兰州市外，其他地区县级以上行政机关为被告的行政诉讼案件，统一由被告所在地以外中级人民法院管辖；兰州铁路运输法院开展集中管辖其他基层法院一审行政案件试点工作。办案责任制改革顺利启动。制定指导性意见，在试点法院建立新型合议庭办案机制，在人民法庭推行法官办案责任制，实现“让审理者裁判，由裁判者负责”。错案责任追究制得以健全落实。完善错案责任追究的规定，把 8 类案件纳入错案范围，明确认定程序、责任主体、责任追究方式，健全违法审判的制度“红线”。人民陪审员工作机制进一步健全。新增人民陪审员 2197 人，总数达到 4045 人，提前完成“倍增计划”，组织培训 4791 人（次），人民陪审员参加审理案件 26 000 余件；联合制定关于人民陪审员管理工作暂行规定、经费管理办法，规范选任、培训、参审、考核工作，落实办案补助和培训费用。涉诉信访改革稳步推进。制定涉诉信访案件终结程序规定，统一终结原则、范围、程序，确保终结案件办理质量。协调成立“兰州民声法律服务中心”，探索建立律师作为第三方参与化解涉诉信访的新机制。“双语”法官培养培训机制更加完善。联合制定进一步加强全省少数民族地区政法干警双语培训工作意见，协调内蒙古自治区、新疆维吾尔自治区高级人民法院建立汉蒙、汉哈双语人才省际合作培养机制，编写《宪法教程》等藏汉双语教材 10 部，填补了藏汉双语法律培训教材的空白；举办培训班 22 期，培训干警 2200 余人（次）。《人民日报》《人民法院报》等中央媒体先后刊登了甘肃“双语”法官培养培训的主要做法。

四、信息化建设工作

建成覆盖全省三级法院和人民法庭的四级专网及 282 个科技法庭、46 套远程视频提讯系统，建成互为备份、连接全省法院的高速信息专网。省法院建成数据汇集平台和审判信息、执行指挥、综合集控、新闻发布等“一个平台”“四大中心”，实现了案件管理信息化、司法公开和司法评估、拍卖网络化、立案庭审数字化、执行信访远程化、办公流转无纸化、楼宇管控智能化，远程立案、远程庭审、远程执行、远程信访成为法院工作方式新常态。全省法院信息化建设走在了全国前列，最高人民法院在兰州召开了全国法院第二次信息化工作会议，总结推广甘肃法院信息化建设经验。广东、天津等 11 个省、市、自治区法院、60 多个省直单位和高校约 2000 余人来省法院观摩考察。

五、队伍建设工作

全省法院有 57 个集体、102 名个人受到省部级以上表彰奖励，涌现出了全国优秀法院敦煌市人民法院、漳县人民法院和全国最美基层法官、2014 年度人民法院十大亮点人物才让旺杰等一批先进集体和个人，省法院班子连续 6 年被省委评为优秀班子。着力加强教育培训，培训干警 3803 人（次），建成藏书 3 万册的实体图书馆和拥有电子书籍 10 万册、司法数据 70 万条的网络图书馆、阅览室；大力弘扬社会主义法治文化，省高级人民法院建成了法院文化长廊，被命名为全省社会主义法制宣传教育基地；集中整治“六难三案”，对 56 个中、基层法院、84 个人民法庭开展了明察暗访，实名通报典型问题 35 起，白银市中级人民法院被树立为全省党的群众路线教育实践活动典型；查处违纪违法人员 58 人，移送追究刑事责任 7 人，给予党纪、政纪处分 35 人；制定《关于落实党风廉政建设主体责任的意见》等制度，推行“一案双查”，落实主体责任，促进司法廉洁。

回顾一年来的工作，我们清醒地认识到，法院工作还存在一些问题及困难，如有的案件质量效率不高、裁判效果不好；立案难、诉讼难、执行难问题仍然不同程度存在；个别干警司法行为不规范、不文明，违纪违法行为时有发生；近年来案件数量以年均 10.06%的速度持续增长，今年突破 21 万件，与 2008 年相比，案件总量翻了一番，办案压力不断加大；一线法官职业保障始终未能有效解决，人员流失、法官断层问题更加突出；直属法院、新成立法院人员编制不足，内设机构不健全；“两庭”建设负债沉重，自我化解难度很大。对上述困难和问题，我们将在各方面的关心支持下，努力克服、积极改进。

2015 年工作的总体思路和主要任务

2015 年，全省法院工作的总体思路是：深入贯彻落实党的十八届三中、四中全会和中央政法工作会议及省委十二届九次全委（扩大）会议精神，服从服务法治甘肃建设这一中心，时时强化党的意识、司法为民意识，牢牢抓好公正司法实践、司法改革推进、干部队伍锻造、基层基础夯实“四个重点”，主动适应新形势，增强工作前瞻性，充分发挥人民法院职能作用，努力当好群众权益的“守护者”、公平正义的“捍卫者”、法律天平的“秉持者”，为建设幸福美好新甘肃创造良好法治环境。重点做好五个方面工作：

（1）坚持中国特色社会主义法治道路。深入学习贯彻党的十八届三中、四中全会精神，始终坚持党的领导、人民主体地位、法律面前人人平等，坚定不移地走中国特色社会主义法治道路。始终坚持讲定力、守规矩，确保法院工作沿着正确的方向前进。

（2）全力推进平安甘肃、法治甘肃建设。主动适应经济社会发展新常态，紧紧围绕全省大局，严厉打击严重破坏平安建设大局的严重刑事犯罪，妥善处理民事、商事、知识产权纠纷，依法做好行政案件、国家赔偿案件的受理、审理，充分发挥人民法院职能作用，坚决维护宪法权威、维护人民权益、维护社会安全稳定、维护社会公平正义。

（3）切实加强司法为民公正司法。拓展司法便民措施，为群众提供方便快捷的司法服务。健全完善特困群体司法救助制度，严格落实公开审判、举证质证、法庭辩论等诉讼制度，大力推进反规避执行和反消极执行，让有理无钱的人打得起官司，让有理有据的人打得赢官司，让打赢官司的人最大限度地实现权益；加强人权司法保障，让确有错误的裁判依法得到纠正。

（4）积极稳妥推进司法改革。围绕确保依法独立公正行使审判权、健全司法权力运行机制、完善人权司法保障三个关键环节，深化研究、完善方案，抓紧启动和推动一批新的改革事项，着力解决好影响司法公正、制约司法能力的深层次问题。推进以审判为中心的诉讼制度改革，确保侦查、审查起诉的案件事实证据经得起法律的检验。

（5）进一步加强法院队伍建设。坚持职业道德塑造与职业能力提升两手抓，大力加强队伍思想政治教育，严格法官准入条件，完善逐级遴选制度，加大教育培训力度，强化日常管理监督，切实落实主体责任，深入整治“六难三案”，努力打造高素质的法官队伍。

甘肃省人民检察院工作报告（2015年）

甘肃省人民检察院检察长　路志强

——2015年1月30日在甘肃省第十二届人民代表大会第三次会议上

2014年主要工作

一、严惩刑事犯罪，努力促进平安甘肃建设

全力做好检察环节维护稳定各项工作，保障社会安定有序，人民安居乐业。共批捕各类刑事犯罪嫌疑人13 016人，起诉22 303人。

（1）严惩破坏社会和谐稳定的犯罪。密切关注国家安全、公共安全和社会治安领域出现的新情况新动向，依法惩治各类刑事犯罪。共批捕严重暴力、黑恶势力等犯罪嫌疑人6404人，起诉8321人；批捕“黄赌毒”犯罪嫌疑人2875人，起诉3511人。

（2）严惩侵害人民群众切身利益的犯罪。严厉打击生产销售“地沟油”“病死猪”、假劣药等危害民生的犯罪，批捕59人，起诉211人。依法严惩集资诈骗、合同诈骗、非法经营等破坏市场经济秩序犯罪，批捕685人，起诉1218人。认真开展破坏环境资源犯罪专项立案监督活动，监督立案65件。切实加强特殊群体司法保护，严厉打击拐卖妇女儿童，侵害在校学生、农村留守老人等犯罪，批捕48人，起诉113人。

（3）积极参与社会治理。加强行政执法与刑事司法信息共享平台建设，督促行政执法机关移送涉嫌犯罪案件428件。全面执行涉罪未成年人分案起诉、犯罪记录封存等制度，主导建立涉罪未成年人观护教育基地，决定附条件不起诉154人，同比上升4.5倍。建立检察官以案释法制度，推动全社会树立法治意识。

二、坚决惩治和预防职务犯罪，深入推进反腐倡廉建设

坚持有腐必反、有贪必肃、有案必办，共立案侦查贪污贿赂、渎职侵权等职务犯罪869件1439人，同比分别上升10.1%和5.1%。

(1) 集中精力查办了一批以权谋私、权钱交易的大案要案。立案侦查贪污贿赂大案486件，要案89人，同比分别上升29.3%和45.9%；加大行贿犯罪惩治力度，对153名行贿人依法追究刑事责任，立案侦查重特大渎职侵权案件115件，同比上升9.5%。

(2) 深入查办重点领域的腐败案件。针对一些重点领域职务犯罪易发多发的问题，坚持系统抓抓系统、小专项带动大专项，先后在征地拆迁、生态环境、农机系统、淘汰落后产能等领域，组织开展专项行动，共立案侦查利用职权贪占国家补贴、损害群众利益犯罪795人。

(3) 积极构建法制化社会化专业化预防格局。省人民检察院及时主动提出立法建议，并积极配合省人大常委会修订完善了《甘肃省预防职务犯罪工作条例》。发挥专项预防的职能优势，共开展预防宣传和警示教育5380次，向发案单位及主管部门提出预防建议718件，被采纳630件。推动健全社会征信体系，向社会提供行贿犯罪查询77 925次。

三、强化法律监督，着力维护司法公正

(1) 加强刑事立案和侦查活动监督。切实加强审查把关，充分发挥检察机关在审前程序中的监督作用。依法监督侦查机关立案429件、监督撤案644件，纠正漏捕638人、纠正漏诉487人。

(2) 加强审判活动监督。对认为确有错误的法院刑事判决提出抗诉124件；提请、提出民事行政抗诉217件；办理民事执行监督案件403件；对经过审查认为法院裁判正确的189件民事行政申诉案件，耐心做好相关当事人的服判息诉工作，有效维护司法权威。

(3) 加强刑罚执行监督。健全刑罚变更执行同步监督机制，针对“有钱人”“有权人”违法减刑、假释、暂予监外执行等问题，开展专项检察，审查发现并监督纠正470人。对遗留的久押不决案件逐案研究、集中清理，共督促纠正104人。

(4) 严守防止冤假错案底线。全面落实罪刑法定、疑罪从无、非法证据

排除等制度，出台侦捕诉衔接、非法证据核查等 9 项工作意见，依法对证据存疑的 1031 人不批捕、111 人不起诉。组织召开律师代表座谈会，出台保障律师执业权利的意见，确保律师意见被听取、合理意见被采信。

（5）着力查办执法司法人员犯罪。加大查处力度，坚决打击公器私用、公权滥用的害群之马。依法查办索贿受贿、滥用职权的行政执法人员 260 人，同比上升 111.4%；查办徇私舞弊、贪赃枉法的司法人员 57 人，同比上升 35.7%。

四、立足检察职能，全力服务经济发展

（1）扎实开展“保民生、促三农”专项行动。挂牌成立 1239 个乡镇检察室和 15 557 个检察联络室，覆盖率分别达到 100% 和 96.9%，选聘检察联络员 21 023 名，依法查处涉农职务犯罪 833 人，对尚未构成犯罪的 407 名乡村干部进行警示提醒、训诫督导和责令纠错，帮助建章立制 685 项，提供法律咨询和帮助 2530 次；督促纠正低保户错保 9688 户；调处涉农资金使用矛盾纠纷 945 件。

（2）深入推进“两联系、两促进”专项行动。组织 1279 名检察官为 737 个重大建设项目提供法律服务，开展预防调查 112 件，调处征地拆迁、农民工欠薪等矛盾纠纷 355 件，督促有关部门及时为企业办理手续 97 项；批捕诈骗、盗窃、侵占企业财产和侵害从业人员权益等犯罪嫌疑人 1684 人，起诉 3541 人，依法查处涉企职务犯罪 232 人。

（3）认真履行组长单位牵头职责，细化实化帮扶措施，引导农民群众转变致富观念，帮助解决了一批制约发展的突出问题。协调帮扶致富项目 209 个，帮助落实项目资金 1.2 亿元，发放惠农贷款 1.35 亿元，为联系村修建道路 363.1 公里、硬化连户道路及庭院 1078 家。省人民检察院联系村 2014 年人均纯收入平均增长 26.5%。

五、推进检察改革，着力提升司法规范化水平

（1）着力做好检务公开改革。积极搭建检务公开平台，开通“两微一端”，大力推行“一站式”服务，共向社会发布法律文书 787 份、重要案件信息 467 件、案件程序信息 7998 件。出台深化检务公开的意见和实施方案，在全省推行。

（2）扎实开展涉法涉诉信访工作机制改革。及时出台处理涉诉信访工作意见，妥善处理涉法涉诉信访 6336 件；对不服法院正确裁决的 2011 件刑事申诉，耐心做好息诉罢访工作。开展检调对接，对 181 件轻微刑事案件促成当事人在检察环节和解。有针对性地开展司法救助，对 115 名刑事被害人发放司法救助金 117.6 万元。

（3）积极推进司法权力运行机制改革。建立健全案件办理执法检查、刑罚变更执行同步监督等制度，有效规范了执法行为。制定出台过问案件记录、追查问责暂行规定，确保检察权依法独立公正行使。全面推行统一业务应用系统，实现了对全省三级检察院司法办案活动的全程、实时、动态管理和监督。推进人民监督员制度改革，对拟不起诉、撤案的职务犯罪案件全部提交人民监督员监督裁决。

（4）着力健全代表联络工作机制。健全代表意见落实工作机制，针对省人大代表对检察工作的意见建议，分类制定 266 条措施并逐条研究落实。健全代表联系工作机制，建立了专题工作报告、面对面汇报、检讯通短信发布等机制，组织全省检察机关开展了联系走访人大代表活动，邀请代表委员视察、座谈等 1108 人次。健全代表监督事项办理工作机制，及时办结并反馈了办理结果。

六、强化队伍建设，不断增强法律监督能力

（1）加强思想政治建设。认真组织学习党的十八大、十八届三中、四中全会精神和习近平总书记系列重要讲话精神，深入开展第二批党的群众路线教育实践活动，扎实开展“增强党性、严守纪律、廉洁从政”专题教育活动，通过“八个一”举措，使干警的党员意识、宗旨意识、党纪观念和职业良知进一步增强。

（2）加强专业化职业化建设。持续推进全员轮训，共举办各类培训班 461 期，培训干警 10 400 余人次。注重加强专业人才培养，定向举办了藏汉“双语”、心理测试等专题培训班。着力提升培训层次，举办 3 期高级检察官研修班。突出强化实战演练，与省司法厅联合举办了首届全省公诉人与律师论辩赛。

（3）加强党风廉政建设。始终把党风廉政建设放在尤为重要的位置，出台落实“两个责任”实施办法，推行履责情况定期通报等 6 项工作机制。强

化对领导班子、领导干部的管理和监督，深入推进廉政风险防控机制建设，对检务督察中发现的问题全部进行了通报整改。

（4）加强基层基础工作。出台基层检察院五年建设规划，进一步完善上级院领导联系基层、定期督导调研等制度。以科技强检为支撑，推进侦查装备和信息化建设，改善了执法办案条件。

2015 年主要安排

一、严惩刑事犯罪维护全省发展大局

充分发挥各项检察职能，更加有效地服务甘肃省扶贫攻坚行动、创新驱动战略、项目工程建设等中心工作。主动回应人民群众的法治期待和平安需求，建立对黑拐枪、盗抢骗、黄赌毒等犯罪严厉打击整治机制，全力维护社会公共安全。认真做好检察环节社会治安综合治理工作，努力化解不稳定因素。

二、依法查处和预防职务犯罪

坚决贯彻中央、省委反腐败决策部署，下大力气查处一批群众反映集中、社会反映强烈的腐败分子，保持惩治腐败的高压态势，在继续深入推进“两联系、两促进”和“保民生、促三农”两个专项行动的同时，配合法治甘肃建设大局，组织协调在全省各级党政机关开展“学好法、用好权，促公正、促清廉”专项行动，推动全省法治化建设的进程。

三、深入开展司法规范化建设

始终坚守公正司法和严防冤假错案的底线，以集中开展为期一年的规范司法行为专项整治活动为抓手，强化对检察权的监督制约。建立常态化的办案质量和效果评估检查机制，公开、规范的与律师交流沟通机制，让追求公正、尊重人权、耐心倾听成为检察官的一种品质。健全办案质量终身负责制和错案责任倒查问责制，切实加强对检察机关自身司法活动的监督。

四、扎实推进检察体制机制改革

认真实施省委全面深化改革领导小组批准的改革举措，继续深化涉法涉

诉信访工作机制改革，全面推行检务公开和人民监督员制度改革，积极探索检察机关提起公益诉讼等重点改革任务，下功夫修改现行检察工作绩效考评办法，使考核激励机制更加符合检察工作的司法属性和规律。

五、持之以恒加强检察队伍建设

全面贯彻从严治检要求，突出领导班子建设这一重点，坚持从严管理、从严监督，保证正确用权、廉洁从检。深入推进队伍专业化建设，努力提高履职能力和水平。严格落实“两个责任”，持续整治“四风”和司法作风突出问题。切实加强纪律建设，以零容忍的态度坚决惩治司法腐败，用铁的纪律带出过硬检察队伍。认真开展“工作落实年”活动，确保全年目标任务的顺利完成。

甘肃省高级人民法院工作报告（2016 年）

甘肃省高级人民法院院长　梁明远

——2016 年 1 月 18 日在甘肃省第十二届人民代表大会第四次会议上

2015 年主要工作

2015 年，甘肃省高级人民法院在省委的坚强领导、省人大的有力监督和省政府、省政协及社会各界的大力支持下，在最高人民法院的指导下，深入贯彻落实习近平总书记系列重要讲话精神，紧紧围绕“让人民群众在每一个司法案件中都感受到公平正义”的目标，坚持司法为民公正司法工作主线，切实加强审判执行、司法改革、队伍建设等工作，深入开展“三严三实”专题教育和“工作落实年”活动，各项工作取得了新进步。

一、依法履行审判职责

全省法院共受理案件 277 478 件，审（执）结 246 037 件，同比分别上升 28.86%和 21.1%，收、结案数创历年新高，法定审限内结案率为 99.22%；省法院受理案件 3751 件，审（执）结 3595 件，同比分别上升 12.71%和 20.44%，法定审限内结案率为 99.31%。依法惩治犯罪。贯彻宽严相济刑事政策，审结刑事案件 21 888 件，其中审结严重危害社会治安犯罪案件 5170 件，贪污贿赂等职务犯罪案件 483 件，判处未成年人罪犯 562 人，适用缓刑、免予刑事处罚 206 人；坚持疑罪从无、证据裁判等原则，对 37 名被告人依法宣告无罪；报请最高人民法院复核的死刑案件核准率连续 4 年保持 100%。依法保障民生、服务发展、促进创新。审结民事、商事、知识产权案件 158 358 件，标的 201.32 亿元；重视民生权益保障，审结婚姻家庭、劳动争议、社会保险等民生案件 59 400 件；服务发展，审结金融借款、民间借贷、商业保险、投资融资等案件 28 559 件，公司股权转让、企业破产重整等案件 277 件；激发创新动力，审结知识产权纠纷案件 206 件，下发指导意见，加强与有关部门的联动协作，知识产权司法保护水平进一步提升。助推法治政府建设。审结行政诉讼案件 2567 件，受理非诉行政执行案件 1924 件，裁定准予执行 1260 件。行政机关负责人出庭率达到 33%，同比上升 19. 6 个百分点。坚持发布《行政审判白皮书》，应邀培训行政执法人员 2. 5 万人，促进行政执法水平不断提升。强化执行措施。加强整体部署，开展“集中打击拒执犯罪、反规避执行、干预执行、消极执行”“执行能力提升年”“执行风暴专项行动”和未结案件集中清理等系列活动，召开省第六次执行工作联席会议，签署《联合信用惩戒实施办法》；加大惩戒威慑，将 160 名失信被执行人纳入甘肃诚信“黑榜”名单公开警示，罚款 345 件次，司法拘留 1536 人，对 483 名涉嫌犯罪的被执行人移送立案侦查，判处刑罚 62 人；全省法院执结执行案件 49 379 件，到位金额 75. 71 亿元，涉党政机关执行案件连续 3 年在全国率先执结，最高人民法院挂网交办的执行信访案件化解率连续 4 年为 100%。

二、努力提升司法公信

不断加强公正司法。召开防范冤假错案工作座谈会，推进刑事诉讼制度改革；开展审判管理集中整治活动，主要做法被最高人民法院转发全国。不断强化人权保障。受理国家赔偿案件 96 件，同比上升 84. 62%，审结 84 件，决定赔偿 142. 23 万元；制定《司法救助实施办法》，发放救助资金 325. 7 万元；依法减、缓、免诉讼费 992. 28 万元。不断创新便民模式。大力实施“互联网+”行动计划，省高级人民法院与 17 个中级人民法院建成网络诉讼服务平台和 12368 诉讼服务热线，建成了 97 个标准化诉讼服务中心，建立了以中心法庭为主、社区法庭和巡回审判点为辅的法庭布局，推行车载流动法庭巡回审判，方便群众诉讼。不断深化司法公开，建立司法公开网及网站集群，推行庭审互联网直播、新闻发布月度例会、“公众开放日”等制度，开通官方微博、新闻客户端，健全开放、动态、透明、便民的阳光司法机制。

三、不断深化司法改革

一是全面推行立案登记制度。从 2015 年 5 月 1 日起，对一审民事、行政、刑事自诉和申请强制执行、国家赔偿案件，由以往的审查立案变为登记立案，当场立案登记率为95%，有效破解立案难问题。二是开展行政案件跨行政区划集中管辖试点。兰州铁路运输法院作为全国9个试点法院之一，从2015年12月1日起，对原由兰州、白银、定西的21个县区法院管辖的行政诉讼案件，实行跨行政区划集中管辖。在全省中、基层法院实行行政案件异地管辖，推动建立与行政区划适当分离的司法管辖制度。三是在人民法庭推行法官办案责任制。明确人民法庭简易程序、普通程序案件责任承担，赋予独任法官、合议庭成员、审判长签署法律文书的权力，实现“让审理者裁判，由裁判者负责”。四是深化双语法官培养培训改革。协调将双语法律人才培养纳入本科学历教育，建立全省法院双语法律人才库，加强蒙汉、哈汉双语省际合作培训、长期培养力度；开展为期8个月的全封闭式藏汉双语基础班、骨干班培训，受训的全省140名少数民族政法干警达到了熟练运用藏汉双语办案的水平；举办其他培训班24期，培训人员2400余人，其中全国性培训班8期、1200余人，覆盖全国56个民族473个法院。省委政法委、省委党校在省法官学院甘南分院分别设立了全省政法干警培训基地、全省领导干部法治教育基地。在北京举办《宪法教程》等10部藏汉双语教材出版发行座谈会，最高人民法院院长周强，全国政协副主席、国家民委主任王正伟等中央领导出席了座谈会，教材的出版填补了我国双语法律教材的空白。五是建立干预司法记录追责制度。制定实施细则，明确违法干预案件处理的具体情形，建立如实记录、全程留痕、责任追究等制度，架起防止内外部干扰、保障依法独立公正行使审判权的制度“红线”。六是深化人民陪审员制度改革。人民陪审员参与审理案件29 000件，参审率为76.14%，服判息诉率达92.2%。七是积极做好司法体制改革试点前期工作。研究制定《甘肃法院系统司法体制改革试点方案》及配套子方案，指定2个中院、4个县区法院开展先期试点，为全省司法体制改革全面推开奠定基础。

四、着力建设过硬队伍

全省法院有105个集体、112名干警受到省部级以上表彰奖励，涌现出了全国模范法院漳县人民法院和全国先进工作者、感动甘肃·十大陇人骄子才让旺杰，全国模范法官魏素梅等一批先进集体和个人。以严格党内生活、严守党的纪律、坚决反对“四风”和落实“三严三实”要求为重点，加强班子建设，省法院班子连续7年被省委考核为优秀。选派780名干警参加国家法官学院等培训，组织7451名干警参加业务网络培训班，加强理论研究，举办“法官讲堂”“学术沙龙”，干警理论水平和实践能力不断提高。扎实开展“三严三实”专题教育，队伍作风形象有了明显改进。深入开展“工作落实年”活动，形成整体联动、层层推进的落实机制。制定落实党风廉政建设主体责任和监督责任清单，部署开展廉洁司法集中教育、“两好两促”专项行动，制定《干警谈话办法》，开展廉政建设逐级约谈、新提拔干部廉政谈话、廉政考试、廉政风险防控试点、述纪述廉述作风活动和纪律作风民主测评，加大“两个责任”问责力度，层层传导责任压力。坚持把纪律和规矩挺在前面，对53个中、基层法院，111个人民法庭开展审务督察；对36个中、基层法院开展司法巡查。加大违纪违法线索查处，受理举报线索1141件，查处违纪违法人员92人，受党纪、政纪处分84人，追究刑事责任8人。

五、扎实推进扶贫工作

选派9名干部担任驻村帮扶工作队队长，先后组织410名干警驻村帮扶6150天；协调争取项目11个、资金1986万元，完成道路硬化127公里，自来水入户1686户，维修新建村级办公场所5个、村民活动广场8400平方米，改造危房300户，组织技能培训5400人次，输转劳务1.04万人、实现劳务收入9635万元，捐赠款物价值128万元，省高级人民法院联系的贫困户减贫64%，3个村实现整体脱贫。发挥组长单位牵头协调作用，适时召开协调推进会，9个省直帮扶单位为永靖县落实项目42个，资金5395万元。

始终把接受监督作为改进工作、公正司法的重要保障。省高级人民法院向省人大常委会作了关于司法公开工作情况专题报告，书面报告了代表意见建议办理情况。高度重视人大代表、政协委员联络工作，形成了主动服务代表、委员的常态机制。全国人大、最高人民法院组织、邀请19名全国人大代表集中视察甘肃法院，代表们对甘肃经济社会发展、甘肃法院各项工作都给予了高度评价。自觉接受政协民主监督，邀请政协委员观摩庭审、调研座谈，听取意见建议。在全国法院监督联络视频工作会议上，省法院作为全国4个高院之一、中西部唯一法院介绍了经验。接受检察机关诉讼监督和媒体舆论监督，不断加强和改进工作。

回顾一年来的工作，我们也清醒地认识到，全省法院工作还面临一些实际困难和问题。案件数量大幅增长，2015 年新增案件 6.1 万余件，案多人少矛盾更加突出，一线法官身心压力越来越大；缠访闹访、执行难等老问题还没有从根本上解决；有些案件质量效率不高、裁判效果不好；法官队伍的专业化、职业化程度还不能完全适应司法责任制的要求；极个别干警司法作风不端正，对当事人冷硬横推，有的甚至徇私枉法；基层法庭建设欠账大，民族、边远地区法院工作条件还需改善。对上述问题，我们将在各方面的关心支持下，努力加以改进。

2016 年工作思路和主要任务

2016 年全省法院工作的总体思路是：深入贯彻落实党的十八届三中、四中、五中全会及省委十二届十四次全委会议精神，在省委的坚强领导下，紧紧围绕“让人民群众在每一个司法案件中都感受到公平正义”的目标，以“司法为民、公正司法”为主线，突出审判执行，聚焦司法改革，坚持从严治院，强化基层建设，充分发挥人民法院职能作用，为协调推进“四个全面”战略布局、建设幸福美好新甘肃提供有力的司法保障。

（1）全力服务发展大局。牢牢把握“五大发展理念”，紧紧围绕省委发展战略，加强知识产权司法保护，稳妥处置“僵尸”企业，妥善化解民生纠纷和涉及“3341”项目工程、丝绸之路经济带甘肃黄金段建设的相关案件，依法服务和保障创新发展、协调发展、绿色发展、开放发展、共享发展。依法打击、惩治犯罪，推进平安甘肃建设；监督支持依法行政，推进法治甘肃建设。

（2）切实加强公正司法。坚持以庭审为中心，保证庭审在查明案件事实、认定证据、保护诉权、公正裁判中发挥决定性作用。严格执行领导干部、法院内部人员干预、插手、过问案件的记录、通报和追责制度，确保依法独立、公正行使审判权。严惩拒执犯罪行为，不断破解执行难题。完善司法便民平台，让人民群众更加真切地感受到司法的便捷和温暖。

（3）全面推进司法改革。推进司法人员分类管理、司法人员职业保障、人财物省级统管改革，破解影响司法公正的体制障碍。推进全省法院涉林案件集中统管、矿区法院改制等工作，深化直属法院改革。推进以审判为中心的诉讼制度、执行管理体制等改革，优化司法职权配置。

（4）努力加强队伍建设。创新党建工作，加强法院文化建设，引导干警把牢政治方向、严守政治纪律和政治规矩。以司法能力建设为主线，推进法院队伍正规化、专业化、职业化建设。巩固扩大“三严三实”专题教育成果，推动作风建设向基层延伸覆盖。严格执行廉洁自律准则和纪律处分条例，严格落实“两个责任”，以零容忍态度坚决惩治司法腐败，确保司法廉洁。

（5）着力夯实基层基础。坚持在人员配备、教育培训、经费装备方面向基层倾斜，努力解决基层法官断层、人员流失、两庭债务较高等困难和问题。关注基层干警身心健康，提高对边远、民族地区法院的支持力度。加快法院信息化建设转型升级步伐，努力实现审判体系现代化。

甘肃省人民检察院工作报告（2016 年）

甘肃省人民检察院检察长　路志强

——2016 年 1 月 18 日在甘肃省第十二届人民代表大会第四次会议上

2015 年主要工作

过去一年，全省检察机关在省委和最高人民检察院的坚强领导下，在省人大及其常委会的有力监督下，在省政府、省政协及社会各界的大力支持下，紧紧围绕全省中心工作，忠实履职，主动作为，各项工作取得了新进展。

一、以高度的责任感履行法律监督职能，全力维护公平正义

全省检察机关积极投入平安甘肃、法治甘肃建设，认真履行惩治和预防职务犯罪，打击刑事犯罪，对侦查、审判、刑事执行活动进行监督的职能。

（1）在惩治和预防职务犯罪方面。依法严惩职务犯罪。坚持无禁区、零容忍，“打虎拍蝇”齐发力，共查办各类职务犯罪 761 件 1241 人，其中贪污贿赂案件 605 件 936 人，渎职侵权案件 156 件 305 人；涉案金额百万元以上的大案 83 件，千万元以上的 6 件；厅级以上干部 8 人，县处级干部 93 人；挽回经济损失 3. 8 亿余元；成功办结了“青海省委原常委、西宁市委原书记毛小兵涉嫌受贿、挪用公款案”，依法查办了“白银市政协原主席郭德清、酒钢集团公司原董事长冯杰、交通银行甘肃省分行原行长胥小彪等涉嫌受贿案”。严查侵害群众利益的职务犯罪，查办教育、就业、医疗、食药安全等领域职务犯罪 616 人。严查行贿犯罪 145 人，其中行贿金额超过 100 万元的 38 人。严查行政执法、司法人员贪赃枉法、徇私舞弊等职务犯罪 226 人，有力惩治了一批公器私用、公权滥用的害群之马。着力强化预防职务犯罪工作。认真落

实《甘肃省预防职务犯罪工作条例》，提请省委全面深化改革领导小组审议通过《甘肃省检察机关预防职务犯罪约谈办法》，开展预防约谈584人次；向各级党委提交预防职务犯罪年度报告112份；部署开展国土、交通、扶贫等系统预防专题调查，帮助完善制度59项；受理行贿犯罪档案查询16.3万余次。制作《民生为天》《春风化雨润陇原》等16部微电影和专题片开展法治宣传教育，预防工作社会影响力持续扩大。

（2）在打击刑事犯罪方面。以人民群众平安需求为导向，认真履行批捕、起诉职责。依法批捕各类刑事犯罪嫌疑人13 013人，起诉22 733人。其中，批捕严重暴力、涉黑涉毒等影响群众安全感的犯罪嫌疑人7203人，起诉13 753人；批捕集资诈骗、制售假冒伪劣产品等破坏市场经济秩序的犯罪嫌疑人805人，起诉1202人；批捕侵犯妇女儿童和农民工、残疾人、老年人等特殊群体权益的犯罪嫌疑人459人，起诉520人。加强对涉罪未成年人的特殊司法保护，出台讯问程序规则，完善社会调查、附条件不起诉等制度；为避免交叉感染，下功夫协调解决了混合关押问题；推动建立观护教育基地17个，依托社会力量，对不批捕、不起诉的757名涉罪未成年人进行跟踪帮教，最大限度地予以教育、感化和挽救。

（3）在侦查监督方面。充分发挥检察机关在侦查初期的把关、监督和引导作用，重点监督纠正有案不立、有罪不究、违法立案等问题。共依法监督侦查机关立案205件、撤案362件，纠正漏捕317人、漏诉268人，书面纠正侦查活动违法421件次。科学分析甘肃社会治安形势，深入贯彻宽严相济方针，认真落实少捕、慎捕、慎诉政策，尽可能地防范冤假错案，减少社会对立和负面影响，对犯罪嫌疑人主观恶意不明显、罪行轻微、社会危害不大、被害人愿意达成和解的轻伤害、交通肇事等轻微刑事案件依法不批捕1106人、不起诉437人。针对人民群众强烈关注的问题，部署开展了破坏环境资源和危害食品药品安全犯罪专项立案监督活动，监督行政执法机关移送案件105件，立案55件，追究刑事责任40人。

（4）在审判监督方面。积极适应以审判为中心的诉讼制度改革，全面贯彻证据裁判规则，坚持罪刑法定、疑罪从无，有利于和谐稳定、案结事了，有利于节约司法资源等法治理念，加强对审判活动的监督。本着对法律和当事人负责的态度，依法提出刑事抗诉104件、民事行政抗诉70件，抗诉数量逐年下降，法院的采纳率稳步上升，彰显了审判和抗诉质量双提升，取得了较好的法律和社会效果。

（5）在刑事执行监督方面。依法监督纠正减刑、假释、暂予监外执行不当 188 人，重新收监 66 人，监督纠正社区服刑人员脱管、漏管 292 人。认真开展捕后羁押必要性审查，460 人被释放或变更强制措施。为进一步强化执行监督，按改革要求，将全省检察机关监所检察部门统一更名为刑事执行检察局，实现了工作职责、工作方式、工作理念的重大转变。

二、以创新的思维开展工作，紧贴实际服务全省大局

为了充分运用检察职能和资源服务全省中心工作，我们以创新的思维延伸法律监督触角，以预防职务犯罪为切入点，以专项行动为引领，扎扎实实开展了具有鲜明甘肃特色的四大服务举措。

（1）在服务法治甘肃建设方面。按照省委决定，与省直机关工委密切配合，在全省党政机关深入开展了“学好法、用好权，促公正、促清廉”专项行动。组织全省党政机关 40 万干部按照“八个一”的要求，开展了扎实有效的学法用法活动。活动中，检察机关给党员干部发送了 10 余万份法治教材及音像资料，组织干部参观警示教育基地 1719 场次，各班子成员也纷纷登上讲台作法治报告，受众达 30 余万人，使执法用权者普遍受到了一次系统的法治教育；为了严肃纪律，还集中查处了 146 名不收敛、不收手，顶风违法犯罪的党政机关干部。通过教育活动的深入开展，党政干部的法律意识明显增强，党政机关的法治氛围更加浓厚，全省已有 453 家党政机关申报“预防职务犯罪先进单位”，200 人被推荐为“尊法学法守法用法模范”。

（2）在服务“三农”方面。为了促进扶贫的深入开展，保证扶贫资金的安全使用，2015 年我们继续开展了“保民生、促三农”专项行动，充分发挥涉农部门、乡镇及村社的检察派出机构作用，做到扶贫资金流转到哪里，检察监督就跟进到哪里。通过推行“三公开”，使县、乡、村的扶贫政策、资金总额、分配结果全部向社会公开，让群众明白、还干部清白。积极构建公开内容向检察官“三报备”制度，使扶贫资金的使用情况可知、可监、可控、可防、可查，以公开倒逼公正，确保扶贫资金正确使用。专项行动中，共提出预防建议 163 件，帮助整章建制 174 项，提供法律咨询和司法帮助 738 次，调处涉农矛盾纠纷 207 件。这项工作的深入开展及检察室的设立，使基层法律监督的力度进一步加大，资金的管理使用更加规范，基层干部的遵纪守法

意识普遍增强，涉农职务犯罪大幅减少，2015 年涉农职务犯罪举报信较上年减少 47%，立案人数下降 50.8%，教育、保护、挽救了一大批基层干部，取得了非常理想的社会效果。国务院副总理汪洋、最高人民检察院检察长曹建明和省委、省政府主要领导分别作出批示，给予充分肯定。全国人大常委会和最高人民检察院共同组织部分全国人大代表来甘进行专项视察，给予高度评价。

（3）在服务经济建设方面。为了使检察工作更好地服务经济建设这个第一要务，我们与省发改委密切配合，连续三年深入开展了检察官“联系企业、联系项目，促进廉洁、促进发展”专项行动。2015 年全省检察机关共联系服务建设项目 432 个，涉及建设资金 3821.6 亿元，为企业项目提供法律咨询 1194 次，帮助整章建制 338 项，督促有关部门及时为企业办理审批事项 112 次。同时，依法查处了涉企职务犯罪案件 74 件 91 人，办理涉企刑事案件 152 件 193 人，协助解决矛盾纠纷 139 件。为支持非公经济的发展，出台《关于服务非公有制经济发展的意见》，挂牌成立驻甘肃省工商业联合会检察服务室，召开非公经济企业家座谈会，把 70 家商会联系的 18 200 个非公经济组织纳入服务范围，为企业家维权“撑腰壮胆”，为企业合法经营保驾护航，支持非公经济健康发展。此举在全国属首创，受到工商界人士高度称赞。

（4）在服务扶贫攻坚方面。始终把扶贫列为检察工作的重要任务，认真履行组长单位牵头职责，帮助包联县破解发展难题，共协调项目 53 个、列入规划和落实资金 67.6 亿元。着眼产业发展、农民增收，探索实行“小康互助组”发展模式，使每个贫困户脱贫致富都有了保障；成立“互助组”，使每个干部都能充分发挥作用。积极帮助联系户破解发展思路、项目、资金、技术、销路等难题，联系村农民 2015 年人均纯收入增加到 5606 元，增幅达 15%；建档立卡贫困户脱贫面达 90%。结合新农村建设，积极开展“主题月”活动，水电路等基础设施建设全面完成，村级文化广场、卫生室、商贸服务社和金融网点等公共服务设施实现全覆盖。省委、省政府对省检察院的做法给予充分肯定和高度评价，并在两当召开了现场观摩推进会。

三、以坚决的态度加强自身监督，确保依法正确行使检察权

按照打铁先要自身硬、监督者更要自觉接受监督的理念，坚持把强化自身监督摆在最为重要的位置，不断完善和落实自觉接受监督的机制和措施。

（1）在规范权力运行方面。针对司法权运行不规范问题，在全省检察机关认真开展了规范司法行为专项整治工作。深入查摆问题，坚持问题导向，敞开大门征求各方意见，汇总梳理出89类司法行为不规范的突出问题。着力整改落实，将违规查封扣押涉案财物，过问、干预办案，不严格遵守办案期限等12个方面的问题纳入整治范围，围绕规范、文明、公正司法这一主题，从思想理念、制度机制、监督考核等多个层面逐一整改，整改问题8000余个。健全规范制度，省检察院清理废止过期制度63项，修订完善48项，新建35项，使每项检察权的运行都有了制度的遵循和规范。甘肃省检察系统的这项工作走在了全国前列，曹建明检察长批示要求在全国检察机关推广。

（2）在内部监督方面。强化案件管理，实行统一受案、全程管理、动态监督、案后评查、综合考评管理机制。以提高办案质量为重点，组织案件质量集中评查，切实整改办案中存在的突出问题。认真落实中央、省委和最高人民检察院关于全面清理各类司法考核指标的要求，下决心取消了各类不合理的考核指标。认真贯彻中办、国办《关于进一步规范刑事诉讼涉案财物处置工作的意见》，开展专项督察，审核处理涉案财物1.39亿元。

（3）在外部监督方面。接受人大、政协监督，切实加强与人大代表、政协委员的联系，完善办理人大代表建议、批评、意见及转交案件工作规定，针对省人大代表对检察工作的意见建议，分类制定238条措施，逐条研究落实并集中反馈，办理人大代表、政协委员转交案件112件，集中开展专题“检察开放日”活动，全省检察机关共邀请代表、委员视察工作356人次。接受社会监督，全面推进检务公开，向社会公开重要案件信息和法律文书8961篇、提供案件程序性信息查询29 538件，保障了案件当事人的知情权、监督权。接受舆论监督，积极推进新媒体平台建设，全省三级检察院官方微博、新闻客户端、微信公众平台全部开通，省检察院官方腾讯微博和今日头条客户端分别入围全国检察机关微博20强和客户端20强，获“全国检察机关新媒体优秀奖”。

四、以强烈的担当稳妥推进检察改革，努力促进司法公正

贯彻全面深化司法改革要求，统筹推进各项检察改革，着力破解制约检察权公正行使的深层次问题。

（1）稳步推进四项改革试点准备工作。认真落实中央、省委关于深化司

法体制改革的部署，围绕完善司法责任制等四项改革，省检察院班子成员分头带队深入基层，开展调研论证，配合省级有关部门，研究制定了《甘肃省检察机关司法体制改革试点工作实施方案》，确定6个院启动试点准备工作。制定检察人员分类管理、办案质量终身负责等22项配套方案，细化分解改革任务，确保改革试点有序进行。

（2）深入推进涉法涉诉信访改革。认真落实诉访分离要求，畅通信访渠道，建立网上受理、内部协作息诉新机制，采取远程视频接访、信访窗口提早延时接访等措施，妥善处理涉法涉诉信访1468件。着力构建“三个穷尽”工作机制，引导各类信访有序导入、依法办理、终结退出，化解涉检信访历史积案17件。制定律师参与化解、代理涉法涉诉信访案件的意见，推动形成多元化解工作格局。加强释法说理、情绪疏导，通过检调对接、公开听证、反馈答复等方式，息诉罢访刑事申诉134件、发放司法救助金277.9万元。全省各级检察院缠访闹访案件明显减少。

（3）积极推进人民监督员制度改革。为了强化人民群众对检察权的监督，积极改革人民监督员选任方式。扩大监督员数量，面向社会公开选任人民监督员50名。拓展监督范围，将查办职务犯罪案件中“阻碍律师或其他诉讼参与人依法行使诉讼权利”等四种情形纳入人民监督员监督范围，共监督评议案件31件31人。完善监督程序，通过随机抽选监督员、全面提供案件材料、认真处理评议意见等程序，增强监督刚性。

（4）着力推进检察机关提起公益诉讼改革试点。按照“五个必须”要求，研究制定《甘肃省检察机关提起公益诉讼试点方案》，确定8个地区开展试点。加强与省高级人民法院等相关单位的协调沟通，确保试点工作积极稳步推进。配合改革试点，部署开展行政违法行为检察监督专项活动，依法监督纠正155件。

五、以有力的措施全面加强队伍建设，持续提升司法能力

以“五个过硬”为目标，坚持从严治检不放松，努力建设信念坚定、执法为民、敢于担当、清正廉洁的高素质检察队伍。

（1）加强思想政治建设。坚持把学习教育、思想引领贯穿始终，认真贯彻党的十八大和十八届三中、四中、五中全会精神，深入学习贯彻习近平总书记系列重要讲话精神，引导广大检察人员进一步坚定理想信念、确保正确

政治方向。扎实开展“三严三实”专题教育，进一步增强检察人员的党性观念和纪律意识。组织开展主题演讲、主题党日、“国家宪法日”等活动，不断打牢对党忠诚、听党指挥、捍卫公正、为党献身的思想基础。

（2）加强队伍素能建设。健全检察业务专家带头办理重大案件、培养业务骨干等制度，建立各类检察人才库 10 个，选拔培养各类业务骨干 381 人。分层次开展集中轮训、专题培训、岗位练兵和业务竞赛，共培训干警 6600 人次。举办藏汉“双语”培训班 3 期。与北京大学、复旦大学、国家检察官学院建立长期合作机制，318 名高级检察官参加研修学习。大力推进创先争优，全省检察机关 38 个集体和 15 名个人获得省部级以上表彰奖励。

（3）加强纪律作风建设。认真开展“工作落实年”活动，确定 41 项重点工作任务，建立责任清单，定期督查通报，提升执行力。严格落实党风廉政建设“两个责任”，采取逐级签订责任书和承诺书、定期“三述”、廉政约谈等措施，强化执纪问责。加大巡视督察力度，对 3 个市级院进行了巡视，对 79 个市、县院开展了检务督察。严格落实检令检纪，以“零容忍”的态度查处违纪违法的 6 名检察干警，确保检察队伍清正廉洁、作风过硬。

各位代表，过去一年检察工作取得的成绩，是各级党委正确领导，人大及其常委会有力监督，政府、政协和社会各界关心支持帮助的结果。在此，我代表全省检察机关和全体检察干警表示衷心的感谢并致以崇高的敬意！

我们也清醒地认识到，工作中还存在一些问题和不足：一是检察职能作用的发挥还不够充分。二是检察队伍的整体素质与新形势新任务的要求还有差距。三是检察改革的力度还不够大。四是纪律禁令落实还不到位，极个别检察人员违纪违法问题仍有发生。对这些问题，我们将采取得力措施，认真加以解决。

2016 年主要安排

2016 年，全省检察机关要全面贯彻落实党的十八大和十八届三中、四中、五中全会精神，深入学习贯彻习近平总书记系列重要讲话精神，认真落实中央、省委和最高人民检察院决策部署，紧紧围绕协调推进“四个全面”战略布局，依法履行监督职能，严格规范司法行为，扎实推进检察改革，着力建设过硬队伍，不断提升司法水平，为全省经济社会持续健康发展营造良好的法治环境。

一、强化工作举措服务发展大局

牢固树立服务大局的意识，紧紧围绕“十三五”规划和“一带一路”建设布局，准确把握检察工作切入点和着力点，主动服务经济社会发展新常态。充分发挥惩治、预防、监督、教育、保护等职能作用，依法打击破坏市场经济秩序犯罪，平等保护各类市场主体，用心营造法治化营商环境。应社会各界要求，继续深入开展“两联系、两促进”“保民生、促三农”专项行动，以得力管用的举措着力服务全省经济建设。

二、突出检察职能强化法律监督

坚持以法治为引领，积极参与打黑除恶、打击暴恐犯罪等专项行动，严惩严重危害社会稳定的刑事犯罪，维护公共安全、社会稳定和群众生命财产安全。着力推进行政执法与刑事司法衔接机制建设，充分发挥“两法衔接平台”作用，切实加强对执法司法活动的法律监督，严惩执法司法腐败。认真落实宽严相济的刑事政策，主动参与社会治理创新，着力加强特殊人群权益保障。

三、加大查处力度依法严惩腐败

坚决贯彻中央、省委和最高人民检察院关于反腐败斗争的决策部署，继续保持反腐败高压态势。重点查办领导机关、重点领域、重要岗位的职务犯罪，掌权官员不作为、乱作为、慢作为背后的职务犯罪，贪占挪用扶贫资金的职务犯罪。深化职务犯罪预防工作，精心建设全国一流的“甘肃省警示教育基地”，做实功夫、扩大效果，努力营造不敢腐、不能腐、不想腐的社会氛围。

四、更加积极稳妥推进检察改革

凝聚改革共识，遵循司法规律，正式启动四项改革试点，努力探索可推广、可复制的经验。继续深化涉法涉诉信访、检务公开和人民监督员制度改革，认真开展检察机关提起公益诉讼制度改革试点。积极适应以审判为中心的诉讼制度改革，进一步健全检察权运行制约监督体系，完善和落实自觉接受监督的机制措施，确保检察权依法正确行使。

五、坚持从严管理加强自身建设

始终把队伍和基层基础建设作为重中之重，突出理想信念教育，加强检察职业良知和职业道德教育，巩固“三严三实”专题教育和规范司法行为专项整治成果。突出能力素质建设，紧贴实践开展分类培训，提高检察队伍的职业素养和专业水平。认真学习贯彻党章和准则、条例，持之以恒地抓好作风建设，严格落实“两个责任”，着力打造铁的队伍。

各位代表，新的一年，全省检察机关将在省委和最高人民检察院的坚强领导下，认真落实本次会议的决议，忠诚使命、依法履职，锐意进取、扎实工作，为建设平安甘肃、法治甘肃做出新的、更大的贡献！

附　件

有关用语说明

（1）预防职务犯罪年度报告。检察机关结合本年度查办的职务犯罪案件开展预防调查，对辖区内职务犯罪总体形势、规律特点、演变趋势等作出深度分析，针对职务犯罪易发多发领域和部位等提出预警和预防对策建议，并提交党委、人大、政府及有关部门作为决策参考的一种综合报告。

（2）讯问程序规则。为进一步规范人民检察院讯问未成年犯罪嫌疑人工作，切实保障未成年犯罪嫌疑人合法权益，根据相关法律法规的规定，结合未成年人刑事检察工作实际，省检察院制定了《甘肃省人民检察院讯问未成年犯罪嫌疑人程序规则（试行）》，对讯问前准备，以及讯问的时间、方式、内容、流程等予以规范。

（3）社会调查制度。在人民法院判决宣告前，由专门机构或人员通过走访未成年犯罪嫌疑人、被告人的监护人、就读学校、同学、社区居民等，对未成年人的性格特点、与社会环境的依存关系进行调查，并对其人身危险性和再犯可能性进行评估，然后将调查与评估报告提交法院，供法院在量刑时参考的制度。

（4）附条件不起诉制度。对于未成年人涉嫌侵犯公民人身权利、财产权利或者妨害社会管理秩序的轻微犯罪，可能判处一年以下有期徒刑，符合起诉条件，但有悔罪表现的，人民检察院在听取公安机关、被害人的意见后，可以对涉罪未成年人作出附条件不起诉的决定，同时对其设置6个月以上1年以下的考验期，由人民检察院进行监督考察，若考验期满，未发现法律规定的应当撤销附条件不起诉决定的情形，人民检察院应当作出不起诉的决定。

（5）涉罪未成年人观护教育基地。由检察机关主导，与法院、政府有关部门和相关社会力量协作，选择符合规定的企业、事业单位、社会组织等，建立专门场所，为涉嫌犯罪但无羁押必要的未成年人进行观护帮教，以达到改善行为、预防再犯、保证诉讼顺利进行的目的，同时也为未成年人复学、就业创造条件，提高他们回归社会的信心和能力。

（6）以审判为中心的诉讼制度改革。党的十八届四中全会提出：推进以审判为中心的诉讼制度改革，确保侦查、审查起诉的案件事实证据经得起法律的检验。全面贯彻证据裁判规则，严格依法收集、固定、保存、审查、运用证据，完善证人、鉴定人出庭制度，保证庭审在查明事实、认定证据、保护诉权、公正裁判中发挥决定性作用。

（7）“学好法、用好权，促公正、促清廉”专项行动，简称“两好两促”专项行动。2014年底，省检察院对2014年全省职务犯罪发案情况进行了认真分析，发现党政机关国家工作人员职务犯罪比例较大，且上升趋势明显，一些地方党政领导和部门领导职务犯罪严重。鉴于以上情况，省检察院党组专题向省委呈送了《关于在全省党政机关开展“学好法、用好权，促公正、促清廉”专项行动的请示》，省委高度重视，要求省委办公厅统筹提出方案。2015年5月5日，省委常委会听取并研究了省检察院关于在全省党政机关开展“两好两促”专项行动的报告，决定从5月份开始，在全省党政机关开展这一专项行动。

（8）“八个一”。即向各级机关单位赠送一本《甘肃省预防职务犯罪工作条例》单行本、一本《预防职务犯罪教育读本》、一套廉政公益海报、一套廉政短片、一部预防职务犯罪微电影；组织各级国家工作人员观看一部警示教育专题片、参观一次警示教育基地；组织一次法律综合知识和预防职务犯罪知识测试。

（9）“保民生、促三农”专项行动。即“保障民生民利，促进农业发展、农村繁荣、农民增收”专项行动的简称。2013年8月，省检察院针对涉农资金管理使用存在的诸多问题，专门向省委报送了《全省涉农职务犯罪情况报告》，同时报送了《关于在全省检察机关开展“保民生、促三农”专项行动的请示》，省委专门批复，同意开展专项行动：“要抓实见效，把防范机制建起来”。从 2013 年 10 月份开始，省检察院在试点的基础上，与省委农村工作办公室联合出台《关于在全省开展“保民生、促三农”专项行动的意见》，对专项行动进行了动员部署。自此，专项行动在全省各级党委、政府及其各部门的大力支持和农村广大群众的积极参与下，全面展开。

（10）“三公开”。即检察机关监督县区涉农部门向各乡镇、乡镇向各村社、各村社组织向农户公开扶贫惠农政策及落实情况。公开内容主要包括本级管理或实施的所有政策资金的政策依据、资金总量、实施标准、惠及范围、分配程序、分配结果、监督机关、监督方式等，实现涉农政策资金信息从涉农部门到乡镇再到村社的全节点逐级公开，从单一结果公开向结果、过程双公开的转变。

（11）“三报备”。即涉农部门、乡镇、村级组织分别将自身管理或实施的涉农政策项目、资金总量、实施依据、实施标准、实施范围等信息分层分级向对应的检察室、检察联络室报备，保证检察机关及时、准确、全面掌握相关信息变动情况，实现对惠农资金“可知、可监、可控、可防、可查”五位一体的同步监督。

（12）“联系企业、联系项目，促进廉洁、促进发展”专项行动。简称“两联系、两促进”专项行动。2013 年，省检察院紧紧围绕省委“3341”项目工程建设，在全省检察机关决定开展为期 2 年的“联系企业、联系项目，促进廉洁、促进发展”专项行动。服务内容主要包括：深入宣传法律、帮助整章建制、监督企业依法运行、督促帮办手续、教育保护干部等。鉴于专项行动取得的成效，从 2015 年开始，这项工作已转入常态化。

（13）“小康互助组”。省检察院在两当县开展扶贫、解决贫困户发展产业永续脱贫的新方式、新路径。“小康互助组”，就是在大户和贫困户双方自愿的基础上，经过“双向选择”，采取“1+N”形式，通过签订“互助协议”，1 个大户捆绑多个贫困户，由大户提供资金、技术、平台，帮助贫困户持续增加收入；贫困户带着惠农资金、劳动力、土地入股，将自己的产业“嫁接”到大户身上；大户保证所捆绑的贫困户在协议约定期间，家庭人均纯收入实现两个翻番，激发大户的创业潜能和责任意识。同时，县乡党委政府和扶贫单位、扶贫干部承诺向产业大户优先提供项目、资金支持和技术、市场信息服务，以支持大户持续发展，产生“一雁领头、群雁起飞”的带动效应。通过这种方式，让贫困户真正走进互助组，成为产业真正的主人，享受利润分成、赚取劳务工资、掌握致富技能；让大户拓展发展空间，获取更大收益，实现产业大户、贫困户双方或多方互赢互利。

（14）“互助组”。省检察院在两当县开展扶贫行动中，为落实干部给产业大户和建档立卡贫困户的承诺，实现扶贫深度融合设立的干部互助组织。主要任务是轮流、定期到扶贫点上工作，到村后对贫困户重点帮扶，对组内其他成员包联户协助帮扶，使群众能“资源共享”、形成合力。“互助组”由联系同一个“小康互助组”的联户干部组成，组长由包村党组成员，副厅级以上领导干部担任，负责协调抽调互助成员入村事宜，副组长由包村的部门负责人担任，协助组长工作，负责督促互助组成员完成各项入村入户任务。

（15）“主题月”活动。结合扶贫，省检察院对干警联户方式进行了调整，在坚持落实单位和干部进村入户时间、次数规定的同时，每月确定一个工作主题，每个“互助组”每次抽调干警，承担全组联户扶贫任务，利用1周左右时间，深入村、户，开展交叉、点面互促式扶贫，形成长流水、不断线的扶贫工作机制。

（16）规范司法行为专项整治工作。2014年12月26日，最高人民检察院召开电视电话会议，部署在全国检察机关开展为期1年的规范司法行为专项整治工作。全省检察机关按照部署要求，认真学习、深刻领会，精心组织、真抓实干，切实促进检察机关司法行为规范化建设，进一步提高司法公信力。

（17）四项改革。根据党的十八届三中全会审议通过的《中共中央关于全面深化改革若干重大问题的决定》要求，中央确定深化司法体制改革的四项任务为：完善司法人员分类管理、完善司法责任制、健全司法人员职业保障、推动省以下地方法院检察院人财物统一管理。甘肃省于2015年下半年正式开展试点工作。

（18）涉法涉诉信访改革。为贯彻落实党的十八大提出的依法治国基本方略，2013年初中央政法委将涉法涉诉信访工作改革确定为政法系统重点工作之一。主要内容为：实行诉访分离制度，将涉及民商事、行政、刑事等信访事项从普通信访体制中分离出来，统一由政法机关依法受理，地方党委、人大、政府及其部门均不再受理涉法涉诉信访。

（19）“三个穷尽”工作机制。针对近年来一些地方出现的上访老户的问题始终没有得到有效解决的状况，省检察院党组围绕推进涉法涉诉信访改革，确定了构建“三个穷尽”的工作机制，即穷尽法律程序，对符合法定条件、依法应进入法律程序的要及时导入，依法办理。对涉及其他政法机关的，建立健全衔接配合机制，畅通出口，确保每一起案件都有相应的部门接待处理。穷尽检察职责，对导入司法程序的信访案件，健全完善办理机制，综合运用案件审查、联合接访、公开听证等多种形式，认真审查，及时办理，按期答复，严防案件在法律程序内“空转”；对已经穷尽法律程序或符合终结条件，当事人坚持缠访缠诉的，依法予以终结，不再受理，不再启动复查程序。穷尽检察人员诚心，将心比心、换位思考，带着感情执法，怀着同情接访，以诚心换取信任，以诚心打开心结，切实平息矛盾积怨，促进社会和谐。

（20）公益诉讼改革试点。根据《最高人民检察院检察机关提起公益诉讼试点方案》，检察机关在履职中发现污染环境、食品药品安全领域侵害众多消费者合法权益等损害社会公共利益的案件，以及检察机关在履职中发现的生态环境和资源保护、国有资产保护、国有土地使用权出让等领域负有监管职责的行政机关违法行使职权或不作为，造成国家和社会公共利益受到侵害的案件，检察机关可以提起公益诉讼。在提起公益诉讼前，应当依法督促或者支持法律规定的机关或有关组织提起民事公益诉讼或是向相关行政机关提出检察建议。甘肃省作为全国 13 个试点省份之一，目前正在开展试点工作。

（21）“五个必须”。按照最高人民检察院关于检察机关开展公益诉讼试点工作的要求，省检察院党组提出：必须严格限定试点单位、必须牢牢抓住公益这个核心、必须严格落实诉前程序、必须严格审批制度、必须加强沟通协调。

（22）“五个过硬”。2014 年初，习近平总书记在中央政法工作会议上提出，要按照“政治过硬、业务过硬、责任过硬、纪律过硬、作风过硬”的要求，努力建设一支信念坚定、执法为民、敢于担当、清正廉洁的政法队伍。

表 1　审查逮捕刑事犯罪案件情况对比表

单位 项目	2014 年				2015 年			
	件	同比（%）	人	同比（%）	件	同比（%）	人	同比（%）
受案	10 745	10.7	15 438	7.3	11 887	10.6	16 004	3.7
批准逮捕	9322	7.4	13 016	2.7	10 012	7.4	13 013	-0.02
不批准逮捕	1330	35.3	2283	40	1764	32.6	2828	23.9

表 2　审查起诉刑事犯罪案件情况对比表

单位 项目	2014 年				2015 年			
	件	同比（%）	人	同比（%）	件	同比（%）	人	同比（%）
受案	18 200	17.4	25 806	12.5	18 633	2.4	25 102	-2.7
提起公诉	16 082	17.2	22 303	12.8	17 350	7.9	22 733	1.9
不提起公诉	313	66.5	488	69.4	590	88.5	941	92.8

表 3　诉讼监督情况对比表

项目 年度	侦查监督					审判监督						执行监督	
						刑事			民行			减刑、假释、暂予监外执行不当	
	监督立案	纠正不当立案	追捕	追诉	纠正侦查活动违法	抗诉	法院审结	改判发回重审	抗诉	法院审结	改判发回重审调解	提出纠正	已纠正
	件	件	人	人	件次	件	件	件	件	件	件	人	人
2014 年	429	644	638	487	928	124	86	57	72	81	61	471	470
2015 年	205	362	317	268	421	104	72	42	70	28	22	193	188

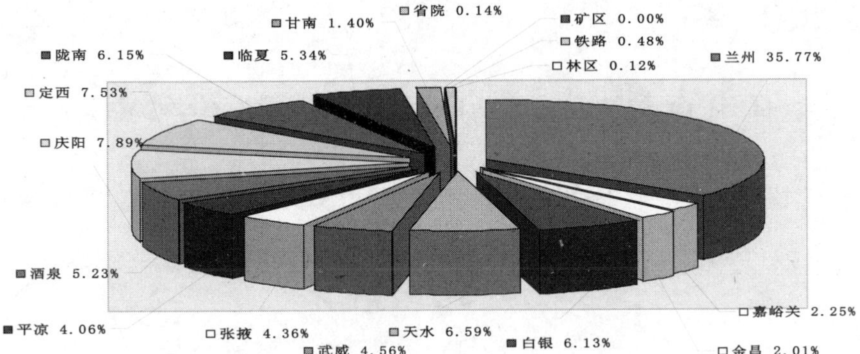

图 1　批准逮捕刑事犯罪嫌疑人地区分布情况图

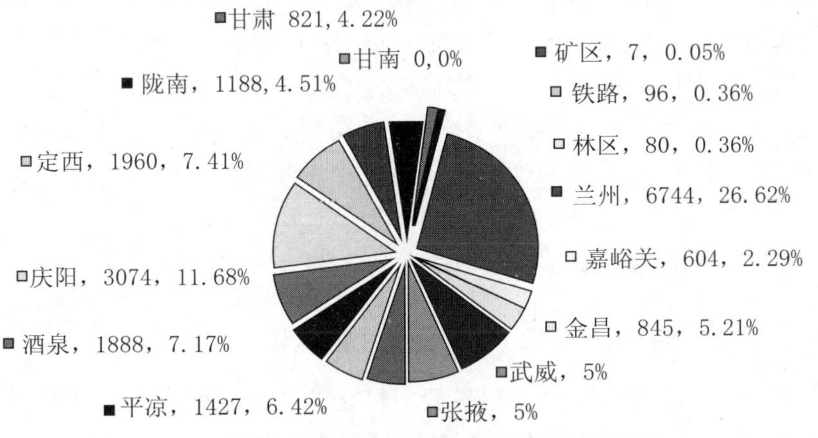

图 2　提起公诉刑事犯罪被告人地区分布情况图

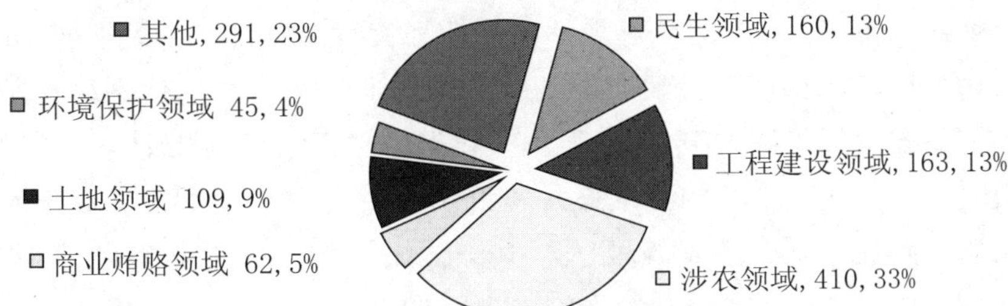

图 3　立案侦查职务犯罪领域分布情况图

甘肃省高级人民法院工作报告（2017 年）

甘肃省高级人民法院院长　梁明远

——2017 年 1 月 11 日在甘肃省第十二届人民代表大会第六次会议上

2016 年，省法院在省委的坚强领导、省人大的有力监督和省政府、省政协及社会各界的大力支持下，在最高人民法院的指导下，忠实履行审判职责，积极践行司法为民，全面推进司法改革，始终坚持从严治院，各项工作取得了新进展。全省法院共受理各类案件 340 986 件，审（执）结 296 445 件，同比分别上升 22.89%和 20.49%，收、结案数量再创历年新高，法定审限内结案率达 99.37%；省法院受理案件 4858 件，审（执）结 4626 件，同比分别上升 25.24%和 28.68%，法定审限内结案率达 99.42%。

一、依法惩治犯罪，全力推进平安甘肃建设

审结刑事案件 25 322 件，生效裁判判处罪犯 21 220 人。严惩严重暴力犯罪，审结故意杀人、抢劫、绑架等案件 5673 件，判处 5 年以上有期徒刑、无期徒刑、死刑的 1072 人。严惩毒品犯罪，审结案件 3336 件，判处罪犯 2675 人。严惩职务犯罪，审结贪污贿赂、渎职犯罪案件 702 件，判处罪犯 703 人。惩治破坏市场经济秩序及涉民生类犯罪，审结非法集资、电信网络诈骗、危害食品药品安全等案件 1079 件。强化人权保障，审慎审判死刑案件，连续 5 年上报最高人民法院复核的死刑案件核准率保持 100%。对 53 名被告人依法宣告无罪。判处未成年罪犯 524 人，其中适用缓刑、免予刑事处罚 184 人。审结减刑、假释、暂予监外执行案件 11 183 件。

二、紧紧围绕中心，有力保障经济社会发展

坚持服务大局，出台《省法院党组关于贯彻五大发展理念为全省经济社

会发展提供有力司法保障的意见》。全省法院共审结民事、商事、知识产权案件 185 554 件，标的额 296 亿元。依法助推产业转型升级，出台处置“僵尸”企业的意见，设立破产案件合议庭，受理公司清算、企业破产案件 37 件，资产债务总额达 121 亿元。依法维护金融安全，审结金融借款合同纠纷案件 10 433件，标的额 91 亿元；受理民间借贷纠纷案件 35 702 件，同比上升 58. 52%，审结 31 378 件，标的额 59 亿元。依法维护市场交易秩序，审结买卖等合同纠纷案件 54 261 件。依法保护知识产权，审结知识产权案件 197 件。依法保障改善民生，审结婚姻家庭、继承纠纷案件 45 960 件，道路交通、人身损害赔偿纠纷案件 15 362 件，医疗事故、医疗损害赔偿纠纷案件 182 件，劳动争议和社会保险纠纷案件 5679 件。出台维护军人军属合法权益实施意见和做好涉军案件调解工作指导意见，设立“涉军维权办公室”和“军人法律援助站”，切实维护国防利益和军人军属合法权益。

三、保护监督并重，着力促进依法行政

受理行政诉讼案件 4220 件，同比上升 31. 38%；审结 3630 件，其中判决撤销或变更行政行为、限期履行法定职责、确认行政行为违法、无效及判决行政机关赔偿的 310 件；受理非诉行政执行案件 1614 件，裁定准予执行 1213 件。妥善化解群体性纠纷，审结案件 129 件。支持检察机关开展公益诉讼试点。落实被诉行政机关负责人出庭应诉规定，行政机关负责人出庭应诉率达 40. 6%，同比上升 7. 6 个百分点。

四、保障胜诉权益，强力破解执行难题

落实最高人民法院关于甘肃等 19 个执行工作基础较好的重点地区在 2 年内基本解决执行难的要求，制定 29 项措施，部署开展“甘肃向执行难宣战”活动。在新闻媒体和公共场所刊登、张贴公告曝光“老赖”，对 695 名拒不申报、虚假申报财产的被执行人依法进行制裁，对 14 890 名失信被执行人联合实施信用惩戒，通过公安机关协助查控被执行人 3936 名，对 99 名拒不执行法院裁判的被执行人依法判处刑罚。省委常委会专题听取省法院党组关于执行工作的汇报，省委、省政府办公厅下发《甘肃省加快推进失信被执行人信用监督、警示和惩戒机制建设的实施意见》，省人大常委会下发《关于监督支持人民法院在两年内基本解决执行难问题的通知》，省政协对解决执行难问题

开展专题调研提出意见建议，省委政法委牵头组织52个执行联动单位，签署《支持人民法院解决执行难工作承诺书》，综合治理执行难的工作格局进一步形成。执结案件65 870件，同比上升33.4%，执行到位金额141亿元，同比增加65亿元，涉党政机关执行案件连续4年提前完成任务，最高人民法院挂网督办的执行案件执结率连续5年为100%。

五、践行司法为民，努力维护公平正义

加强公正司法。一审案件服判息诉率达91.65%，同比上升0.41个百分点。审结再审案件381件，改判80件，发回重审64件。彰显司法关怀，审结申请国家赔偿案件74件；为经济上确有困难的当事人缓、减、免诉讼费1121万元，发放司法救助资金2315万元。完善便民措施。全省法院建成集诉讼服务大厅、诉讼服务网、12368诉讼服务热线“三位一体”的综合性诉讼服务中心103个。为86个基层法院配备信息化巡回审判车，实现了车载流动法庭在全省广大农村、牧区全覆盖。深化司法公开，建成高清数字法庭423个，全省115个法院、298个人民法庭实现专网全连通、数据全覆盖。建成审判流程、执行信息、裁判文书、庭审活动四大司法公开平台。推送审判流程信息、执行信息549 290条，上网公开裁判文书145 143份，增加公开藏、蒙古、哈萨克等民族语言裁判文书，上网比率在全国法院排名第15位；互联网直播案件庭审1694案，积极开展藏汉双语网络庭审直播。推进扶贫。推动永靖县落实扶贫项目22个，全县贫困面由17.35%下降到7.11%。筹措资金1900万元，完成了道路维修改造、美丽乡村建设等工程，帮助建立百合专业合作社4个，千亩优质百合示范基地1处，储藏能力达1200吨的百合保鲜库4座，发展电子商务2家，签约陇萃堂等商家实现农超对接；引资2亿元的抱龙山凤凰岭国际滑雪场已投入运营。省法院联系的贫困户减贫72.27%，7个贫困村有5个实现整体脱贫。

六、紧扣公信立院，奋力推进司法改革

人员分类管理改革取得新进展。通过考试考核、差额推荐和遴选委员会票决、公示，全省法院遴选入额法官2923名。绩效考评、工资制度改革、省以下法院人财物统管等工作正在有序推进。跨行政区划集中管辖行政案件取得新成效。制定办案指引，实行专业法官会议制度，规范集中管辖，引导依

法诉讼。试点以来，兰州铁路运输两级法院共受理行政案件 1089 件，当场立案率达 96%，审结 1016 件，一审案件服判息诉率达 71.22%，行政机关负责人出庭应诉率达 71.20%。家事审判改革推出新举措。建立庭前家庭财产申报、判后跟踪、回访、帮扶及反家暴联动等机制，4 个试点法院共受理家事案件 2348 件，审结 2116 件，调撤率达 60%。以审判为中心的诉讼制度改革有了新成果。联合省检察院、公安厅出台《办理重大刑事案件收集、审查、判断证据若干问题的规定》，发挥庭审在查明事实、认定证据、保护诉权、公正裁判中的决定性作用；指导部分基层法院对轻微刑事案件的审理程序、庭审方式、裁判文书进行改革试点。

七、坚持从严管理，大力加强队伍建设

全省法院有 32 个集体、83 名个人受到省部级以上表彰奖励，其中有 3 个法院被评为“全国优秀法院”，7 名法官被评为“全国优秀法官”“全国法院办案标兵”，省法院领导班子连续 8 年被省委考核为优秀。扎实开展“两学一做”学习教育。创新学习教育载体，引导广大党员尊崇党章、遵守党规，做“四讲四有”合格党员。切实加强党建工作。探索建立“三联三化”党建模式，增强党建工作的实效性。配合组织部门完成 14 个市、州中级人民法院院长换届和班子调整工作。切实加强纪律作风建设。通过警示教育、组织“三述”、谈话诫勉、查处问题及支持纪检组长约谈党组成员等方式，积极探索实践监督执纪“四种形态”。全省法院查处违纪、违法人员 56 人。紧扣“六大纪律”和审判纪律作风，对中、基层法院和人民法庭扎实开展司法巡查和审务督察，现场查纠问题。切实加强教育培训。培训干警 3700 人次。充分发挥国家法官学院舟曲民族法官培训基地作用，累计举办各类培训班 76 期，培训学员达 10 230 人，覆盖全国所有高级法院和军事法院、新疆兵团法院；举办全封闭式藏汉双语培训班 4 期，受训的 390 名少数民族地区政法干警达到了熟练运用藏汉双语办案、庭审和制作司法文书的水平，破解双语法官短缺难题初见成效。切实加强法院文化建设。编纂出版《甘肃法院志（1949～2015 年）》，举办甘肃法院 66 年发展历程图片展，与中央电视台、最高人民法院影视中心联合拍摄微电影《盖尼法官》，与省委宣传部联合开展“用公开促公正，建设核心价值观”主题教育活动，为公正司法提供有力的价值引导、文化凝聚和精神推动。切实加强民族法制理论研究。成立全省少数民族法制文

化研究中心，编辑出版《民族法制文化研究》4辑120万字；在舟曲培训基地成功举办了由最高人民法院和国家民委联合主办的“民族法制文化与司法实践”研讨会，最高人民法院党组书记、院长周强，国家民委党组副书记、副主任刘慧，中央政法委副秘书长徐显明等领导出席会议并讲话。清华大学、中国政法大学、中央民族大学等13所高校、研究机构的专家学者和全国16个省、市、自治区高级人民法院、民族工作部门的领导300余人出席研讨会，出版发行了3卷140万字的研究文集，开启了我国民族法制文化研究的新篇章。

过去一年，省法院主动接受省人大及其常委会的监督，专题报告了全省法院行政审判工作和代表意见建议办理情况，建立重大司法决策、重大案件邀请人大代表、政协委员参与和旁听机制，代表、委员到法院旁听庭审、视察工作、交流座谈1339人次，反馈办理结果425件。依法接受检察机关诉讼监督，审结抗诉案件186件，其中改判、发回重审64件。积极推进司法民主，人民陪审员参与审理案件44 702件。自觉接受舆论监督，全省法院召开新闻发布会63场次。

过去的一年，全省法院案件数量大幅攀升，案多人少、法官超负荷办案等问题更加突出，法官助理和书记员严重不足；基本解决执行难时间紧、任务重；实行司法责任制后如何强化对审判权力的运行监督，需要进一步探索；有的案件质量效率不高，个别干警司法作风不端正，极个别甚至徇私枉法。对上述问题，我们将努力加以改进。

2017年工作思路和主要任务

2017年全省法院工作的总体思路是：深入贯彻落实党的十八大及十八届三中、四中、五中、六中全会和中央、省委经济工作、政法工作会议精神，紧紧围绕“努力让人民群众在每一个司法案件中感受到公平正义”的目标，以司法为民、公正司法为主线，以深化司法改革为动力，以从严治院和科技强院为保障，充分发挥审判职能作用，为协调推进“四个全面”战略布局、建设幸福美好新甘肃提供有力司法保障。重点做好五个方面工作：

（1）始终坚持正确方向。深入学习贯彻党的十八届六中全会精神和习近平总书记治国理政新理念新思想新战略，引导广大干警坚定“四个自信”，牢固树立“四个意识”。坚持中国特色社会主义司法制度不动摇，自觉把法院工作置于党的绝对领导之下，自觉接受监督。努力把每一起案件办成具有指导意义的精品案、法律效果和社会效果统一的放心案、经得起历史检验的铁案。

（2）依法保障发展大局。全力推进平安甘肃、法治甘肃建设。适应经济发展新常态，以推进供给侧结构性改革为主线，公正高效审理相关案件。切实保护各种所有制组织和自然人财产权，增强人民群众财富安全感。

（3）不断深化司法为民。加快“智慧法院”建设，让人民群众真切感受到司法的便捷和高效。继续破解“诉讼难”“执行难”，让有理无钱的人打得起官司，让有理有据的人打得赢官司，让打赢官司的当事人最大限度地实现权益。进一步强化执行措施，实现基本解决执行难的目标。

（4）深入推进司法改革。建立和完善新型审判运行机制，实现“让审理者裁判，由裁判者负责”。深化双语法律人才培养培训、行政案件集中管辖等标志性、引领性改革措施，加快涉林案件和其他环境资源类案件集中管辖改革步伐。积极推进以审判为中心的诉讼制度改革，坚守防范冤假错案的底线。

（5）从严加强队伍建设。加强队伍思想政治、司法能力建设，推进队伍正规化、专业化、职业化。严格落实主体责任，坚持从严管理，以零容忍的态度坚决惩治司法腐败，促进法官清正、队伍清廉、司法清明。

各位代表，党的十八届六中全会开启了全面从严治党的新征程，党和人民群众对法院工作提出了新的更高要求，全省法院将认真贯彻执行本次大会决议，坚持改革创新、奋发进取，坚持司法为民、公正司法，忠实履行宪法法律赋予的职责，以优异的成绩迎接党的十九大和省第十三次党代会胜利召开！

甘肃省人民检察院工作报告（2017 年）

甘肃省人民检察院检察长　路志强

——2017 年 1 月 11 日在甘肃省第十二届人民代表大会第六次会议上

2016 年，全省检察机关在省委和最高人民检察院坚强领导下，在省人大及其常委会有力监督下，在政府、政协和社会各界鼎力支持下，紧紧围绕“五位一体”总体布局、“四个全面”战略布局和全省工作大局，忠实履行检察职能，各项工作取得了新进展。

一、强化法律监督，推进法治建设

全面履行法律监督职责，严惩犯罪、保障人权，维护了和谐稳定，促进了公平正义。

（1）加强对侦查活动的法律监督。共批准逮捕各类刑事犯罪嫌疑人 14 275 人，同比上升 9. 7%。白银市人民检察院依法提前介入、从快批捕跨省作案、强奸残害 11 名女性的犯罪嫌疑人高承勇。认真贯彻宽严相济刑事政策，依法不批捕 4053 人，同比上升 43. 3%。坚决纠正有案不立、有罪不究问题，监督立案 180 件，追加逮捕 289 人；坚决纠正利用抓捕手段插手民间经济纠纷、侵犯当事人合法权益等问题，监督撤案 289 件；坚决纠正有案不移、以罚代刑问题，建议行政执法机关移送涉嫌犯罪案件 218 件。

（2）加强对审判活动的法律监督。共提起公诉各类刑事犯罪嫌疑人 28 498 人，同比上升 19. 9%。坚持疑罪从无、防错防漏，依法决定不起诉 1992 人，同比上升 96. 3%；追加起诉 316 人，同比上升 17%。对认为确有错误的刑事裁判提出抗诉 89 件，法院已采纳 52 件；对认为确有错误的民事和行政生效裁判、调解书，提出抗诉 63 件，法院已采纳 44 件。

（3）加强对执行活动的法律监督。监督纠正判处实刑罪犯未交付执行 87

人，已全部收监服刑。监督纠正减刑、假释、暂予监外执行不当411人。监督纠正社区服刑人员脱管、漏管98人。对认罪态度好、不影响办案、不需要羁押的755名犯罪嫌疑人建议释放或变更强制措施。坚决查处监管不力、失职渎职、体罚犯人等刑事执行活动中的职务犯罪，立案侦查11人。强化民事行政生效裁判执行活动监督，发出检察建议149件，法院已采纳99件。

（4）积极参与社会治安综合治理。深入开展打黑除恶、反邪教、打击电信网络诈骗等专项斗争，参与禁毒、扫黄打非等专项治理。加强未成年人检察工作专业化建设，完善涉罪未成年人社会化帮教体系，建立观护教育基地30个，依法不批捕364人，附条件不起诉307人。创新开展普法教育，省检察院被评为“六五”普法全省先进单位。

二、加大惩防力度，促进反腐倡廉

坚决贯彻中央、省委关于反腐败斗争的决策部署，坚持无禁区、全覆盖、零容忍，坚持“老虎”“苍蝇”一起打，坚持侦查预防两手抓，着力营造风清气正的政治生态。

（1）坚决查处贪污贿赂犯罪。共立案侦查492件744人，挽回经济损失2.69亿元。突出查办大案要案，立案侦查50万元以上大案133件、要案38人。突出惩治行贿犯罪，立案侦查88件101人。劝返11名在逃职务犯罪嫌疑人，其中境外3人，追回赃款1517万元。依法对省委原副秘书长兼信访局局长戴炳隆、省绿化办原副主任陈浩文等4名厅局级干部和张家川县原县委书记刘长江、泾川县原县委书记李全中等34名县处级干部立案侦查。

（2）坚决查处渎职侵权犯罪。共立案侦查130件257人。部署开展查处生态环境资源、食品药品安全和安全生产领域渎职犯罪专项工作，依法查处29件61人。指导陇南市检察机关对造成跨省重大环境污染的“11·23”锑矿泄漏事故5名责任人立案侦查。紧盯执法司法不公背后的腐败问题，立案侦查170人。

（3）持续加大预防工作力度。提请省委以“两办”名义印发《甘肃省落实预防职务犯罪工作责任监督办法》。向各级党委提交预防职务犯罪年度报告66份，开展警示教育8963次、预防犯罪约谈564人次、预防调查158件。提供行贿犯罪档案查询18万余次，发现、拦截有行贿记录的单位1343家、个人1043名。在省委、省政府大力支持下，省检察院预防职务犯罪警示教育基地建设顺利推进。

三、利用检察资源，服务发展大局

围绕全省大局，服务发展要务，及时制定实施贯彻落实“五大发展理念”16条意见、服务经济发展新常态23条规定和服务非公经济发展20条措施，努力为幸福美好新甘肃建设营造良好法治环境。

（1）深化扶贫工作。把脱贫作为重要政治任务，认真组织开展建档立卡、脱贫质量“回头看”等工作，充分发挥“小康互助组”“互助组”作用，建立“扶贫培训基地”，分批举办实用型“扶贫实训班”，培训脱贫难度较大的农民38人。2016年省检察院联系村农民人均纯收入增加到6116元，两当县整体脱贫已经通过省市两级验收。

（2）深化“保民生、促三农”工作。以确保国家扶贫资金规范正确使用为目的的“保民生、促三农”工作已连续开展3年，并凝练成了检察机关服务扶贫开发的“甘肃经验”向全国推广。一年来，全省检察机关共查处涉农扶贫领域职务犯罪330人。开展“扶贫、廉洁为民”专题警示宣传教育基层行活动，巡回宣讲2442场次，受教育12万余人。省编委批准在全省设立515个派驻乡镇（街道）检察室，已全部挂牌成立并开展工作。

（3）深化“两联系、两促进”工作。2016年将新增的85个省列重大项目纳入法律服务对象，设立专门办公室，确定业务骨干，提供服务1839件次。采取“平台建在工商联、联系放在各商会、服务面向各企业”的务实办法，共设立驻工商联检察服务室104个，领导包联商会16个，为非公企业提供法律服务707次，开展法治宣讲和警示教育935场次，依法查办涉企职务犯罪9人，起诉涉企刑事犯罪120人。全国工商联和最高人民检察院专程来甘进行调研总结，给予充分肯定。

（4）服务保障健康甘肃建设。及时出台16项服务保障举措，提供法律服务。依法监督立案破坏环境资源犯罪36件37人，督促行政机关主动履职83件。酒泉市人民检察机关督促阿克塞县依法关停17家未经环评、严重危害生态环境的石棉矿。依法监督行政执法机关移送涉嫌危害食品药品安全犯罪案件96件104人，批捕生产销售有毒有害食品和假劣药犯罪28人、起诉60人。与公安厅、省食药监局等单位建立8项协作机制，合力打击危害食品药品安全犯罪。围绕构建和谐医患关系，与公安、卫生等部门协作配合，严厉打击寻衅滋事、干扰破坏医疗秩序的“医闹”犯罪。

四、推进检察改革，提升司法公信

坚持遵循司法规律，深入推进改革，自觉接受监督，全面提升检察机关司法公信力。

（1）积极推进司法体制改革试点。出台 14 项改革实施方案，全面完成检察官员额制改革任务，择优遴选 2014 名检察官进入员额，在全国率先开展县、区检察院机构精简及办案责任制工作。

（2）积极推进公益诉讼改革试点。共摸排民事行政公益诉讼案件线索 228 件，发出诉前检察建议 181 件，督促行政机关纠正 115 件；对行政机关拒不纠正、国家和社会公共利益仍受侵害的 34 起案件向法院提起行政公益诉讼。酒泉市肃州区检察院提起全国首例国有资产保护领域行政公益诉讼案件。我省公益诉讼改革试点工作受到最高人民检察院表扬。

（3）积极推进涉法涉诉信访改革。建立实施律师参与化解信访案件制度，聘请优秀律师驻院常年参与接待来访群众。在全省三级院全面开通远程视频接访系统，全面推行“三个穷尽”“三个必须”信访工作模式，合法合理合情处理涉法涉诉信访 1831 件，下功夫解决了一批上访老户的问题，受理群众涉检信访案件同比下降 12. 9%，涉检进京访人数同比下降 125%。

（4）积极推进外部监督机制建设。全面实行院领导联系代表委员制度，及时办结答复代表委员提出的 157 件意见建议和提案。全面运行案件信息公开系统，开展全国案件信息公开网微信平台应用试点，公开案件信息 40 759 条、生效法律文书 15 399 份。加强检察宣传和新媒体建设，“两微一端”在全省三级院实现全覆盖，省检察院在省直机关率先建成新媒体工作室。

五、全面从严治检，打造过硬队伍

认真贯彻中央、省委全面从严治党要求，以最高人民检察院巡视省检察院党组工作和“两学一做”学习教育为契机，着力建设高素质检察队伍。

（1）狠抓思想政治建设。出台以学促做 12 项配套措施，扎实开展“两学一做”学习教育，在省委组织的督导检查中，省检察院被确定为好单位。涌现出了全国优秀共产党员刘俊杰等一批先进典型，有 36 个集体和 43 名个人受到省部级以上表彰。

（2）狠抓业务能力建设。围绕提升司法能力，培训干警5400余人次。联合知名院校举办4期高级检察官研修班，与省法院联合举办2期藏汉“双语”培训班。省以上检察业务专家达到34名，33个案件被评为全国优秀典型案例。深入推进改革创新、勇创一流活动，22项工作在全国作了经验交流。

（3）狠抓纪律作风建设。认真落实“两个责任”，持续整治“四风”问题，严肃查处违纪违法干警16人，约谈938人次。紧扣最高人民检察院巡视反馈意见，梳理15个方面36个具体问题，制定整改方案，列出落实清单，强化督促检查，全部整改到位。

（4）狠抓基层基础建设。积极配合市（州）县（区）换届工作，调整、充实各级院班子成员85人。持续规范司法行为，在全国率先出台指导意见，促进严格规范公正文明司法。认真开展抽样评估，持续提升基层院“八化”建设水平，5个院被评为“全国先进基层检察院”。深入推进科技强检战略，电子检务工程建设走在全国前列。

我们也清醒地认识到，工作中还存在一些问题和不足，主要是：法律监督能力还不够强；惩防腐败力度还不够大；司法改革推进还不够快；检察队伍管理还不够严。对此，我们将紧盯不放、认真解决。

2017年主要安排

2017年，全省检察机关将全面贯彻党的十八大和十八届三中、四中、五中、六中全会精神，深入学习贯彻习近平总书记系列重要讲话精神，紧紧围绕“四个全面”战略布局，牢固树立“四个意识”，积极践行“五大发展理念”，认真贯彻落实中央、省委和最高人民检察院决策部署，以服务大局为己任，以强化监督为重点，以维护公正为目标，以深化改革为动力，忠实履行检察职责，扎实推进“3521”检察工程建设，努力为甘肃经济社会发展提供有力司法保障。

（1）更加主动服务发展大局。坚持把防控风险、服务发展摆在更加突出位置，着力为各类市场主体提供强有力的司法保护，促进全省经济社会健康发展。深入推进“两联系、两促进”专项工作，扎实推进“保民生、促三农”专项工作，充分发挥乡镇检察室作用。持续推进扶贫工作。

（2）更加有效强化法律监督。认真履行批捕、起诉职责，坚决惩治危害国家安全、社会稳定的各类犯罪，着力打击危害食品药品安全犯罪和集资诈骗、电信诈骗等涉众型犯罪。积极适应以审判为中心的诉讼制度改革，强化对诉讼活动的法律监督，更好地维护司法公正。积极参与社会治理体系建设。完善自身监督制约体系，着力构建新型检警检法检律关系。

（3）更加坚决惩防职务犯罪。坚持有腐必反、有贪必肃不动摇，严肃查办以权谋私、权钱交易等贪污贿赂犯罪，坚决惩治侵害民生民利、群众反映强烈的为官不为、为官乱为等渎职侵权犯罪。不断深化职务犯罪预防，加强前瞻性研究，推动完善不敢腐、不能腐、不想腐的有效机制。精心建设全国一流的警示教育基地，努力提高预防警示教育实效。

（4）更加深入推进司法改革。严格落实中央、省委和最高人民检察院部署要求，加快推进人员分类管理、办案责任制、内设机构整合、省以下人财物统一管理等改革任务。持续推进公益诉讼改革试点。做好国家监察体制改革准备工作。

（5）更加从严加强队伍建设。坚持全面从严治检不动摇，认真落实党风廉政建设“两个责任”，深入贯彻“3783”主体责任体系、“866”衡量检验标尺、“111”督查落实细则，更加有效发挥党组领导核心作用、支部战斗堡垒作用和党员先锋主体作用。以基层为重心，落实岗位素能标准，提高履职能力。加强和规范党内政治生活，强化党内监督，严格执纪问责，确保队伍清正廉洁。

各位代表，新的一年，我们将更加紧密地团结在以习近平同志为核心的党中央周围，在省委和最高人民检察院的坚强领导下，在省人大及其常委会的有力监督下，认真贯彻本次会议精神，锐意进取、忠实履职，为建设幸福美好新甘肃作出新的更大贡献，以优异成绩迎接党的十九大和省第十三次党代会胜利召开！

关于全省法院全面深化司法改革工作情况的报告

甘肃省高级人民法院副院长　陈天雄

——在甘肃省十二届人大常委会第三十六次会议上

党的十八大以来，在省委的坚强领导、省人大及其常委会的依法监督和省政府、省政协及社会各界的大力支持下，全省法院全面落实中央改革部署和最高人民法院《关于全面深化人民法院改革的意见》，坚定不移地推进司法改革，司法体制改革主体框架基本确立，符合司法规律的体制机制逐步形成，司法队伍活力不断迸发，司法质量效率和公信力持续提升，人民群众对公平正义的获得感进一步增强。

司法责任制改革是司法体制改革的基石，是深化司法改革的"牛鼻子"。过去几年中，省法院紧紧围绕司法责任制改革，抓住关键，攻坚克难，在试点的基础上，全力推进"六项改革"。一是积极推进法官员额制改革，坚持以案定额，着力构建以法官为中心的人员配置模式，通过改革，虽然员额法官相对减少，但实现了85%的法官、法官助理、书记员向办案一线集中。二是积极推进人员分类管理制度改革，突出法官主体地位，对全体人员根据工作职责实行分类定岗管理，形成各归其位、各尽其责、各得其所的制度机制。三是积极推进新型审判团队构建，突出合议庭、法官办案主体地位，按照"员额法官+法官助理+书记员"模式，组建专业化新型审判团队，"让审理者裁判、由裁判者负责"。通过改革，全省法院员额法官人均结案数量较上年同期提升130.7%，结案率同比上升4.47%，一审服判息诉率提高到97.1%。四是积极推进审判委员会制度改革，出台省法院审判委员会讨论案件范围规定，充分发挥其审判决策、审判指导、审判管理、审判监督的功能。五是积极推进职业保障改革。六是积极推进省以下法院人财物统管改革。

与此同时，省法院按照最高人民法院的统一部署，统筹兼顾，多点突破，深入推进司法体制改革。积极推行立案登记制改革，着力破解群众反映的立案难问题。积极推进以审判为中心的刑事诉讼制度改革，着力推动实现庭审实质化，全面推行轻刑快审，不断提高刑事案件审判质量。切实深化涉诉信访改革，建立与检察、公安、信访部门的协调、联动、协作机制及法院内部运行机制，推动涉诉信访案件在法治轨道内解决。完善人民陪审员工作机制，2017 年人民陪审员参与审理案件 31 847 件，占一审普通程序案件的 77.26%。积极开展全国家事审判改革试点，家事审判方式改革在全省法院已全面推开。

此外，省法院还大胆探索实践，推出了一批有甘肃特色的改革举措，一些改革成为全国法院改革亮点。比如，探索与行政区划适当分离的司法管辖制度，积极破解诉讼“主客场”现象，行政案件立案难、审理难、执行难问题得到有效缓解。比如，建立双语法律人才培养培训机制，积极协调将双语法律人才培养纳入本科学历教育，在甘肃政法学院、甘肃民族师范学院开设全日制藏汉双语学历教育；建立全省法院双语法律人才库，并加强省际合作培训、长期培养力度；充分发挥甘肃省法官学院民族法律人才培养、民族法学研究、法律文化交流基地作用，举办各类培训班 102 期，培训学员达 13 000 余人；开设全封闭式藏汉双语基础班、骨干班，培训少数民族地区政法干警 800 余名；出版发行藏汉双语培训教材 10 部，填补了我国双语培训教材空白；编辑出版《民族法制文化研究》，成功举办“民族法制文化与司法实践”研讨会（由最高人民法院和国家民委联合主办）；成功举办“丝绸之路”（敦煌）司法合作国际论坛，并在甘肃省法官学院设立中国-中亚西亚国家法官交流培训基地；双语法律人才培养培训工作被写入中共中央《关于新形势下加强政法队伍建设的意见》和最高人民法院、省委的《实施意见》中，最高人民法院连续 2 年把双语法官培养培训工作作为全国法院工作亮点，在全国“两会”上向大会做了报告。比如，推进执行工作机制改革，全力破解执行难问题，今年 1 月 ~10 月，全省法院共清理历年执行积案 5.5 万件，执结当年新收案件 6.5 万件，执行到位金额 180 亿元，创历史新高。推动生态环境司法保护改革，调整林区法院布局，实现了司法审判机构对全省重点林区和自然保护区的全覆盖；调整矿区法院案件管辖范围，实现了全省涉环境资源案件集中管辖。健全未成年人案件审判制度，充分发挥司法保护未成年人合法权益的职能作用。省法院还把司法改革和信息化建设结合起来，以智慧法院建设助推司法改革，利用现代信息技术，积极推进全业务网上办理、全流程依法公开、全方位智能服务，力促司法改革与信息技术融合发展，取得了明显成效。

2014 年 4 月全国第三批司法体制改革试点开展以来，省法院以完善司法责任制、推进人员分类管理、落实司法职业保障、探索人财物省级统管为重点的司法改革任务进展顺利，各项配套改革措施扎实推进，司法队伍活力不断增强，办案质效和司法公信力稳步提升，各项改革取得明显成效。调研组同时指出，全省法院司法改革工作虽然取得了明显成效，但“案多人少”的矛盾依然存在，司法责任制改革有待进一步深化，司法队伍建设有待进一步加强，人财物统管步伐仍需加快，仍有一些矛盾问题亟须研究解决。

坚定推进司法改革的信心和决心，努力用改革的办法解决改革和发展中出现的新问题、遇到的新困难，建设公正、高效、权威的中国特色社会主义司法制度。坚持问题导向，加大改革推进力度，深入推进以审判为中心的诉讼制度改革，推动庭审实质化，进一步化解“案多人少”矛盾，优化人员结构，加强一线办案力量，进一步建立健全法官员额动态管理和退出机制，进一步完善人民陪审员制度，正确处理改革中新老机制的磨合衔接问题。提升信息化建设与运用水平，提高审判执行质效和司法公信力。继续加强队伍建设，努力建设一支信念坚定、执法为民、敢于担当、清正廉洁的司法队伍。

甘肃省人民检察院关于全面深化司法改革进展情况的报告（2017年）

甘肃省人民检察院检察长　路志强

——在甘肃省十二届人大常委会第三十六次会议上

本轮司法体制和工作机制改革推行以来，根据中央和省委的统一部署，在省委政法委的直接领导下，甘肃省检察机关积极行动，大胆探索，以建立完善司法责任制等四项改革任务为重点和抓手，系统推动各项制度和机制改革，取得了初步成效。现将有关情况报告如下：

一、大胆尝试，明确责任，稳步推进司法改革工作

（一）靠实责任加大力度，推动司法责任制改革措施落实

（1）一是坚持从严从紧、留有余地，科学制定检察官员额控制规划。根据《甘肃省检察官员额制管理及入额试点方案》，我省遴选入额的检察官按照中央政法编制总数39%的90%确定员额，预留10%的空额。截至目前，全省检察机关已组织2批检察官入额遴选工作，共遴选检察官2014人，其中：省院106人，市级院482人，县级院1426人，合计2014人，占我省政法编制（5918名）的比例为34.03%；第三批89名检察官入额遴选工作正在紧张进行。二是明确分类原则，推进检察人员分类定岗。全省检察官员额比例不超过39%；省、市、县三级院司法行政人员比例分别不超过25%、20%、15%；考虑到目前司法辅助人员难以一次到位的实际，我们经慎重研究，确定检察辅助人员的员额比例暂时按照“100%减去本级院司法行政人员规定比例和本院计入检察官员额实际比例”执行。同时针对案多人少矛盾较为突出的现实，我们在分配员额时坚持向基层倾斜、向办案量多的地方倾斜，除正常按比例确定员额数量外，给兰州市城关区检察院、武威市凉州区检察院等办案业务

量大的基层院单另增加员额数。目前，全省各级院检察人员分类定岗工作已经完成，检察官单独职务序列等级评定与等级晋升工作已经圆满结束，检察辅助人员单独职务序列等级评定与等级晋升工作正在有序进行。三是严格入额标准和条件，确保入额检察官素质。我省规定入额检察官必须具有5年以上法律工作经验、年度考核均为称职以上、具备与岗位职责要求相称的办案能力和办案经历等基本资格条件，并设置了严格的考试、民主测评以及考核遴选入额程序。在目前进行的第三批检察官入额工作中，我们强调严格按照《关于严格执行法官、检察官入额遴选标准和程序的通知》的要求组织进行，除检察长外的院领导入额，均与其他人员适用同样的入额标准和程序，调入非办案部门5年以上的，需回办案岗位参与办案满1年方可申请入额。四是坚持入额检察官的配置要向一线部门倾斜，入额检察官必须调整充实到办案一线。在改革伊始便明确规定，政治部主任、纪检组长符合入额条件要求的，可以参加入额遴选，但入额后必须免去原党政职务，调整到办案一线办案。目前，三级院51名政治部主任、纪检组长入额后的职务调整已经完成，已同综合部门入额人员同期转岗到办案一线。同时，出台《甘肃省检察机关检察官退出员额管理办法（试行）》，初步建立了员额退出机制。

（2）以司法责任制为核心，落实检察官在办案中的主体地位。为落实中央关于司法责任制改革的决策部署，进一步完善检察机关执法办案组织、执法办案机制，我们依据高检院《检察官办案责任制试点方案》和《关于完善人民检察院司法责任制的若干意见》等文件精神，结合我省检察工作和检察队伍实际，制定了《甘肃省检察机关司法责任制改革试点方案》和三级院检察官授权范围的规定，进一步明确了全省各级院检察长、检委会、分管院领导、主任检察官、检察官、检察官助理的职责范围，明确不同岗位的检察官、检察官助理办案数量、质量、工作标准和工作要求。制定了《甘肃省检察机关检察官办案组设置办法（试行）》和《甘肃省人民检察院办案组织设置管理办法（试行）》，进一步优化检察业务运行，突出检察官办案主体地位。截至目前，全省检察机关新型办案组织的组建工作已全部完成，共设立独任检察官1764个、主任检察官办案组505个。制定了《甘肃省检察机关检察官办案责任制实施办法（试行）》，对检察官司法办案责任确定的原则、办案组织形式、办案职权、办案责任、检察官联席会议、检察委员会运行机制、内部监督制约、检察官履行法定职责保护等内容作出了原则性规定。制定了《甘肃省检察机关检察官联席会议制度（试行）》，充分发挥检察官联席会议类案建议、专业咨询、业务交流等作用，促进检察官自我约束、自我管理。制定了《甘肃省检察机关关于院领导直接办理案件的规定（试行）》，明确入额院领导每年办案数量不得少于所分管部门人均办案量的一定比例，而且必须符合亲历性要求，亲自完成侦查讯问、阅卷审查、起草文书、出席庭审等，并且主要办理重大、疑难、复杂以及在法律适用、法律监督方面具有指导意义的案件，充分体现“含金量”，院领导直接办理案件情况要同其他干警适用相同的质量考评标准和程序，对于达不到办案数量和质量要求的，要坚决退出员额。统一对案件管理系统进行升级换代，对院领导直接办理案件进行授权，全面落实领导干部办案制度，并推行院领导直接办理案件季通报制度，定期对各级院领导办案情况进行通报公示，接受干警的监督。通过这些举措，全省各级院领导办案积极性和主动性进一步提高，办理案件数量稳步提升，截至目前，三级院检察长共办理案件 346 件，副检察长办理 1699 件，检委会专职委员办理 1042 件。

（3）推动职业保障改革，切实落实从优待检制度。为贯彻 2016 年全国司改工作会议精神，我省检察机关从 2016 年 10 月份开始预发入额检察官津贴人均 1200 元，司法辅助人员及司法行政人员 350 元。目前各地预增工资已全部落实到位。此外，我们根据省人社厅、省财政厅联合下发的《关于印发〈甘肃省法官、检察官和司法辅助人员工资制度改革试点实施意见〉的通知》精神，全面完成了全省入额检察官工资套改工作。套改后，全省员额制检察官基本工资人均增长 770 元。目前，入额检察官套改后工资除个别检察院正在报同级财政部门审批外，全省大部分检察院均已落实到位。经全面统计核算，近期我们已向省人社厅、省财政厅报送了《关于申请核定全省检察院绩效考核奖金总量的报告》，并附 3 类人员花名册。根据省人社厅提供的 2016 年全省公务员平均工资水平测算结果（71 483 元/人/年），我省检察机关检察官 2017 年度平均绩效考核奖金为每人每月 2210 元，检察辅助人员和司法行政人员 2017 年度平均绩效考核奖金为每人每月 1191 元。鉴于绩效考核奖金已从去年 10 月份开始预发，因此，目前全省检察机关基础性绩效考核奖金仍按照检察官 1200 元、检察辅助人员和司法行政人员 350 元发放，奖励性绩效考核奖金待年度绩效考核结果产生后，年底一次性发放。同时，为规范 3 类人员绩效考核，不断提升检察队伍正规化、专业化、职业化水平，我们分别制定出台了全省检察官、检察辅助人员和司法行政人员三类人员的绩效考核办法，按照坚持党管干部、遵循司法规律、责权利相统一、客观公正和突出实绩的原则，对三类人员的履职情况、司法素能、职业操守等进行全面评价，并合理划分考核等次。我们制定出台了《甘肃省检察人员绩效奖金分配办法（试行）》，建立与绩效考核相衔接的奖金分配机制，按照公开、公平、公正、奖勤罚懒、奖优罚劣原则，力求实现奖金分配向办案量大、整体工作优秀的院倾斜，向基层和办案一线检察官倾斜，向办案质效高的检察官倾斜。我们还要求全省各级检察机关要根据上述文件的规定，各自制定适合本院实际、科学合理、简便易行的绩效考核及奖金分配实施细则，为绩效考核以及奖金分配工作的正常运行提供制度保障。

（4）优化检察职能配置，推进内设机构改革。根据中央编办和高检院联合下发的《省以下人民检察院内设机构改革试点方案》精神，按照既促进机构扁平化又促进办案专业化、既适当去行政化又强化司法管理、既要讲配合又要讲制约的原则，去年 12 月，省检察院与省编办联合印发《甘肃省检察机关内设机构改革试点方案》，对工作及时部署，明确了全省三级院内设机构改革的重点和方向。今年 8 月初，为贯彻落实全国司法体制改革推进会精神，加快我省检察机关内设机构改革步伐，并维持省内检察机关内设机构名称、职能、设置数量相对统一，我们在组织专题调研组进行充分调查研究的基础上，制定印发了《甘肃省检察机关市、县两级院内设机构改革指导意见》。《意见》规定，编制 50 人以下的基层院（58 个），设置 5 个内设机构；编制 50 至 100 人的基层院（34 个），设置 8 个内设机构；编制 100 人以上的基层院（3 个），设置 10 个内设机构。编制 70 人以下的市级院（3 个），设置 9 个内设机构；编制 70 人~100 人的市级院（8 个），设置 10 个内设机构；编制 100 至 200 人的市级院（3 个），设置 11 个内设机构；编制 200 人以上的市级院（兰州市），设置 12 个内设机构。矿区、林区分院分别设立 5 个和 6 个内设机构。省院等待高检院关于省级院内设机构改革方案下发后进行。同时，按照国家反腐败体制改革精神，纪检监察机构按有关规定设置，反贪污贿赂、反渎职侵权和职务犯罪预防等部门原机构设置、称谓和运行机制暂维持不变。截至目前，全省已有 107 个院按照省检察院的部署完成了改革任务，内设机构数量由改革前的 1498 个减少为 807 个，基层检察院普遍减少内设机构 5 个~7 个；市级检察院普遍减少内设机构 7 个~9 个。内设机构的整合解决了内部机构职能重叠化问题，减少了职能交叉，整合了信息资源和人力资源，实现了人员优化、资源配置的最大化。

（二）推进刑事诉讼制度改革，强化人权司法保障

为深入贯彻《关于推进以审判为中心的刑事诉讼制度改革的意见》，全省检察机关主动有效作为，积极探索构建长效机制，不断推动改革向前发展。一是全面贯彻证据裁判原则，坚决排除非法证据。严格落实审查起诉阶段讯问犯罪嫌疑人的规定，认真听取犯罪嫌疑人、辩护人的意见，着重审查判断各种无罪证据，合理排除证据间的矛盾，结合其他证据进行综合审查判断。对于存在非法证据可能的，积极主动复查复核，严格依法排除或确认，确保证据合法、确实、充分。二是积极探索新型证据审查方式和模式。全案审查所有在案证据，更加重视客观性证据审查判断，发挥客观性证据在案件事实认定及判断中的重要作用，避免先入为主和有罪推定；加强对证据合法性、客观性的审查，特别是当案件事实、证据存有疑问或矛盾时，注重运用现场复勘、文证审查、调阅内卷、走访核实等方法强化对证据取得或证明过程的审查，以克服封闭式办案、书面式审查的弊端。三是建立健全类案证据收集指引。规范常见、多发案件证据收集活动，有效指导执法司法办案。推动侦查机关探索建立命案等重大案件检查、搜查、辨认、指认等过程录音录像制度，完善技术侦查证据的移送、审查、法庭调查和使用规则以及庭外核实程序，统一司法鉴定标准和程序，完善见证人制度。四是探索建立重大案件侦查终结前对讯问合法性审查制度。对公安机关、国家安全机关和人民检察院侦查的重大案件，由人民检察院驻看守所检察人员询问犯罪嫌疑人，核查是否存在刑讯逼供、非法取证情形，并同步录音录像。经核查，确有刑讯逼供、非法取证情形的，侦查机关应当及时排除非法证据，不得作为提请批准逮捕、移送审查起诉的根据。五是加强提前介入、引导侦查取证。对可能判处 10 年有期徒刑以上刑罚的贪污贿赂案件和可能判处 3 年有期徒刑以上刑罚的渎职侵权案件，严格落实最高人民检察院《人民检察院侦查监督、公诉部门介入职务犯罪案件侦查工作的规定》，侦查监督、公诉部门可以介入案件侦查，监督和引导取证。对其他案件，积极引导侦查机关取证。建立主动介入和应邀介入的双向启动引导侦查取证机制，将证据标准和取证规范由逮捕、起诉环节向侦查前段传导，促使侦查机关按照裁判标准收集、固定、审查和运用证据，推动侦查工作实现由“抓人破案”向“证据定案”转变，夯实案件质量

基础。健全联席会议、侦查质量评析通报等侦诉沟通机制，探索建立重大疑难复杂案件的立案协商机制，统一案件处理标准。六是规范退回补充侦查工作。确需退回补充侦查的，检察机关公诉部门应当制作补查提纲，详细列出补查事项并说明相应理由。补充侦查期限届满后，应当要求侦查机关逐项将补查情况书面回复公诉部门，对无法补查的，应当要求书面详细说明理由，避免利用情况说明对补充侦查简单应付。对侦查人员消极应付造成严重后果的，建议侦查机关更换办案人或者通报其上级机关。同时，充分运用提供法庭审判证据材料通知书，尽可能补强、夯实指控证据体系。七是完善多元分流处理机制。理性对待诉讼风险，合理利用现有法治资源，发挥不起诉裁量权的作用，对侦查机关移送的不符合起诉条件的案件依法不起诉。对于本院侦查部门移送审查的案件，发现嫌疑人没有犯罪事实或者符合法定不诉情形的，依照刑事诉讼规则退回侦查部门并建议撤销案件。八是严格落实听取律师意见制度。严格执行高检院《关于依法保障律师执业权利的规定》，严格落实听取律师意见要求，对于律师提出的无罪、罪轻、证据合法性等意见高度重视，认真审查核实。

（三）着眼防止冤假错案，努力改进侦查监督工作

为贯彻落实中央司法改革部署和高检院《关于切实履行检察职能防止和纠正冤假错案的若干意见》精神，进一步规范侦查监督工作，结合全省侦查监督工作实际，省检察院侦监处先后制定了《关于规范侦查监督部门案件指导工作的规定（试行）》等9项规定以及《关于规范刑事立案监督工作的规定（试行）》等4项规定。近年以来，全省检察机关侦查监督部门以“九项规定”规范执法办案，加强社会危险性审查，严把证据标准，确保案件质量。一是强化审查逮捕的司法审查属性。如上半年天水市院共听取辩护人意见20人，在与律师约谈时，除了听取律师对案件定性及采取强制措施的意见，还注重从中发现侦查活动监督线索。金川区院探索审查逮捕案件公开审查，邀请侦查机关、律师、被害人及其代理人、人大代表、政协委员对3起提请逮捕的普通刑事案件进行听证，取得较好法律效果和社会效果。二是提前介入重大疑难案件，引导侦查取证。如白银市院制定了《检察机关引导侦查取证工作规定（试行）》，仅上半年，白银市两级院侦监部门共对74件案件引导侦查取证，占批捕案件的30%。三是全面加强社会危险性审查。各级院在严把事实关、证据关的同时，普遍重视对犯罪嫌疑人社会危险性的审查，要求

侦查机关在提请逮捕时提供社会危险性证明。有的院还建立健全了社会危险性证明工作机制，如白银市院会同白银市公安局制定下发《关于建立社会危险性证明制度、不捕理由说明制度的规定（试行）》。

（四）以公开促公正，深化检务公开

全省检察机关紧紧围绕中央、省委和高检院关于深化司法公开制度改革的一系列要求，以构建开放、动态、透明、便民的阳光司法机制为目标，以案件信息公开为核心，坚持顶层设计和实践探索相结合，积极稳妥推进司法公开。经过不断的努力，全省检察机关的司法公开工作取得了较好成效。以省检察院《全面推进检务公开的意见》和《案件信息公开工作规定（试行）》为统领的三级院司法公开制度规范体系已初步形成；新闻发布会和工作情况通报、拟公开信息审核把关、涉检舆情研判应对等一系列配套机制已初步建立；以网络媒体集群、传统媒体、实体场所为基础的“三位一体”多层次公开平台已基本建成；高检院明确要求公开的 6 类法律文书和 5 类案件信息基本上实现了全面公开；以终结性法律文书、重大案件信息和案件程序性信息为主体的各项案件信息公开数据保持了稳定增长态势。一是司法公开的效果显著提升。推进案件程序性信息公开，将 2014 年以来全省检察机关所办案件的程序性信息，全部接入案件信息公开系统。经身份认证后，案件当事人等诉讼参与人可进行网上网下实时查询。推进检察法律文书公开，将不起诉决定书等 4 种文书，通过案件信息公开系统主动向社会公开；对不立案、撤销案件等 5 种文书，通过检务大厅设置的电子显示屏、触摸屏向公众提供查阅。推进重要案件信息公开。对有较大社会影响的职务犯罪案件、侵害民生民利等典型案件，通过检察门户网站、“两微一端”等媒介，及时向社会发布权威信息，回应社会关切。推进案件公开审查、公开听证。将案件公开审查作为推进司法办案过程公开的重要途径，建立案件公开审查、公开听证制度，积极探索对审查逮捕、羁押必要性审查等案件的公开审查，通过“看得见”的方式维护司法公正。二是司法公开的平台日趋丰富。根据不同群体对司法公开的不同需求，以便民利民为原则，充分发挥传统公开方式和新媒体技术手段的各自优势，切实增强公开的针对性和有效性。着力搭建新媒体公开平台，积极适应新媒体时代信息传播格局的发展变化，探索构建“互联网+检察工作”模式，全省三级院实现了“两微一端”全覆盖，实现“点对点”的公开与服务。针对我省广大农村及部分地区互联网尚不普及的实际，着力发挥传统媒体作用，继续加强与报刊、广播、电视等传统媒体的良性互动。着力构建检务公开实体场所和平台，通过在信访接待大厅或案件管理中心等接待场所，为群众提供业务咨询等便民利民服务，并依托派驻乡镇（街道）检察室、检察联络室，把推进检务公开与推进基层政务公开结合起来，将司法公开的触角延伸到乡镇街道、社区农村和辖区企业。着力扩大司法公开辐射化效应。通过手机短信平台、定期分送资料、座谈通报、邀请视察等多种形式，着力拓展人大代表、政协委员及人民监督员、特约检察员了解、参与和监督检务活动的渠道和空间，自觉接受代表委员及社会各界监督。

（五）完善监督制约机制，不断提升司法办案质量

为提升办案质量，促进司法公正，我们研究制定了《甘肃省人民检察院关于加强和完善检察机关内部监督制约机制的意见（试行）》，从对办案组织的监督、案件审批程序监督、案件流程和纪检监察机构监督、司法责任追究和考核奖惩等5个方面作出了相应规定，在向员额检察官充分放权的同时，加大了内部监督制约，办案质量进一步提升。同时还采取多项举措，注重发挥各有关部门职责，不断健全完善机制建设，取得了良好的效果。一是通过院领导指挥、签发法律文书等方式，发挥院领导对个案的审查把关作用；二是定期组织开展案件质量评查专项活动，对案件质量进行综合评判；三是发挥案管部门在案件办理中的程序监督作用，制定出台《甘肃省检察机关案件质量评查办法》《甘肃省检察机关案件质量评查标准（试行）》等规范性文件，通过自评与抽查相结合、日常评查与专项评查相结合、定期评查与随机评查相结合、线下评查与网上评查相结合等多种方式，结合网上巡查，每日填写《流程监控网上巡查台账》，对发现的问题记录《流程监控问题台账》，对不合格案件点名通报和严肃问责等做法，不断完善案件质量评查体系，推进办案质量不断提高；四是建立内部监督制约机制，制定出台《甘肃省检察机关错案责任追究暂行规定（试行）》、《甘肃省检察机关贯彻执行〈司法机关内部人员过问案件的记录和责任追究规定〉的实施细则》《甘肃省检察机关贯彻执行〈领导干部干预司法活动、插手具体案件处理的记录、通报和责任追究规定〉的实施细则》等规范性文件，明确错案责任追究范围、追究程序以及责任的划分与承担，有效防止违纪违法办案，同时注重发挥纪检监察部门的重要职责，确保案件办理质量不断提升。

二、我省检察改革工作的几点成功体会

（1）领导高度重视，牢牢掌握改革主动权。司改进行以来，全省各级检察机关紧紧依靠党委和政府，根据我省的改革方案和组织、人社、财政等部门制定出台的相关配套性文件精神，积极主动与当地党委组织部、人社和财政部门沟通，明确相关改革政策和制度落实的责任分工、操作办法和工作步骤等问题，做到工作有序对接、无缝衔接。各级院成立司法体制改革领导小组，充分发挥党组的领导核心作用，面对深化改革中出现的各种困难和问题，做到检察长亲自抓谋划、抓部署、抓督察、抓落实，班子成员各就各位、各负其责，确保每项改革工作有人抓有人管，保证了改革过程中思想不散、工作不断、秩序不乱。

（2）强化思想引导，确保改革平稳顺利进行。以问题为向导，从我省检察机关的实际出发，在制定改革方案的过程中，充分考虑各类人员利益，努力让人人都在改革中受益。针对改革初期因为对政策不够了解，部分干警思想有所波动等情况，各级院加强思想政治工作，及时掌握干警思想动态，充分了解干警心声和诉求，引导干警正确理解和把握改革试点的意义、目的和要求，正确处理好个人利益和党的事业、个人意愿和工作需要的关系，做到讲政治、讲大局、讲纪律、讲奉献，确保改革工作稳步前进，在推进改革工作中没有发生一起因改革而产生的不良影响事件。

（3）结合我省实际，制定切合实际的改革方案。考虑到全省市、县两级院在人员编制、办案规模等方面相差较大，改革之初省院就组织进行了摸底测算工作。对各级院人员分类、案件办理、经费保障、资产负债等情况进行摸底，进行了初步推演计算，并通过司改专题调研，了解掌握三级院人员的思想动态。在此基础上，认真组织学习、准确把握中央、高检院、省委关于司法体制改革试点工作的总体要求和目标任务，权衡全省检察机关人员配备、案件办理、经济社会发展水平、地域差异、民族构成等因素，研究制定了《甘肃省检察机关司法体制改革试点工作实施方案》等 32 个改革子方案，并确立了安宁区院、张掖市院、甘州区院、天水市院、秦安县院、合作市院为第一批试点院，开展先行试点工作，为全面试点工作展开打下了良好的基础，保证了全省检察改革的顺利进行。

（4）上级院主控，保证改革一体化推进。为保证改革方向和各项政策措

施落实，在全省检察改革的过程中，甘肃省检察机关采取了由省院司法体制改革领导小组主导，对全省检察改革进行指导和掌控，各市州分院对各县区院检察改革进行指导和掌控的做法。甘肃省院制定下发《甘肃省检察机关司法体制改革试点工作实施方案》等改革配套方案，并要求各地在改革试点过程中，如果遇到问题要层报省院，由省院统一研究提出解决意见。各地结合本地情况自行制定司法体制改革试点工作实施办法，并层报省院，经省院党组会审议通过后印发执行。对于员额制改革、司法责任制改革等由省院统筹安排统一组织，而像办案组织的设立、内设机构等改革，则由省院提出方向性的指导意见，各地根据自身情况进行探索。

（5）各试点院积极探索，进行了有益尝试。在人员分类方面，兰州市的城关、七里河、安宁等基层院，先行通过政府购买的方式聘用书记员补充进岗，积极推进落实“1名检察官、1名~2名检察官助理、1名书记员”的配比办案模式。在司法责任制改革方面，天水市院制定落实司法责任制改革配套方案6个，甘南州各院以干警岗位履职业绩和执法办案业绩为核心，以“基础台账为主，一案一卡为辅”备案管理的形式，按人头建立了《干警执法业绩档案》。在内设机构改革中，根据省院协调省编办共同下发的《甘肃省检察机关内设机构改革试点方案》，张掖市院将内设机构设置为“八部一局一室”，甘南州院将13个部门整合为“四部一局”，合作、夏河、迭部等院根据自身情况将内设机构设为“四部一局”“三部一局”“两部一局”，运行效果较好，切实提高了工作办案效率。

三、存在的问题及下一步工作打算

目前全省检察机关司法责任制改革虽然已经取得了阶段性成绩，但仍存在一些不足，如部分干警对改革的重大意义认识不足，不能完全适应改革后的新型办案模式，领导干部带头办案仍未完全落实到位，现有管理能力水平与改革要求还存在一定差距，等等。对此，我们将采取以下措施，确保各项改革举措进一步落地生根。

（1）强化组织保障，层层压实主体责任。充分发挥各级检察院党组和检察长在司法责任制改革中的领导和把关作用，严格按照《甘肃省检察机关全面深化和落实司法改革任务分工方案》要求，进一步明确全省各级检察院的改革主体责任，增强时限意识，切实负起主体责任，加强对下指导力度，系统梳理和研究解决改革过程中遇到的问题，确保按时完成各项改革试点任务。

（2）强化统筹谋划，夯实改革工作基础。建立院领导联系指导制度，省检察院和市级检察院建立领导联系指导下级院开展检察体制改革工作机制，加强上级院领导一对一指导力度，及时帮助下级院解决困难、提出建议、排除障碍。制定路线图和时间表，要求各级检察院根据自身实际，拟制本院司法责任制改革任务清单和推进改革时间表，进一步细化改革工作任务，主动对接上级文件，建立改革落实机制。进一步加强协商通报制度，加强与党委政府和职能部门的沟通与交流，及时通报有关改革事项、最大限度地争取理解和支持，形成改革合力。

（3）强化督察指导，确保举措落地生根。建立督察机制，进一步明确各级检察院抓改革督察的任务和要求，形成上下贯通、横向联动、分级负责、齐抓共管的工作机制。在认真分析梳理 9 月初对市、县两级检察院司法责任制改革任务落实情况督查结果的基础上，进一步通过面上督察与点上督察相结合的方式，重点对已经出台的改革试点方案、领导指示批示的落实情况以及改革的实际运行效果开展再次督察，确保在十九大以前全面完成全省检察机关司法改革的相关工作。

甘肃省全面深化司法改革工作情况综述

何青洲　编

甘肃是全国第三批司法体制改革试点省份。从 2014 年 4 月试点开始到 2016 年 9 月全面推开，经过两年多的时间，以完善司法责任制、推进人员分类管理、落实司法职业保障、探索人财物省级统管为重点的司法改革任务进展顺利，各项配套改革措施扎实推进，司法队伍活力不断增强，办案质效和司法公信力稳步提升，各项改革取得明显成效。

甘肃省高级人民法院立足实际，自主创新，积极探索我省法院特色改革；以信息化建设提升司法为民成效，更好地满足人民群众多元司法需求。“抓住关键，攻坚克难，全力推进以司法责任制为核心的改革。”甘肃省高级人民法院关于全省法院全面深化司法改革工作情况的报告（以下简称“报告”）提出，司法责任制改革是司法体制改革的基石，是深化司法改革的“牛鼻子”。全省各级法院紧紧围绕顶层设计，在试点基础上，积极推进法官员额制改革，积极推进人员分类管理制度改革，积极推进新型审判团队构建，积极推进审判委员会制度改革，积极推进职业保障改革，积极推进省以下法院人财物统管改革“六项改革”。

“统筹兼顾，多点突破，深入推进司法机制改革。”报告提出，按照最高人民法院的统一部署，配套推进相关机制改革，提升改革整体效能。推行立案登记制改革，推进以审判为中心的刑事诉讼制度改革，深化涉诉信访改革，完善人民陪审员工作机制，深化家事审判改革。

“立足实际，自主创新，积极探索我省法院特色改革。”报告提出，遵循中央改革精神，大胆探索实践，推出了一批有甘肃特色的改革举措，一些改革举措还成为全国法院改革亮点。

探索与行政区划适当分离的司法管辖制度。积极破解诉讼“主客场”现象，建立行政诉讼案件异地管辖制度，除省政府和省直行政机关为被告的案件由兰州市中级人民法院管辖外，其他县级以上行政机关为被告的行政诉讼案件，统一由被告所在地以外的中级人民法院管辖。

建立双语法律人才培养培训机制。着眼保障少数民族群众宪法权益和推进民族地区法治建设需要，贯彻落实中央、省委关于加强双语法律人才培养培训工作要求，加大培养培训力度。双语法律人才培养培训工作被写入中共中央《关于新形势下加强政法队伍建设的意见》和最高人民法院、省委的《实施意见》中。在全国两会上，最高人民法院连续两年把双语法官培养培训工作作为全国法院工作亮点，向大会作了报告。

推进执行工作机制改革。落实最高人民法院关于甘肃等 19 个执行工作基础较好的重点地区两年内基本解决执行难的要求，全力破解执行难问题。全省综合治理执行难工作格局已经形成。

推动生态环境司法保护改革。贯彻落实习近平总书记视察甘肃时提出的“着力加强生态环境保护，提高生态文明水平”的指示精神，积极参与山川秀美新甘肃建设。目前，5 个林区基层法院已正式挂牌全面开展工作。调整矿区法院案件管辖范围，在省法院及市（州）府所在地基层法院设立环境资源审判庭或合议庭，实现了全省涉环境资源案件集中管辖。2017 年 11 月，矿区法院被确定为最高人民法院环境资源司法实践基地。

健全未成年人案件审判制度。落实圆桌审判、指派辩护、社会调查、前科封存等制度，充分发挥司法保护未成年人合法权益的职能作用。全省设立有独立建制的少年法庭 5 个，无独立建制的少年法庭 35 个，审判专职人员 49 人，兼职人员 210 人。为预防和减少校园欺凌事件发生，采取法治讲座、视频短片、模拟法庭、以案讲法等形式，积极开展“送法进校园”活动，为构建和谐校园提供了有力的司法保障。

“依托科技，智能服务，以智慧法院建设助推司法改革。”报告提出，坚持把司法改革和信息化建设作为推动全省法院工作发展的“车之两轮、鸟之两翼”，力促司法改革与信息技术融合发展，努力以“三全三化”智慧法院建设助推司法改革。全业务网上办理基础坚实，全流程依法公开加速推进，全方位智能服务初见成效。

为配合省人大常委会听取和审议省法院全面深化司法改革情况的报告，省人大内务司法委员会牵头组成调研组，从 7 月下旬开始，在听取省法院关于全面深化司法改革情况介绍的基础上，先后赴天水市、张掖市、甘南藏族自治州及其所辖的8个县（市、区）开展调研，听取了市（州）、县（市、区）两级法院关于全面深化司法改革情况的汇报，召开有关单位和人大代表、政协委员、律师、人民陪审员等参加的座谈会，旁听庭审活动，实地察看人民法院信息化建设情况，深入11个基层法庭了解情况。

省人大常委会调研组关于全省各级人民法院全面深化司法改革情况的调研报告指出，司法改革是一项长期艰巨任务。全省法院司法改革工作在取得明显成效的同时，“案多人少”的矛盾依然存在，司法责任制改革有待进一步深化，司法队伍建设有待进一步加强，人、财、物统管步伐需要加快。

调研组建议，要不断强化司法改革目标意识，坚定改革决心。司法改革是党中央的重大战略部署，对全面推进依法治国、推进国家治理体系和治理能力现代化具有重大意义。要认真学习习近平新时代中国特色社会主义思想，增强深化改革的政治责任感和历史使命感，坚定推进司法改革的决心，深入贯彻落实中央的决策部署，用改革的办法解决改革中出现的新问题、遇到的新困难，建设公正、高效、权威的中国特色社会主义司法制度。

调研组建议，要坚持问题导向，加大改革推进力度。深入推进以审判为中心的诉讼改革和庭审实质化改革，保证庭审在查明事实、认定证据、保护诉权、公正裁判中发挥决定性作用。以改革思维应对和化解“案多人少”矛盾，通过人员分类管理、精简整合内设机构、完善法官员额与案件数量增长相匹配的动态管理机制等，优化人员结构，加强一线办案力量。进一步建立健全法官员额动态管理和退出机制，完善细化绩效考核标准，理顺司法辅助人员管理体制和保障机制。完善人民陪审员制度，健全随机抽取参审案件制度、履职管理与保障制度，强化人民陪审员对法官的监督制约，以司法民主促进司法公正。正确处理改革中新老机制的磨合衔接问题，统筹解决未入额人员身份和职级待遇等问题，确保司法责任制改革各项政策顺利实施。

调研组建议，要提升信息化建设与运用水平，提高审判执行质效和司法公信力。进一步加快“智慧法院”建设，以信息化建设促进审判流程再造，大力推进网上办案，加强对审判执行各环节和重要流程节点的全程监督、动态跟踪、无缝管理，深度整合、挖掘、利用依托大数据资源为法官提供智能化服务。以信息化建设为保障，加强案件执行规范化建设和精细化管理。以信息化建设提升司法为民成效，加强诉讼服务中心建设，为群众提供方便快捷的诉讼服务，更好地满足人民群众多元司法需求。以信息化建设促进深化司法公开，积极探索信息化条件下司法公开新途径，不断提升运用新媒体开展法院工作的能力，实现阳光司法。

调研组建议，要继续加强队伍建设，不断提升办案能力和水平。按照政治、业务、责任、纪律、作风“五个过硬”的要求，努力建设一支信念坚定、执法为民、敢于担当、清正廉洁的司法队伍。严守政治纪律和政治规矩，牢固树立“四个意识”，把思想政治建设摆在首位，把理想坚定、政治过硬作为首要标准，深入开展社会主义核心价值观和社会主义法治理念教育，全面推进法院队伍建设。持续推进正规化、专业化、职业化建设，在加强管理的同时，创新人才培养机制，全面提升司法人员的专业水平、职业素养和操守，全面提高司法人员群众工作能力和对信息技术的掌握运用能力，全面提升执法办案水平。深入推进党风廉政建设和反腐败斗争，落实主体责任和监督责任，推进廉政风险防控机制建设，提高队伍的拒腐防变能力。

甘肃省人民检察院深入开展检察机关提起公益诉讼制度改革试点，努力为公益诉讼入法贡献“甘肃力量”。省人大常委会调研组：以改革思维和改革办法化解“案多人少”的矛盾，加强一线办案力量。

“全面推进司法责任制改革。”甘肃省人民检察院关于全省检察机关全面深化司法改革工作情况的报告（以下简称“报告”）提出，牢牢牵住司法责任制改革这个“牛鼻子”，坚持顶层设计与基层探索相结合，先后出台相关改革文件37项，初步形成权责明晰、监管有效、保障有力的检察权运行新机制。检察人员分类管理改革基本到位，检察官办案责任制有效落实，检察职业保障制度不断完善，内设机构改革积极推进，省以下检察院人财物统一管理改革稳步推进。

“扎实推进刑事诉讼制度改革。”报告提出，坚持分工负责、互相配合、互相制约，着力推进刑事诉讼领域改革，努力在更高层次上实现惩治犯罪与保障人权相统一。积极推进以审判为中心的刑事诉讼制度改革，积极开展轻微刑事案件快速办理试点，着力防范和纠正冤错案件，着力健全完善“两法衔接”机制。

“深入开展检察机关提起公益诉讼制度改革试点。”报告提出，根据全国人大常委会授权，省检察院统筹安排、精心组织，扎实推进改革试点工作，努力为公益诉讼入法贡献“甘肃力量”。

强化担当着力推进改革试点。牢牢抓住公益这个核心，突出加强对生态环境资源、国有资产的保护，省检察院制定工作方案，加强组织领导，明确责任时限，选择 8 个地区检察机关开展试点。采取包片督导、现场推进、定期通报、线索奖励等方式，确保试点工作部署落实见效。

突出生态保障推进改革试点。把改革试点与服务保障生态文明建设紧密结合，立足甘肃生态环境脆弱现状，以专项工作推动改革试点提质增效。

深化改革探索建立生态检察专门机构。着眼于更好地巩固试点成效、全面推进检察机关提起公益诉讼工作，立足全省实际，制定林区、矿区检察院司法改革方案，调整林区基层检察院设置和管辖区域，将全省范围内重点林区涉林案件全部划归林区检察院管辖，探索对全省涉林案件进行集中管辖；将矿区检察院的职能调整为环境资源专门检察院，探索建立与行政区划适当分离的环境资源案件管辖制度，促进加强生态环境司法保护。

“健全完善检察权运行监督制约机制。”报告提出，全省检察机关紧紧围绕改革部署，切实加强自身监督，确保检察权依法规范运行。着力深化人民监督员制度改革试点，扎实推进检务公开改革试点，不断完善检察机关内部监督制约机制。

为配合省人大常委会听取和审议省人民检察院深化司法改革情况的报告，省人大内务司法委员会牵头组成调研组，从 10 月上旬开始，在听取省人民检察院关于全面深化司法改革情况汇报的基础上，先后赴定西、平凉、陇南三市及其所辖的 6 个县（区）开展调研，听取了市、县（区）两级检察机关关于全面深化司法改革的汇报，召开有关单位和人大代表、政协委员、律师、人民监督员等参加的座谈会，深入 12 个基层检察室了解情况。

省人大常委会调研组关于全省各级人民检察院全面深化司法改革情况的调研报告指出，全省各级检察机关改革工作在取得明显成效的同时，调研中各地反映的主要困难和问题有：司法责任制改革中出现的新问题亟待破解，诉讼制度改革有待深化，检察队伍素质需要进一步提高。

调研组建议，要进一步提高对司法体制改革重要性的认识。深化司法体制改革事关人民群众切身利益，事关社会公平正义，事关全面推进依法治国。各级检察机关要继续深入贯彻落实党中央深化司法体制改革的决策部署，认真学习习近平总书记在第 33 次中央深化改革领导小组会议上的重要讲话精神，充分认识党中央推进司法体制改革决策的重大现实意义和深远历史意义，增强推进改革的政治责任感和历史使命感。坚定推进司法体制改革的信心和决心，正确认识和对待改革中遇到的困难和问题，通过改革发现问题、研究问题，依靠改革解决问题。进一步加强政策解读、思想引导和舆论宣传，让广大干警正确理解改革、积极支持改革、自觉投身改革，确保司法体制改革顺利推进、各项改革任务落到实处，建设公正高效权威的中国特色社会主义司法制度。

调研组建议，要进一步深化改革、破解难题。各级检察机关要坚持问题导向，妥善处理好改革过程中新老机制的磨合衔接问题。继续完善相关配套措施，建立健全员额动态管理和退出机制，完善绩效考核标准，抓紧推进省以下检察院人财物统管，统筹解决好未纳入分类管理人员的身份待遇问题。以改革思维和改革办法化解“案多人少”的矛盾，通过人员分类、扁平化管理优化人员配置，加强一线办案力量。推广专业化办案团队，完善政府购买机制，拓宽招录渠道，配齐配强司法辅助人员，充分运用现代信息化技术和手段，提高司法办案质效。加快推进以审判为中心的诉讼制度改革，健全以证据为核心的刑事指控体系，加强与各政法单位的协作配合，推动统一证据证明标准应用，强化相互之间的监督制约，严防错案发生。

调研组建议，要进一步加强检察队伍建设。各级检察机关要把队伍建设作为基础性、战略性工作，按照政治、业务、责任、纪律、作风“五个过硬”的要求，全面提升检察队伍素质。健全教育培训制度，创新教育培训方式，全面提高检察队伍职业素养和专业水平。要不断完善检察官考核评价制度、优胜劣汰的激励制度。建立健全检察官助理的管理制度，培养和储备好检察官后备力量。完善综合部门与业务部门的衔接配套，拓宽司法行政人员与其他司法辅助人员的职业成长空间。加强与组织、编制、人社、财政等有关部门的沟通协调，推动相关改革政策及时落地见效。加强基层检察院、室建设，促进司法力量向基层倾斜。加快检察队伍正规化、专业化、职业化进程，为全面深化司法改革提供坚实的人才保障。

调研组建议，要进一步加强司法改革衔接工作。人民检察院司法改革有些是需要顶层设计完善的，有些是需要基层探索建立的。建议省司法改革领导机构对属于省级层面研究解决的困难和问题，尽快会同有关方面认真研究，提出全省统一的解决办法；需要顶层设计解决的，及时向国家司法改革领导机构反映。

探索在省内建立法官、检察官动态调整机制，确保员额向基层、案多地区和主要业务部门倾斜。

省人大常委会组成人员认为，省法检“两院”的司法改革报告客观地反映了工作进展情况和存在的问题，也提出下一步工作的意见建议，这些同省人大内务司法委员会调研的情况相符合。省法检“两院”司法改革工作成效显著，特别是领导坚强有力，既坚决贯彻中央决策，又能结合我省实际，扎实稳妥地推进司法工作。同时，把深化改革和促进工作相统一，创造了很多工作亮点。

刘宝珍委员建议，继续坚定信心，落实创新。加强组织协调，各有关方面积极配合，在人员编制、经费等方面给予保障支持。认真研究解决改革中出现的新问题，属中央事权的积极向上反映，完善相关措施，保障改革工作顺利推进。

赵春委员建议，进一步推进巡回法庭工作。落实好人民陪审员制度，保证案件公平公正。增加司法人员的员额，以适应国家法治建设的要求。

哈里弟委员建议，进一步采取切实可行的措施，继续加大对法官、检察官的培养力度，特别是双语法官、检察官的培养补充。

宁崇瑞委员说，司法改革中司法责任制是非常重要的一点，其突出表现就是“谁审理谁签署谁负责”，这就对司法干部队伍的个人素质和能力提出了很高要求。下一步，提升法官个人素质能力依然是重点。

韩克茵委员说，司法改革进入深水区后，牵扯诸多利益调整，各类人员对改革的目的性和必要性认识不一，部分司法辅助人员和司法行政人员政治待遇、工资福利等与入额法官、检察官差距拉大，工作积极性不高。因此，要加强司法改革的正面宣传引导，广泛开展政策宣讲、谈心谈话、解疑释惑等工作。尤其要对未能入额、暂缓入额以及一方退出人员做好深入细致的思想工作，引导全体司法干部从大局出发，坚定改革信心，克服畏难情绪，凝聚改革共识，确保各项改革任务顺利完成。要在坚持顶层设计的同时，充分考虑我省的实际情况，坚持问题导向，加强机制配套建设。探索在省内建立法官、检察官动态调整机制，综合案件数量、人口基数、辖区面积、经济发展规模与程度等因素，考虑对员额比例进行分类核定，确保员额向基层、案多地区和主要业务部门倾斜。

韩克茵委员建议，既然是改革，就要能上能下、能进能出，建立健全员额法官、检察官退出和增补办法，畅通员额进出机制。细化完善各类司法人员业绩考评体系，对入额法官、检察官实行年度综合考核，以考核评价结果作为任职、评先选优和晋职晋级的重要依据。

下　篇

甘肃省司法改革专题研究

甘肃省检察机关司法责任制改革进展情况研究报告

甘肃省人民检察院课题组、甘肃省司法科学与区域法治
发展协同创新中心课题组

一、关于内设机构改革情况

根据中央编办和高检院联合下发的《省以下人民检察院内设机构改革试点方案》精神，按照既促进机构扁平化又促进办案专业化、既适当去行政化又强化司法管理、既要讲配合又要讲制约的原则，去年12月，省检察院与省编办联合印发《甘肃省检察机关内设机构改革试点方案》，对工作及时部署，明确了全省三级院内设机构改革的重点和方向。今年8月初，为贯彻落实全国司法体制改革推进会精神，加快我省检察机关内设机构改革步伐，并维持省内检察机关内设机构名称、职能、设置数量相对统一，我们在组织专题调研组进行充分调查研究的基础上，制定印发了《甘肃省检察机关市、县两级院内设机构改革指导意见》（以下简称《意见》）。《意见》规定，编制50人以下的基层院（58个），设置5个内设机构；编制50人~100人的基层院（34个），设置8个内设机构；编制100人以上的基层院（3个），设置10个内设机构。编制70人以下的市级院（3个），设置9个内设机构；编制70人~100人的市级院（8个），设置10个内设机构；编制100人~200人的市级院（3个），设置11个内设机构；编制200人以上的市级院（兰州市），设置12个内设机构。矿区、林区分院分别设立5个和6个内设机构。同时，按照国家反腐败体制改革精神，纪检监察机构按有关规定设置对反贪污贿赂、反渎职侵权和职务犯罪预防等部门原机构设置、称谓和运行机制暂维持不变。改革到位后，基层检察院普遍减少内设机构5个~7个；市级检察院普遍减少内设机构7个~9个。

内设机构的整合解决了内部机构职能重叠化问题，减少了职能交叉，整

合了信息资源和人力资源，实现了人员优化、资源配置的最大化。精简空出的编制应向基层和司法办案一线调配使用，原核定的领导职数暂不作调整。目前，各地按照省检察院的部署正在积极有序推进该项工作，已有 76 个市、县检察院完成了改革任务，9 月底前能够全面完成市、县两级检察院内设机构改革工作。

二、关于新型办案团队建设和运行情况

实施员额制改革后，我们认真落实最高人民检察院《关于完善人民检察院司法责任制的若干意见》，积极推行检察官办案责任制，按照新的机制来办案，真正做到“谁办案谁负责、谁决定谁负责”。一是修订去年制定的全省三级院检察官授权范围规定，印发了 2017 版规定。在坚持突出检察官主体地位与检察长领导检察院工作相统一的原则下，进一步明确了三级院检察长、检察委员会、主任检察官以及检察官的职责权限，既重视赋予检察官在司法办案中相对独立依法决定的权力，又坚持检察一体化原则。二是制定出台《甘肃省检察机关检察官办案责任制实施办法（试行）》。坚持放权与强化监督制约并重，加强对员额制检察官办案活动的监督，确保放权不放任。除要求入额领导干部带头办案外，院领导和业务部门负责人从微观的个案审批、文书签发向宏观的全院、全员、全过程的案件质量效率监督转变，检委会工作重心也将转移到总结办案经验、统一法律适用上来。三是制定出台《甘肃省检察机关检察官联席会议制度（试行）》。充分发挥检察官联席会议类案建议、专业咨询、业务交流等作用，促进检察官自我约束、自我管理。四是制定出台《甘肃省检察机关检察官办案组设置办法（试行）》和《甘肃省人民检察院办案组织设置管理办法（试行）》。探索实行独任检察官和检察官办案组两种办案组织形式，对一般案件与事项，实行独任检察官办案的组织形式，对于重大、疑难、复杂刑事案件，由检察官办案组办理。

在抓好制度设计的基础上，我们加快节奏组建新型办案团队，截至 8 月 15 日，全省检察机关新型办案组织的组建工作已全部完成。共设立独任检察官 1389 个、主任检察官办案组 484 个，其中独任检察官配备检察官助理 1083 人次、书记员 869 人次，主任检察官办案组配备员额检察官 924 人次，检察官助理 523 人次、书记员 369 人次。

从运行情况看，我省检察机关的办案组织设置，基本上是根据履行职能

需要、案件类型及复杂难易程度，实行独任检察官和检察官办案组相结合的办案组织形式。这样设置符合上级要求，也切合我省实际。但各地也普遍反映，实行员额制后，辅助人员较为缺乏。针对这一问题，我们要求各级院要综合考虑不同地区、层级、业务特点，从案件类型、难易程度和人员结构等实际情况出发，探索以非固定搭配、非完全配置、共用检察辅助人员等形式，组建灵活多样的办案组织，实现现有人员配置最优化、办案效能最大化。

三、关于绩效考核机制和奖金发放情况

为规范三类人员绩效考核，不断提升检察队伍正规化、专业化、职业化水平，我们分别制定出台了全省检察官、检察辅助人员和司法行政人员三类人员的绩效考核办法，按照坚持党管干部、遵循司法规律、责权利相统一、客观公正和突出实绩的原则，对三类人员的履职情况、司法素能、职业操守等进行全面评价，并合理划分考核等次。同时，为深入推进检察人员分类管理和职业保障改革，建立与绩效考核相衔接的奖金分配机制，我们制定出台了《甘肃省检察人员绩效奖金分配办法（试行）》，按照公开、公平、公正、奖勤罚懒、奖优罚劣原则，力求实现奖金分配向办案量大、整体工作优秀的院倾斜，向基层和办案一线检察官倾斜，向办案质效高的检察官倾斜。同时，我们要求全省各级检察机关要根据上述文件的规定，各自制定适合本院实际、科学合理、简便易行的绩效考核及奖金分配办法，为绩效考核以及奖金分配工作的正常运行提供制度保障。

4 月 17 日，省人社厅、省财政厅联合下发《关于印发〈甘肃省法官、检察官和司法辅助人员工资制度改革试点实施意见〉的通知》后，我们组织召开全省检察机关工资套改视频会议，及时将精神转达至市州分院，要求按期完成套改工作。截至 8 月 10 日，全省入额检察官工资套改工作全面完成。套改后，全省员额制检察官基本工资人均增长 770 元。目前，入额检察官套改后工资除天水市秦州区人民检察院报同级财政部门审批外，全省其他检察院均已落实到位。

经全面统计核算，近期，我们已向省人社厅、省财政厅报送《关于申请核定全省检察院绩效考核奖金总量的报告》，并附三类人员花名册。根据省人社厅提供的 2016 年全省公务员平均工资水平测算结果（71 483 元/人/年），我省检察机关检察官 2017 年度平均绩效考核奖金为每人每月 2210 元，检察

辅助人员和司法行政人员2017年度平均绩效考核奖金为每人每月1191元。鉴于绩效考核奖金已从去年10月份开始预发，因此，目前全省检察机关基础性绩效考核奖金仍按照检察官1200元、检察辅助人员和司法行政人员350元发放，奖励性绩效考核奖金待年度绩效考核结果产生后，年底一次性发放。

四、关于矿区、林区检察院改革情况

《甘肃省人民检察院矿区分院司法改革方案》《甘肃林区法院检察院司法改革方案》经省委全面深化改革领导小组会议审议通过后，我们明确改革任务，靠实工作责任，加快落实步伐，积极开展矿区、林区检察院改革的相关工作。目前，改革涉及的检察院人员调配工作已基本完成；矿区检察分院职能调整和搬迁工作已经到位；小陇山林区人民检察院和祁连山林区人民检察院办公用房选址整修工作基本就绪，预计2018年9月中旬可以完成搬迁任务。近期，我们将着重抓好案件管辖调整和正常运转履职工作。

五、下一步工作打算

（一）强化组织保障，层层压实主体责任

充分发挥各级院党组和检察长在司法责任制改革中的领导和把关作用，进一步明确全省各级检察院的改革主体责任，增强时限意识，切实负起主体责任，加强对下指导力度，系统梳理和研究解决改革过程中遇到的问题，确保按时完成各项改革试点任务。

（二）强化统筹谋划，夯实改革工作基础

一是建立院领导联系指导制度。省院和市州分院建立领导联系指导下级院开展检察体制改革工作机制，加强上级院领导一对一指导力度，及时帮助下级院解决困难、提出建议、排除障碍。二是制定路线图和时间表。要求各级检察院根据自身实际，拟制本院司法责任制改革任务清单和推进改革时间表，进一步细化改革工作任务，主动对接上级文件，建立改革落实机制。三是进一步加强协商通报制度。加强与党委政府和职能部门的沟通与交流，及时通报有关改革事项、最大限度地争取理解和支持，形成改革合力。

（三）强化督察指导，确保举措落地生根

建立督察机制，进一步明确各级检察院抓改革督察的任务和要求，形成上下贯通、横向联动、分级负责、齐抓共管的工作机制。9月初，省检察院将

再次派出由厅级干部带队的3个督查组，对市、县两级检察院司法责任制改革任务落实情况进行全面督查。通过面上督察与点上督察相结合的方式，重点对已经出台的改革试点方案、领导指示批示的落实情况以及改革的实际运行效果开展督察，确保在十九大以前全面完成全省检察机关司法改革的相关工作。

新形势下检察机关如何运用科技手段和创新办法提高办案质量、效率

甘肃省人民检察院课题组、甘肃省司法科学与区域法治发展协同创新中心课题组

课题组先后赴平凉市院、崆峒区院、庄浪县院、庆阳市院、天水市院，围绕“新形势下检察机关如何运用科技手段和创新办法提高办案质量、效率”专题，采用与相关院领导交流、听取汇报、与业务部门负责同志及业务骨干座谈、讨论等方式，掌握相关情况。回到省院，又到案管办、检察信息处等相关业务部门进行了学习交流，对科技手段运用、创新办法现状、近期建设目标、远期发展方向进行了较为深入的了解，现将有关情况报告如下：

一、基本情况

多年来，按照高检院的统一规划，在省院党组的正确部署安排下，各级院积极适应时代发展，注重科技手段的建设及运用，积极探索。在提高办案质量和效率上发挥着重要作用。

（1）运用科技手段方面。一是网上办公系统基本建成。两级院基本人手1台~2台办公电脑，积极推广无纸化办公，实现了文件起草、审批，财务审核、报销，信息传输的网上流转，即时通讯软件腾讯通、内网邮箱等信息沟通平台得到了普遍使用，内网网站、“两微一端”网络宣传发布平台建设使用都取得良好效果。二是网上办案系统的普遍使用。实现了案件办理从收案、分案、办理，到办结的全程网上流转，规范了法律文书的制作、报批、审批流程，缩短了案件在部门之间、上下级院之间流转及信息反馈的时间，在提高司法办案效率，强化内部司法监督，规范司法行为方面发挥了重要作用。促使办案人员加强工作责任心，提升自身业务素质，确保案件办理质量的不断提高。三是科技化手段不断增强。高清视频会议系统、同步录音录像系统、

远程视频接访系统、远程提审系统已普遍建设完成并投入使用，必要的辅助设备，如照相机、打印机、录音笔、执法记录仪、指纹采集器等也基本配备齐全，有力地促进了办公办案效率的提升。有的院还建成了检委会信息化系统，对委员发言全程留痕，并实现了与县区院检委会的实时对接。如天水市院在侦查指挥中心系统建设方面就很具有典型性，他们以市院为核心，连接了秦州、麦积等 7 个基层中心，实现了与办案区审讯室、看守所审讯室、监狱审讯室的互联互通，并预留了与公安公共监控系统、法院远程法庭系统的连接端口，做到了语音视频实时双向互动，提升了检察工作的科技含量。四是检务公开系统日趋完善。搭建了检律互动平台，提供了律师预约、电子阅卷等应用，完善了案件信息公开系统和网上控告举报系统，探索信息主动推送服务，实现了网上受理、远程接访和网上答复。五是检察专网继续优化。对网络宽带进行了合理扩充，提高了网络的传输质量、效率和可靠性。

（2）运用创新办法方面。一是创新办法解决案多人少的矛盾。注重将司法资源配置向一线倾斜，确保所有入额检察官在一线办案岗位，有的院还根据员额检察官能力特长对其进行岗位调整，有些院根据办案需要制定了相关人员统一调配制度，有效增加了一线办案力量。如天水市院制定了《天水市检察机关统一调配公诉人实施办法》，在办理“冯杰涉嫌贪污案”中，从各县区院抽调精干力量，解决了人手不足的问题，确保了办案质量。平凉市院也建立了统一调配公诉人工作机制，在办理涉案金额高达 10 亿元的穆东元等人非法吸收公众存款案和涉案人数多达 70 余人的“柳春田等人涉赌诈骗案”中发挥了重要作用。二是创新办法保证入额检察官的素质。如天水市院以《检察官办理瑕疵案件累计积分退出员额办法》为抓手，规定在一个时间段内，如果入额检察官因为不能独立办案、办案数量达不到要求，或因违纪违规，累计积分达到 60 分的，将调离检察业务岗位、退出员额。三是创新办法提高案件质量。天水市院组织全市法律法学硕士以及业务骨干组成了案件研讨组，对提交检委会讨论的重大疑难复杂案件提出处理意见，提高了检委会讨论案件的效率和质量。平凉等地探索建立的“侦诉一体化”和“抗诉一体化”机制，在提高案件质量方面也发挥了重要作用。四是创新办法提高案件办理效率。庆阳市院针对事实清楚，案情相对简单的普通刑事案件，简化审查报告的制作，将其创新为审查意见，减少不必要的工作量，保证办案人将主要精力投入到对案件的分析和评判上，不仅提高了办理效率，而且也提高了办理质量。平凉市检察机关积极探索轻微刑事案件快速办理机制，在提高案件办理效率和质量方面也取得了效果。

二、存在的问题

全省各地检察机关运用科技手段、创新办法在提高办案质量效率、规范司法行为、强化司法监督方面取得了显著的成效，办案过程中人为、随意等行为明显减少。但也存在一些不足：

（1）思想认识不到位。一是对于新科技手段的认识存在误区。一种是新科技手段无用论，对于新科技手段有一种本能的抵触情绪，认为依靠老办法、老方式一样把工作做得很好，何必要采用所谓的新科技手段，投入那么大的资金和人力，建成的科技信息平台，对于实际工作的帮助作用并不大，反而增加了工作量。另一种是新科技手段万能论，片面地认为有了新科技手段就能解决一切，忽略了新科技手段的“辅助性”功能。二是部分干警接受新科技的意识不强。习惯于传统工作模式，拒绝使用新科技手段办公办案，致使新科技手段开展普及效果不尽如人意。拿“无纸化办公”来说，推广了这么多年，实际效果却没有达到预期目的，很大程度上就是由这种心态所致。三是对于创新认识不足。部分同志认为，检察机关作为国家的法律监督机关，所要做的就是按照现有法律法规的规定，依法办案，没有必要进行所谓的创新。

（2）配备使用不到位。一是对一些设备的配备需求很高。调研中很多干警提出能否增配一些设备，帮助提高办案的质量和效率，第一类是辅助办案设备，如语音录入转换设备、办案执法仪等；第二类是法律数据库，如能够实时更新的法律法规及司法解释和相关案例汇编的电子书、北大法宝、中国知网等数据库资源；第三类是平台的建设和完善，建立一个方便查询各种案例办理过程的集中平台，作为案件办理的重要参考和辅助；对现有的侦查、接访系统进行升级改造，添加电子指纹输入仪器等相关设备，实现在网上开展视频提审及开庭等工作。二是一些现有设备的使用维护不足。自科技强检计划推行以来，全省先后采购了大批的办公办案设备，从调研的情况来看，存在设备闲置、使用率不高、维护不到位的问题，以公诉部门为例，电子笔录的制作没有完全推广，主要的科技化办案手段就是开庭时进行多媒体示证。三是案件办理的科技含量不高。随着电子商务、电子支付等科技应用的大量使用，利用高科技进行犯罪的案件也越来越多，而真正用于侦查犯罪和审理案件的高科技设备和手段并不多，一支笔、一张纸的原始办案方式仍普遍存在，在查处智能化、隐蔽性高的犯罪案件时显得无能为力，无处下手。四是建设与使用的结合度不高。科技化建设、业务建设和队伍建设各行其是，各管一块，尚未做到有机契合，在办公办案过程中基本上采用电子版和纸质版“双规”运行，增加了工作量。

（3）规划建设不到位。一是缺乏整体规划。个别地方因办公场所限制，科技强检建设仍然比较滞后，科技手段存在明显不足；个别地方未能树立正确的科技强检理念，缺乏清晰的思路，未能确立近期、远期长远规划，在科技强检工作上被动应付了事，缺乏前瞻性，往往是钱花了，事没办好，导致无谓的浪费；个别地方工作按部就班，缺乏开拓创新。二是缺乏统一整合。现有科技设备购置、平台建设一般由条线来主导，缺乏一个机构对其进行统管，容易出现重复建设、使用率不高等问题，以控申系统建设的远程接访系统为例，一方面是使用率不高，另一方面是侦监、公诉等部门干警有远程提审的需求。三是缺乏长效机制。科技手段的采用、对工作进行创新是一个系统工程，需要建立长效机制来约束，但一些地方认为只要设备安装了、软件投入应用了、创新方法向上级报送并进行宣传了，就算完成了事，忽略了对设备软件的后期维护和技术支持，未能继续对好的做法总结、提炼、探索，从而半途而废。四是现有统一业务应用软件存在不足。调研中发现的问题大致归结为以下几点：一是系统不稳定，运行不流畅。有干警反映，某一案件的办理流程线下早已办结，但在线上走一下流程有时就得花掉整整一上午或者一下午的时间，影响工作效率。二是系统在线时间设置不科学，升级更新过于频繁。具体表现为周六日不能上线，下午 6：30 以后不能登录，同时经常进行系统升级更新，有时就是好几天，迫使案件办理往往在线下先运行，然后再补录，与系统设立的初衷相悖。三是现有办案模块设计与司法责任制改革的要求不相符。突出表现为要求领导干部办案，但现有模块无法给领导干部分案。四是一些环节流程设置不够科学合理。如远程接访系统的预约环节设置，基层院的同志就反映不符合办案实际，实践中操作起来很难实现。

（4）信息共享不到位。一是内部数据信息共享机制不健全。就我省来看，各级检察机关内部信息共享机制一直未能建立，条线之间、部门之间的信息壁垒仍未打破，相关数据的收集、印发文件的查询、工作情况的掌握多数情况下依旧需要按部门找相关负责人或者内勤了解，信息化建设的作用未能得到有效体现。二是公、检、法之间的信息共享机制尚未建立。目前公、检、法三家机关各自建立了网络信息平台，但囿于办案流程、网络安全及保密规定等原因，彼此之间的信息共享、沟通存在很大障碍。调研中反映最多的就是案卷移送问题，在信息化科技化发展的今天，案卷移送的方式与以前相比并没什么变化，还是移送传统的纸质卷宗，在案件办理过程中，同样的内容需要公安机关、检察机关、法院各自录入、扫描一遍，因信息共享不畅带来的重复劳动、效率不高的现象普遍存在，调研中各地对此反映最为强烈。三是“两法衔接”平台运行不畅。目前，由省检察院自主研发的“两法衔接”信息共享平台虽已上传至甘肃省电子政务网开通运行，但实践中采取的还是查看行政执法机关台账、听取执法情况汇报、定期召开联席会议等方式，同时由于有关“两法衔接”的规定位阶不高，约束力不强，刚性不足，相关规定比较原则，可操作性不强，部分行政执法机关对“两法衔接”重要性认识不足，部门主义、本位主义思想比较严重等原因，不想公开执法信息、不愿接受监督的现象较为普遍，主动移送涉嫌犯罪案件少，致使“两法衔接”信息共享平台没能真正发挥作用。

（5）人才建设不到位。一是对技术人才缺乏重视。网络信息、司法会计、法医、文检鉴定人员总量偏少，一些现有技术人员存在专业不专、技术不精、知识老化、业务素质不高等现象，个别单位的技术人员沦为“电脑修理员”。二是人才流失严重。随着本轮司法改革的开展，部分专业技术人才进入员额，被调整出技术部门，使得技术部门力量被削弱，而员额制改革对吸引专业技术人才进入检察队伍也带来了一定影响。三是科技、创新能力普遍不强。部分检察干警工作因循守旧，缺乏创新精神，对科技设备、软件、平台的使用钻研不够，对于学习新科技、使用新科技的积极性不高。

三、意见建议

根据对基本情况的了解，对存在问题的分析，建议按照“整体布局、细处着手、先易后难、稳步推进”的建设思路促进工作。

（一）提高认识，增强运用科技手段和创新办法提高办案质量、效率的自觉性

领导干部要带头转变观念，提高认识，把科技建设和工作创新作为当前

工作的重点来抓。一是要明确责任，狠抓落实。要把运用科技手段和创新办法作为“一把手工程”来抓，要认真抓好设备建设、人员培训、科技运用、工作创新，切实加强组织和领导，逐步将各项工作举措落到实处。二是要加强领导，精化队伍。要成立科技强检及创新工作领导小组及其办公室，作为常设机构，组长由检察长担任，由检察长直接参与科技建设及创新工作的战略决策、规划、协调和实施。同时要大力加强专业技术队伍建设，充分发挥专业人才的重要作用。三是要因地制宜，统一规划。要充分重视软、硬件的建设与开发，按照高检院“三位一体”长效管理机制，把检察业务工作、队伍建设和信息化建设紧密结合起来。要严格按照以业务建设为中心、队伍建设为根本、信息化建设为保障的要求，结合检察工作实际，制定科技建设和创新工作发展规划及实施方案。四是强化措施，积极引导。认真贯彻落实“全国司法体制改革推进会”精神，在全省检察机关开展增强运用科技手段和创新办法提高办案质量、效率的活动。

（二）整合资源，形成科技强检及创新工作的合力

建议全省各级院成立科技强检及创新工作领导小组，并明确一个相关处室为职能部门，推动工作开展。

（1）省院主要工作任务：①统筹规划。及时贯彻中政委和高检院信息、网络、科技办案新规划，考察重点项目试点地区的成功经验，提出我省建设推进计划，指导全省工作，避免重复建设和自行建设带来的浪费。②建言献策。针对涉及公、检、法办案信息互通等重大课题，及时向高检院、省委政法委汇报，反映问题，提出相关意见建议。③统筹协调。对现有设备进行整合，对相关制度予以修订，与各业务条线及综合部门沟通，推动检察系统内部信息共享机制建设。④指导调研。对全省各地科技强检及创新工作方面的亮点做法及存在的共性问题进行收集、整理，对好的做法进行总结完善，使之成为面向全省具有可复制可推广的经验性方案，对存在的问题进行分析研究，提出有针对性的改进方法。⑤加强培训。通过视频课件、邀请专家授课、参加高检院专题培训班等方式，提高全省各级院领导和相关办案人员的科技、创新意识和能力。

（2）市、州（分）院主要工作任务：①贯彻落实。根据省院信息、网络、科技建设的相关部署和安排，多想办法筹措资金，确保各项科技强检任务落到实处，提高本院的科技装备水平。②强化保障。在用好用足已有装备、系

统的基础上，结合本地实际情况，积极探索相关科技手段的使用、创新工作方法，检查并配备必要辅助办案装备。（比如天水市院为了提高科技化办案水平，在建设远程审讯系统与侦查指挥中心时，全市两级院累计投入350万元，对办案工作区、看守所、监狱28个审讯室进行了新建、改造与升级，全部安装了高清数字化本地与远程审讯系统和同步录音录像系统，实现了全市检察机关远程审讯全覆盖。）③认真总结。系统总结本院及基层院的创新方法，及时向省院进行书面汇报，待省院考察确实，适时向全省推广。（比如庆阳市院针对事实清楚，案情相对简单的普通刑事案件，简化审查报告的制作，将其创新为审查意见，减少不必要的工作量的做法就值得去总结和挖掘。）④提高能力。通过组织开展全员总动员、开办培训班、举办技能比赛等方式，积极提高干警的科技素养和创新能力，在全院掀起向科技手段、创新办法要战斗力的良好氛围。

（三）增强实效，促进现有平台建设及作用发挥

（1）健全“两法衔接”平台工作机制。第一，摸清底数，掌握情况。建议由省院法制办牵头，摸清对外工作联系单位的底数，对“两法衔接”机制建立以来的信息共享、案情通报、案件移送等情况进行掌握，其中包括各市州分院的推进进度，并对涉及“两法衔接”的规范性文件进行梳理，厘清工作职责和工作程序，对存在的问题分析研究，提出可行的工作报告，由省院工作组协助推动。第二，做好信息采集工作，加强信息共享。要依据督促公安、法院等刑事司法机关，以及工商、烟草、税务、质监等行政执法机关根据“两法衔接”的相关规定及制度，做好案件信息网上公开、网上查询、网上移送等工作，充分发挥“两法衔接”信息共享平台作用，实现省、市、县三级行政执法和刑事司法机关之间执法资源共享。第三，以考评为抓手，加强问责。积极争取省委、省政府的支持，认真贯彻落实《关于加强我省行政执法与刑事司法衔接工作的实施意见》有关内容，加强对行政执法与刑事司法衔接工作的检查和考核，对执行不力的单位和个人，严肃问责，坚决克服有案不移、有案难移、以罚代刑现象。

（2）升级完善统一业务应用软件。第一，积极配合案管部门做好升级工作。由省院案管部门牵头，各地案管部门积极配合，做好系统升级所需的组织机构、人员角色、文书审批、权限设置、案件分配等方面的信息采集及其他相关工作，并对三级院人员进行培训，目前此项工作已基本结束，升级后

的系统已在试运行。第二，及时就新系统运行过程中出现的有关问题进行收集反馈。各院应当结合本院工作实际，有意识地收集汇总新系统运行过程中出现的问题，并对问题进行分析归类，能够自行解决的就主动努力解决，需要省院或高检院解决的就及时向上反馈，需要就有些功能自行开发或者需要高检院授权的要积极沟通联系。第三，主动探索进行创新。省院案管办正在积极协调高检院申请上线部署应用两个衔接子系统：一个是法律文书纠错系统，具有提示纠正错字、别字、法律条文引用错误等功能；另一个是法律文书屏弊系统，可以对拟公开的法律文书需要进行屏蔽处理的内容进行自动屏蔽，无需人工检测或作其他符合代替。第四，积极配合高检院开展有关工作。目前省院案管办正在配合高检院信息中心进行案件流程监控系统、案件质量评查系统和电子档案系统的研发。

（3）继续加强电子检务工程建设。目前省院正计划启动全省检察专线网和备份数据中心建设招标工作，对全省检察机关检察专网云数据中心、互联网云数据中心、侦查信息网云数据中心、灾备中心建设方案进行了专家论证，正筹划建设数字图书馆。建议根据高检院《“十三五”时期科技强检规划纲要》，多想办法，争取早日建成甘肃省电子检务工程，实现司法办案、检察办公、队伍管理、检务保障、检察决策支持、检务公开和服务六大平台基本建成，电子检务综合体系基本形成，科技装备和科技手段现代化水平全面提升。

（四）多措并举，形成科技办案、创新工作的良好氛围

一是加强试点。根据调研情况，在形成初步方案的基础上，选取一个在运用科技手段和创新办法提高办案质量、效率方面做得好的地区，如天水或者庆阳，进行先期试点，以检验方案的可行性和科学性。二是建立奖励制度。鼓励干警对相关工作提出合理化建议和进行有益创新，并认真分析其可行性，如被采纳，予以奖励，在全院形成创新工作的良好氛围。三是建立通报制度。对各地完成落实方案情况逐月进行通报，并对不认真落实改革计划、推动工作不力的责任人予以追责。四是重视人才培养。通过多种途径，如培训、技能竞赛、以干代培等方式，不断提高干警对科技强检、创新工作的认识，增强其科技素养和创新能力。

甘肃省检察机关行政公益诉讼实证研究

甘肃省人民检察院课题组、甘肃省司法科学与区域法治
发展协同创新中心课题组[1]

为全面掌握甘肃省公益诉讼试点地区[2]行政公益诉讼案件办理情况，查找问题，总结经验，推动全省公益诉讼试点工作科学发展，甘肃省人民检察院于2016年在各试点地区[3]开展了行政公益诉讼试点工作专题调研。

一、行政公益诉讼试点工作开展情况

（一）总体情况

2016年甘肃省检察机关共摸排行政公益诉讼线索199件，根据诉前程序向相关行政单位发出检察建议170件，层报最高人民检察院、省检察院拟提起行政公益诉讼43件，经审批同意提起诉讼31件，已进入诉讼程序28件，1件人民法院已作出判决。以案件范围划分，案件线索包括：环资领域（生态环境和资源保护）129件、国土领域37件、国资领域33件（具体数据如下表）。

地区	行政公益诉讼线索	案件范围		
		环资	国土	国资
兰州	23	17	0	6

〔1〕 甘肃省人民检察院课题组：黄涛、金石、刘明。甘肃省司法科学与区域法治发展协同创新中心课题组何青洲、祁亚平、王金虎。

〔2〕 2015年7月，十二届全国人大常委会第十五次会议作出《关于授权最高人民检察院在部分地区开展公益诉讼试点工作的决定》，甘肃省被确定为检察机关提起公益诉讼的13个试点省份之一。

〔3〕 甘肃省公益诉讼试点地区为兰州、白银、酒泉、天水、庆阳、陇南、张掖、嘉峪关等8个市级院。

续表

地区	行政公益诉讼线索	案件范围		
		环资	国土	国资
白银	34	27	3	4
酒泉	13	6	5	2
天水	23	22	0	1
庆阳	39	16	16	7
陇南	45	31	7	7
张掖	18	10	5	3
嘉峪关	4	0	1	3
合计	199	129	37	33

（二）案件线索来源

试点初期，全省检察机关民行检察部门围绕最高人民检察院确定的生态环境和资源保护、国有土地使用权转让、国有资产保护和食品药品安全四类社会关注度较高的热点问题，加强案件线索来源机制建设，加大监督力度。通过调研发现，全省行政公益诉讼的案件线索主要来源于开展专项检察工作、检察机关内部移送、网络信息平台热点跟踪及团体、个人举报等。

（1）开展专项检察工作。大部分行政公益诉讼案件线索来源于各类检察专项工作。例如，酒泉市院通过“两法”衔接平台，从行政机关违法行为监督和督促履职中分析、研判公益诉讼案件线索。该院民事行政检察部门主动参与侦监部门针对环境污染与生态保护、食品药品安全领域开展的专项活动，重点排查 2 个领域中涉及行政违法问题的案件线索，先后摸排涉及生态环境与资源保护领域案件 6 件、国有资产保护领域案件 2 件、国有土地使用权出让领域 5 件。又如，庆阳市院抽调业务骨干深入华池、庆城、镇原等地，对国土资源部门 2008 年以来有关土地出让金是否缴纳到位的情况进行了专项检查。通过此次检查，庆阳市院共摸排相关线索 16 件，并针对发现的个案问题，向国土部门发出诉前检察建议 16 份。

（2）检察机关内部移送线索。市、县两级院自侦部门对本院近年来办理的职务犯罪案件进行逐案摸排，对涉嫌违法行政的案件线索进行核实，并移送民行部门进行审查。如阿克塞县院从反渎部门查办的“3·7爆炸案”中发现了该县“石棉矿区重度污染案”；酒泉市院、景泰县院反渎部门在查办“淘汰落后产能领域”渎职案中摸排发现酒泉市肃州区财政局、景泰县财政局怠于履职，造成国有资产流失的案件线索；陇南市院反渎部门在办理“武都区国土局环境监管失职案”“武都区环保局环境监管失职案”“宕昌县水务局渎职案”时，发现行政机关及其工作人员存在违法行使职权或者不行使职权的行为，及时作为公益诉讼线索移送本院民行部门办理后层报最高人民检察院审批。

（3）网络信息平台热点跟踪及团体、个人举报。媒体曝光新闻事件涉及面广，且多是社会热点民生问题，从中不难发现与公益诉讼法律监督契合度较高的内容。例如，天水市麦积区院干警在某论坛上发现多个本地网友反映，天水市天祥水泥（集团）有限责任公司新建的水泥生产线项目，在防护距离500米范围内的搬迁任务未完成、烟气脱硝及在线监控设施未建成的情况下，主体工程已投入试运行，由此产生的有害气体和噪音对周边村民和学校构成严重污染危险。通过调查，麦积区院发现该区环保局虽向天祥水泥（集团）有限责任公司做出过《责令改正违法行为决定书》和《行政处罚决定书》，但是，该水泥厂仍然处于生产状态。麦积区院依据以上事实认定麦积区环保部门的监管职责履行不到位，遂向麦积区环保局发出诉前检察建议。麦积区环保局在收到检察机关的诉前建议后，责令天水市天祥水泥（集团）有限责任公司停止试生产，并做了相应处罚，取得了良好的法律效果和社会效果。

（三）诉前程序情况

诉前程序是检察机关提起公益诉讼的必经程序。设立诉前程序的目的是为了提高检察监督的效力，发挥行政机关履行职责的能动性，节约司法资源。一年来，甘肃省检察机关启动行政监督诉前程序案件170件，向相关行政机关或组织提出检察建议，督促履行职责。其中行政机关纠正违法或者履行职责108件，未到回复期26件，逾期未回复或者回复但未纠正违法或者履行职责36件。启动诉前程序的案件以案件范围划分，涉及环资领域109件、国土领域28件、国资领域33件（案件具体情况如下表）。

地区	行政公益诉讼诉前建议数量	采纳情况			范围		
		采纳	未到期限	未采纳	环资	国土	国资
兰州	23	9	5	9	17	0	6
白银	21	16	2	3	19	0	2
酒泉	13	4	6	3	6	5	2
天水	23	15	1	7	22	0	1
庆阳	43	28	3	12	15	15	13
陇南	25	20	5	0	20	2	3
嘉峪关	4	3	1	0	0	1	3
张掖	18	13	3	2	10	5	3
合计	170	108	26	36	109	28	33

（1）通过诉前程序取得明显的监督成效。检察机关在诉前程序中提出检察建议是履行法律监督权的主要方式。从调研掌握的情况来看，检察建议的落实情况体现出回复及时、采纳率高、实际效果好的特点，绝大多数接到检察建议的行政机关能及时纠正违法行为或者履行法定职责，尤其是许多地方的环境保护部门采纳检察建议认真整改，强化了监管责任、堵塞了监管漏洞、规范了监管行为。例如，阿克塞县院在办理阿克塞宏大石棉销售有限公司“3·7爆炸案”过程中，发现该县环保部门在红柳沟石棉矿区污染事件中涉及怠于履行监管职责，导致矿区内环境污染和生态破坏严重。该县环保部门对未取得环境影响评价文件的17家石棉开采企业，虽多次要求限期补办环评手续并通知整改，但对逾期未补办环评手续并予整改的企业，未进一步采取有效行政监管措施，导致污染问题未得到切实解决，国家和社会公共利益长期处于受侵害状态。省院、酒泉市院与阿克塞县院多次到矿山调查取证后，向该县环保局发出诉前监督检察建议，建议该县环保局依法对阿克塞县红柳沟矿区未依法取得环境影响评价文件的石棉开采企业予以关停，并进一步督促履行监管职责。2015年12月17日，该县环保局通知各石棉矿采选企业停产整改。2016年1月30日，阿克塞县政府经研究决定，对石棉矿区存在环境污染问题的企业依法予以关停，并要求环保、发改、工信和监察部门负责监督被关停企业的落实情况。至此，该起案件通过诉前检察建议取得了理想监督效果。

（2）对行政机关是否履职、履职程度的认定存在困难。甘肃省检察机关通过检察建议等方式办理行政公益诉讼诉前程序的案件，多数行政机关均在期限内予以回复。从回复内容看，除 1 起案件行政机关未明确表示接受检察建议外[1]，其余案件，行政机关均回函承认之前的监管工作存在不足之处，并表示将采取一定措施进行监管。但是，如何判定行政机关是否依法履行监管职责？如何评估受侵害的国家和社会公共利益是否得以改变？能否改变以及什么时候能改变？这些在试点实践中出现的问题，现行法律和相关规范性文件的规定并不明确，导致检察机关法律监督的实质要件难以认定。

（四）层报案件情况

经过诉前程序，全省各试点院共层报市级院审批行政公益诉讼案件 43 件。其中，涉及环资领域 27 件、国土领域 5 件、国资领域 11 件。经报最高人民检察院或省院审批同意提起诉讼 33 件，目前，已有 30 件案件已全部进入诉讼环节。案件具体情况如下表：

地区	层报行政公益诉讼数量	范围			审批情况		起诉
		环资	国土	国资	省院	最高人民检察院	
兰州	11	8	0	3	7	1	8
白银	4	3	0	1	3	1	4
酒泉	4	3	0	1	1	1	2
天水	7	6	0	1	5	1	6
庆阳	8	3	3	2	8	0	7
陇南	5	3	1	1	2	1（履职 2 件）	1
嘉峪关	1	0	0	1	1	0	1
张掖	3	1	1	1	1	0（履职 1 件）	1
合计	43	27	5	11	28	5（履职 3 件）	30

（1）层报高检院拟起诉的行政公益诉讼案件，掌握的行政机关执法的最新进展情况及行政机关纠正或履职与否的相关情况。全省各地层报高检院审

[1] “景泰县财政局怠于履职案”，目前已经最高人民检察院批复，已提起行政公益诉讼。

批以后提起诉讼的公益诉讼案件有4件，分别是“肃州区财政局怠于履职案”“景泰县财政局怠于履职案”“永登县农林局不依法履职案”“宕昌县水务局不依法履职案”。该4起案件中，人民法院对于受理检察机关提起的公益诉讼案件比较及时，在案件受理前，三级检察机关均与三级法院进行了充分的协商和沟通，检察机关对于行政机关的行政监管的最新进展了解较为及时。在检察机关提起公益诉讼以后，行政机关依法向法院提交了案件答辩状，并且肃州区财政局怠于履职案件中，肃州区财政局已向行政相对人作出了行政处罚决定书。该行政处罚决定书相对人签收后尚在复议和起诉期限内。其余3案尚在答辩期内。

（2）层报高检院拟起诉的行政公益诉讼案件，证据收集要求。对于检察机关在行政公益诉讼中的举证责任，目前我省实践中主要有两种认识：一种认识是，举证责任应与一般的行政诉讼案件一样，不应突破行政诉讼法关于举证责任的规定，被诉具体行政机关应承担证明其行政行为合法或已履职到位的举证责任；另一种认识是，检察机关不是普通行政诉讼的行政相对人，其所拥有的公权力足以抗衡行政权，故应当按照传统诉讼的举证责任，即谁主张谁举证。“试点方案”要求检察机关提起行政公益诉讼时，“应当有明确的被告、具体的诉讼请求、国家和社会公共利益受到侵害的初步证据”，即检察机关有一定的举证责任，对“国家和社会公共利益受到侵害”要予以举证。实践中，举证责任的承担存在一些障碍需要破解。如肃州区、景泰县提起的行政公益诉讼案件线索由本院自侦部门移送，案件所需的证据均从刑事案件卷宗中提取，所有的证据能够紧紧围绕所诉的案件事实和法律适用进行收集。但由于行政机关主张其不具有行政监管的主体资格，且在对资金监管无过失的情况下，意味着检察机关需对行政机关的主体资格，以及行政相对人套取资金的违法性承担举证责任，这在无形中加重了检察机关的举证责任。

在其他公益诉讼案件审查中，证据方面出现的问题主要表现在：①有时事过境迁，难以有效监测鉴定。特别是行刑交叉案件中，刑事案件往往都已经裁判生效，国家和社会公共利益受侵害已经过了较长一段时间，再去鉴定效果不佳；②检察机关因专业知识缺乏，存在大量的专业鉴定需要委托专业机构作出专业认定结论，例如土壤、大气、水流的污染，委托专业机构，需要经费保障，而目前财政经费并无该专项资金。相关行政机关反而在专业知识上具有一定的优势，取证具有专业性和便利性，故在审判环节将面临鉴定意见的采信问题，存在诉讼风险。③鉴定费用往往较高，对基层检察院来说有时难以有效承担，当需要向当地政府申请增加办案经费，等于向政府要钱再去告政府，在实施中势必存在一定的困难。另外，行政行为内涵丰富，种类众多，具体属性也各有不同，导致的国家和社会公共利益受侵害的状态也会各有不同。如行政行为既包括作为也包括不作为，既包括具体行政行为又包括抽象行政行为，既可能导致现实的国家或社会公共利益受到减损，也可能导致应有的利益没有实现，因而在不同类型案件中举证的要求可能并不一样。因此提炼不同类型案件的举证要求和技巧，破解举证责任中的难题是目前行政公益诉讼及民事公益诉讼面临的一项重要课题。

（3）本地区对层报高检院拟起诉的行政公益诉讼案件，对案件涉及的法律、法规、规章等认定和适用方面存在的问题。在实践中，会遇到法律与行政法规、行政规章的适用取舍问题。例如在法律对一类问题作出原则性规定，而行政法规、规章在作出详细规定的情况下，行政机关会以法律原则性规定的另类解释试图推卸其监管职责，导致在法律、法规、规章的适用上存在较大分歧。例如《预算法》规定各预算单位对预算资金负有行政监管责任。按照财政部门的解释，依据《预算法》应由工信局作为预算部门对违规套取资金进行追缴。《财政违法行为处罚处分条例》规定，县级以上人民政府财政部门及审计机关在各自职权范围内，依法对财政违法行为作出处理、处罚决定。同时，财政部《淘汰落后产能中央财政奖励资金管理办法》规定，各级财政部门对相关财政奖励资金具有监管责任。财政部、工信部《中央财政关于关闭小企业补助资金管理办法》规定由工信部、财政部及财政部驻各地财政监察专员办事处有权对违规行为履行监管责任。综上所述，对于财政奖励补助资金监管责任的法律适用，行政部门各执一词，存在分歧。

二、存在的问题及困难

（一）各地在公益诉讼试点工作中出现的普遍性问题

（1）理念转变不积极。长期以来，民行检察工作以办理生效裁判监督案件为主，省市两级院的主要任务是通过抗诉方式监督纠正错误的生效裁判，基层院主要职能是审查一审生效的申诉案件并决定是否提请市级院抗诉。甘肃省公益诉讼工作尚属于试点阶段，民行检察部门的工作重心仍集中于上述工作之上，对行政公益诉讼案件的法律监督重视度不高。有的院对试点工作的重要性、紧迫性认识不足，办一两个案件应付了事，工作抓得不深不实不细；有的院存在等靠观望和畏难情绪，怕得罪行政机关，满足于发几个检察建议、履行完诉前程序，不愿走到提起诉讼。

（2）试点院工作开展不平衡。虽然全省办案力度总体较大，已达到试点地区60%以上的院办理了行政公益诉讼案件，但各地发展不平衡，迄今33起审查批复起诉的行政公益诉讼案件，主要集中在兰州、庆阳等四个地区，而进入诉讼环节30件案件亦是如此。8个试点院工作进展不一，有的地方行动迅速、深化递进、效果明显，有的则见事迟、行动慢。

（3）非试点院工作主动性不足。行政公益诉讼因法律依据不足，相关规定较为原则，操作层面上有难度，非试点院大多对其关心不够、敏感性不强，有的即便发现公益诉讼案件线索，也是没反应、没动作，试点工作的整体合力亟待增强。

（4）干警工作能力欠缺。当前，甘肃省各级院均是民事检察与行政检察监督职责由同一部门承担，民行检察干警同时兼顾两大诉讼活动的监督任务和行政执法监督工作。随着公益诉讼试点工作的逐渐推进，工作任务将愈加繁重，而民行检察干警力量薄弱，专业化水平低的现状，与行政公益诉讼发展的需求相比，民行检察干警的人员结构和业务素质还需进一步提高。

（5）民事公益诉讼监督成效不明显。相对于行政公益诉讼，甘肃省民事公益诉讼进入诉讼程序的案件仍为空白。究其原因，一方面是难以发现有效的案件线索，另一方面是缺乏有效的案件办理指导。致使面对具体案件事实时，缺乏敏锐的案件发现意识，以及恰当的案件切入点，迟迟不能打开工作局面。

（二）诉前建议存在的问题

（1）行政主体的责任认定问题。由于行政机关的部分行政职权相互交叉，职责权限划分不明确，导致具体案件发生时相关主体推诿扯皮。例如，关于国家淘汰落后产能领域中央财政补助资金被骗以后的追缴责任问题，财政部、工信部关于《中央财政关于关闭小企业补助资金管理办法》[1]对于被关闭中

---

〔1〕《中央财政关于关闭小企业补助资金管理办法》第15条规定："各地工业和信息化主管部门对上报的关闭小企业年度计划和实施效果的真实性负责；各地财政部门要加强资金的管理，确保财政资金使用的规范、安全和有效。"第16条规定："工业和信息化部、财政部及财政部驻各地财政监察专员办事处应根据确定的关闭小企业工作目标对各地关闭小企业计划完成情况及补助资金使用情况进行检查。发现弄虚作假、未按要求完成关闭任务、虚报冒领、截留挪用财政资金或其他违规行为的，要追回资金，并依法依规处理。"

小企业被骗资金追回责任的规定较为笼统，使得在具体案件发生后，财政部门和工信部门均不能积极履行各自的监管职责，导致被骗资金无法及时收回，国家利益受到损害。

（2）行政主体违法或者不作为行为的认定问题。检察机关提起公益诉讼的前提是存在负有监督管理职责的行政机关违法行使职权或者不作为。行政机关是否依法履职，需要依照相关法律法规进行认定。对此行政机关更为娴熟，往往找到一定的依据来论证自身不存在不依法履职行为。特别是在行政、刑事案件交叉领域，认定行政机关违法行使职权或不作为更为困难。如在“山丹县林业局怠于履行职责案”中，行政相对人因非法毁林，该县林业局将案件涉嫌犯罪为由移交给公安机关，但对相对人毁坏林地的行为未及时作出行政监管措施，被毁林地未依法恢复原状。就该案在层报最高人民检察院拟提起行政公益诉讼时，该县林业局采取措施，使被毁林地得到补种。又如，在认定环保部门违法履职或者怠于履职案件中，环保部门对于建设项目未依法报批建设项目环境影响评价报告而擅自开工建设的处罚依据有《环境保护法》《建设项目竣工环境保护验收管理办法》《建设项目环境保护管理条例》和《环境影响评价法》。其中《建设项目环境保护管理条例》第 24 条规定：“违反本条例规定，有下列行为之一的，由负责审批建设项目环境影响报告书、环境影响报告表或者环境影响登记表的环境保护行政主管部门责令限期补办手续；逾期不补办手续，擅自开工建设的，责令停止建设，可以处 10 万元以下的罚款……”《环境影响评价法》第 31 条规定：“建设单位未依法报批建设项目环境影响评价文件，或者未依照本法第二十四条的规定重新报批或者报请重新审核环境影响评价报告，擅自开工建设的，由有权审批该项目环境影响评价报告的环境保护行政主管部门责令停止建设，限期补办手续；逾期不补办手续的，可以处五万元以上二十万元以下的罚款，对建设单位直接负责的主管人员和其他直接责任人员，依法给予行政处分。建设项目环境影响评价报告未经批准或者未经原审批部门重新审核同意，建设单位擅自开工建设的，由有权审批该项目环境影响评价报告的环境保护行政主管部门责令停止建设，可以处五万元以上二十万元以下的罚款，对建设单位直接负责的主管人员和其他直接责任人员，依法给予行政处分。”综上，上述规定中对于处罚内容的规定不一致，导致检察机关与行政机关会就行政处罚是否适当，以及是否履职到位产生意见分歧。

（3）对于行政机关不作为行为实施的范围认定存在分歧。例如就人防部门对人防易地建设费的收取问题，随着城市化建设速度的加快，人防易地建设费与国有土地出让金的收取因为数额较大，且欠款数额巨大，无法及时收取。国土部门与人防部门均无强制执行权，大量的欠账无法收回成为负担。检察机关督促协助收取国有土地出让金已在法学界达成共识，但对于督促协助收取人防易地建设费的问题，各方面意见不一致，存在分歧。

（4）检察建议内容应该宏观笼统还是具体细化的问题。由于检察机关督促行政机关依法履职建议内容的不确定，会导致公益诉讼标准的把握上存在不确定性，对公益诉讼的提起存在诸多影响。目前，我省行政公益诉讼的特点是行政机关不作为或者作为不到位，那么检察机关要求行政机关依法履职，就提出了一个重要的课题，行政机关需要履行什么职责？而且这个职责履行到什么程度才算履职到位？公益诉讼试点工作开展之初，我省各地试点院开展公益诉讼的主要工作方式是提出检察建议，这种工作方式给检察机关提起行政公益诉讼提供了回旋空间，可以确保检察机关在提起公益诉讼时能从容考虑法律效果和政治效果、社会效果的统一。但是，检察建议内容不明确，导致各地把握行政机关履职标准不统一，同类案件有的从诉前程序导入诉讼程序，有的用诉前程序排除了诉讼程序。目前，公益诉讼试点工作已开展近一年，总结各地诉前程序的经验以及部分进入诉讼环节案件情况，作为诉前检察建议，已要求各地在诉前建议中明确行政机关需要依法作为的具体内容。从这一点来说，是我省开展公益诉讼试点工作的一大进步。明确履职内容能够更好地衡量行政机关作为、整改的标准，进而确定下一步是否需要提起行政公益诉讼。既确保检察机关充分注意运用好诉前程序，在提起公益诉讼上掌握主动权，发挥好相关诉讼主体作用，尽可能发挥行政机关履行职责的能动性、节约司法资源，又有利于督促指导各地统一把握标准，避免检察建议的随意性和标准的不统一性。

（三）诉讼过程中存在的问题

（1）关于诉讼请求的问题。在检察机关提起的行政公益诉讼案件中，无一例外都针对行政机关提出两项诉讼请求。一是要求确认被诉行政行为违法，二是要求责令行政机关依法履行行政监管责任。按照行政诉讼法的规定，确认之诉与要求履行职责之诉属于不同类型的案件，不能在同一案件中出现2个诉讼请求。而检察机关则坚持高检院有现成的典型案例予以借鉴参考。双方在此问题上产生分歧。

（2）关于第三人追加的问题。法院认为依据《行政诉讼法》第 29 条规定，有利害关系的第三人有上诉权。即使最终的处理结果与其没有实质的权利义务关系，亦应在程序上保留第三人的上诉权，否则会导致程序错误。检察机关认为，公益诉讼案件维护的是国家和社会公共利益，促进行政机关依法行政。行政相对人的合法权益可以通过正常的行政诉讼渠道予以解决，不易将其拉入公益诉讼程序中。双方意见分歧较大，暂时无法达成一致意见。

（3）“举证难”问题依然突出。我省各试点院在对行政公益诉讼案件审查中，发现“举证难”问题依然突出，其主要表现在：一是对举证责任的认识不统一。一种认识认为，行政公益诉讼的举证责任应与一般行政诉讼案件一样，不应突破《行政诉讼法》关于举证责任的规定，被诉行政机关应承担证明其行政行为合法或已履职到位的证明责任。另一种认识认为，检察机关不是普通行政诉讼的行政相对人，其所拥有的公权力足以抗衡行政权，故应当依据民事诉讼的举证责任，即谁主张谁举证。二是部分案件事过境迁，难以有效鉴定。特别是在行刑交叉案件中，刑事案件的裁判往往都已生效，国家和社会公共利益受侵害的时间较长，再去监督的效果不佳。三是诉讼经费保障不到位。行政公益诉讼案件的事实认定存在大量的专业性问题，例如土壤、大气、水流的污染等，需要委托专业鉴定机构作出专业鉴定结论，需要经费保障，而检察机关的办案经费并无该专项资金。

（4）法律适用不统一。在公益诉讼过程中，检察机关和行政机关存在法律适用不统一的问题。法律对一类问题作出原则性规定，而行政法规、规章在作出详细规定的情况下，行政机关会以法律原则性规定的另类解释试图推卸其监管职责，导致在法律、法规、规章的适用上分歧较大。例如，《预算法》规定各预算单位对预算资金负有行政监管责任。按照财政部门的解释，依据《预算法》应由工信局作为预算部门对违规套取资金进行追缴。《财政违法行为处罚处分条例》规定，县级以上人民政府财政部门及审计机关在各自职权范围内，依法对财政违法行为作出处理、处罚决定。综上所述，对于财政奖励补助资金监管责任的法律适用，行政部门各执一词，存在分歧。

三、对推动行政公益诉讼试点工作的意见建议

一年来，甘肃省公益诉讼试点工作取得了一定成绩，但与最高人民检察

院的要求仍有差距，下一步工作任务仍然繁重，无论是试点地区还是非试点地区都要行动起来，共同推进试点工作。

(一）提高思想认识

探索建立检察机关提起公益诉讼制度，是党的十八届四中全会着眼强化法律监督、促进依法行政、维护国家和社会公益而作出的重大制度设计，是在全面依法治国背景下我国权力运行制约和监督体系的一次重大改革。甘肃省作为改革试点省份之一，各试点地区和非试点地区要不断强化案件线索的发现、诉前程序特别是诉讼案件的办理工作，推动行政公益诉讼改革探索不断深入。同时，要摒弃等待观望思想，增强工作主动性和积极性。针对四类主要案件，加大监督力度，善于发现线索，敢于监督，对有关行政机关和社会组织发出检察建议，督促整改到位；对建议后问题仍然得不到解决的，要依法提起公益诉讼，让法院判决其履行法定职责或是弥补损失，

(二）扩大办案规模

虽然通过诉前程序督促行政机关自我纠错到位是行政公益诉讼检察监督效果的重要体现，但是从扩大影响、巩固成效、推动立法的角度看，必须强调以一定的诉讼案件作为实践基础，通过提起诉讼由法院判决纠正行政不作为、乱作为，更能体现检察机关法律监督的权威、刚性和效果，更能体现国家治理法治化的发展要求和方向，更能有效推动依法行政和法治政府建设的步伐。甘肃省各试点院不能简单地采取提出检察建议、督促整改落实等监督方式，强化全局意识，层层传导压力，办理一批效果好、反响大的行政公益诉讼案件，以实实在在的办案成果为推进改革积累经验。建议省院修改民行条线的业务考评标准和办法，将非试点地区也纳入考评范围，目的是调动全省开展公益诉讼试点工作的积极性，以办理更多的行政公益诉讼案件。

(三）突出办案效果

公益诉讼改革试点工作具有相当的复杂性和敏感性，一些地方或部门往往借口与当地经济发展、政府形象挂起钩来遭到各种干扰。一方面，各试点院要选择好案件、把握好时机，该出手时就出手，不可犹豫。另一方面，要把握社会效果和法律效果的有机统一，不能就案办案、机械执法，防止引发社会矛盾和群体事件，做到善作善成。在个案处理上要正确处理好检察机关与行政机关、诉前程序与提起诉讼、行政公益诉讼与民事公益诉讼等关系，加强请示汇报，坚持把个案协调工作做在前，注意与当地党委主要负责同志

沟通、和政府相关职能部门协调，以获得党委政府对试点工作的理解和支持。

（四）完善办案制度

一是完善案件线索收集制度。要处理好依申请监督和依职权监督的关系，着重加大依职权受理公益诉讼案件力度。要关注社会反映强烈、新闻媒体曝光、群众呼声高的案件事件，根据情况及时果断介入，找准开展行政公益诉讼监督的切入点，及时开展监督。二是完善民行一体化办案制度。要筛选一批有价值的案件线索，发挥省、市、县一体化办案优势，打破地域限制，打消地方顾虑，以大民行的姿态，办理一批有影响的案件。三是建立专家咨询制度。建议最高人民检察院、省院通过与高等院校及科研机构联系沟通，适时建立专家咨询制度，通过专家提出专业意见书以及专家出庭作证，以弥补检察机关在专业性问题方面的短板。四是建立案件异地管辖制度。建议省院适时制定《甘肃省检察机关关于行政公益诉讼案件异地管辖的暂行办法》，行政公益诉讼案件采取异地管辖办法，以打破地方政府干涉，消除当地检察机关的办案难度，提高司法公信力。

（五）增强办案合力

公益诉讼试点是检察机关一项全局性工作，不只是民行检察部门一个部门的任务。侦监、公诉，反贪、反渎、控申、预防等部门要有“一盘棋”的思想，在办理案件过程中只要发现国家和社会公共利益被侵害的，都应当将相关情况及时通知民行部门、将相关案件线索及时移送民行部门，形成定期排查、随时移送线索的常态化机制，必要时民行要与相关部门共同调查取证，共同保全固定证据，实现内部无缝对接，让更多的案件线索进入监督视野，以提高公益诉讼办案质效。

（六）提高队伍素质

队伍建设对推动行政公益诉讼工作至关重要，既要有一定的人员数量，又要有较高的人员素质。一是保持队伍相对稳定。要注意把熟悉行政法并具有司法实践经验的人员引进、调整到民行检察部门工作，要保持民行检察队伍特别是业务骨干的相对稳定。二是提升队伍业务素质。要重视民行检察干警的业务培训，“调查核实要向自侦部门看齐，出庭诉讼要向公诉部门看齐”，特别是要重视对基层检察人员的教育培训和调研指导，不断提高基层监督能力，近几年，甘肃省院每年都会组织规模较大的集中培训，效果不错。建议省级院和各市级院通过挂职锻炼、以岗代训、外出考察、调研指导等方式，不断加强对基层民行检察干警的学习培训力度。三是完善民行检察人才库。结合已经开展的业务竞赛活动，将优胜人员纳入人才库。建议省级院民行部门根据人员特点按照最高检民行厅的方式建立办案、调研两类人才库，并结合工作情况管理好、使用好入库人员，充分发挥优秀人才的业务优势。

甘肃省人民检察院强化未成年人检察工作实例

甘肃省人民检察院课题组、甘肃省司法科学与区域法治
发展协同创新中心课题组

2017 年 6 月，甘肃省人民检察院召开有关会议，通报我省未成年人检察工作开展情况，并对 2013 年以来全省检察机关未成年人检察部门办理的部分典型案例进行了公布。自 1993 年兰州市城关区人民检察院探索设立专门办案小组，负责办理未成年人刑事案件以来，我省未成年人检察工作已走过了 24 年的发展历程。全省各级人民检察院立足检察职能，积极推动未成年人检察工作专门机构、专业化队伍建设，坚持普遍化与差异化相结合，着力构建办案人性化、司法柔性化、帮教最大化的未检特色工作体系，不断加强对涉罪未成年人的教育、感化、挽救，加大未成年人司法保护力度，为促进未成年人健康成长、维护社会和谐稳定发挥了积极作用。此次公布的部分典型案例，展示了全省检察机关全力加强未成年人司法保护，依法严厉打击侵害未成年人犯罪，最大限度地关爱救助未成年被害人，最大限度地教育感化挽救未成年犯罪嫌疑人的主要做法。

高某某投放危险物质案

基本案情：2015 年 9 月，皋兰县某中学高三学生高某某（17 岁）由于看到同学将自己的照片“丑化”，并在网上发布有损自己形象的图片信息，遂购买了净重 5 克的毒鼠药一包，投入到本班饮用水的保温桶中。当日，有 8 名同学饮用此水。后高某某担心造成重大后果，便主动告知大家保温桶中投放有毒鼠药的情况，校方立即将饮用过保温桶中水的学生送往医院观察治疗，未造成人员伤亡。皋兰县人民检察院对高某某作出附条件不起诉决定，考察期满后作出不起诉处理。

主要做法及成效：此案在当地引起了较大的反响，皋兰县人检察院通过社会调查了解到高某某因性格内向，长期遭受同学的欺辱，无法排解，故采取极端方式报复。针对高某某长期受欺凌造成的心理问题，检察机关及时聘请专业人员对其进行了心理疏导和干预。全班59名同学出具了谅解书，请求司法机关对高某某从轻处罚。经过充分考虑高某某的犯罪动机、犯罪年龄、悔罪表现、个人成长经历和一贯表现等综合因素后，皋兰县人民检察院对高某某作出附条件不起诉决定，考验期满后，决定不起诉。2016年6月，高某某顺利考取大学。

典型意义：此案被最高人民检察院在2016年有关新闻发布会上，作为十大典型案（事）例之首予以发布。本案中的高某某，因不堪同学的长期欺辱，最终采取极端手段。检察机关深入开展社会调查，慎重作出不捕不诉决定，并对涉罪未成年人开展心理疏导和干预，是促使其重拾生活信心，顺利回归家庭、社会的重要原因。

王某某等三人寻衅滋事案

基本案情：2016年2月，因被害人冯某某（女，在校学生，16周岁）拒绝与王某某（24岁，社会无业人员）继续交往，王某某遂纠集郭某等人（均未满16周岁），对冯某某实施殴打和侮辱，致冯某某受轻微伤。其间，还使用手机对殴打过程进行摄像，后传播至互联网，并在微信、百度贴吧、微博等社交软件上转发，3日之内该视频点击量达29.2万次，评论419次，造成了恶劣的社会影响。嘉峪关市城区人民检察院对王某某、郭某等以“寻衅滋事罪”向法院提起公诉。

主要做法及成效：检察机关在微信上发现暴力欺凌视频后，提前介入并引导侦查，在案发10余天内固定了相关证据，对王某某等3人以“寻衅滋事罪”批准逮捕，对参与该案件因未达到法定年龄的8名未成年在校学生进行了训诫。结合此案，检察机关立即在全市中小学开展了“法制进校园宣传周”活动，有效地杜绝了此类事件的再次发生。

典型意义：该案是一起典型的成年人纠集在校学生，对在校学生实施欺凌和暴力行为的犯罪案件，极易给在校学生及家长造成心理恐慌，检察机关提前介入引导侦查，固定证据，对成年犯罪嫌疑人从严从快批捕和起诉，积极回应社会关注，同时密切关注网络舆情，通过及时跟帖和释法说理，取得了良好的社会效果。

吴某某盗窃案

基本案情：2015 年 7 月上旬，在北京打工的未成年人吴某某为约见网友来到景泰县，没几天身上的钱便花完了。晚上，无处可去的吴某某就睡在了某宾馆大厅的椅子上。宾馆老板了解情况后，将吴某某介绍到一汽修厂当学徒工。到汽修厂的第三天，吴某某在看电视时，发现室内一小柜子装有一金项链和一金戒指，便将共计价值 2772 元的项链与戒指盗走。

景泰县人民检察院对吴某某作出附条件不起诉决定，考察期满后作出不起诉处理。

主要做法及成效：检察机关办案人员通过社会调查了解到，吴某某自幼父母离异，跟随母亲生活，13 岁辍学后一直在外漂泊打工，很少和父母联系，属于“三无”人员，且无法联系其监护人。景泰县人民检察院对吴某某作出不批准逮捕决定后，为保证诉讼顺利进行，检察机关与侦查机关共同协商并联系到了一家爱心企业，由他们为吴某某提供食宿，对其履行监护职责，并保护好吴某某的个人隐私。与此同时，办案人员通过多种渠道联系到了吴某某的父亲。经过多次沟通，吴某某的父亲表示愿意对其进行照顾，父子俩也通过电话进行了交流。检察官在对吴某某的父亲进行回访时，其称孩子的表现很好，自己将好好补偿孩子，尽到一个做父亲的责任。

典型意义：对于外来“三无”涉罪未成年人，检察机关不能“一捕了之”“一诉了之”，应本着“平等保护”的理念，让其拥有“同城待遇”。同时充分发挥观护教育基地的作用，对“三无”涉罪未成年人进行思想教育和行为矫治，并尽可能地联系其亲人，弥补其缺失的亲情和关爱，保证其尽早回归社会。

蔺某某、王某某故意伤害案

基本案情：2013 年 12 月，蔺某某（17 周岁）打工期间，为帮受到骚扰的女友出气，约同事王某某（17 周岁）殴打被害人后，持刀威胁被害人抢得现金 14 元及价值 300 元的手机 1 部。破案后，蔺某某父亲赔偿被害人现金 4500 元，蔺、王二人取得了被害人的谅解。兰州市城关区人民检察院依法对蔺某某、王某某作出附条件不起诉决定，考验期满后，作出不起诉处理。

主要做法及成效：兰州市城关区人民检察院在审查批捕时对蔺某某、王某某进行了羁押必要性审查，作出不批准逮捕决定。因二人均是外地人，在本地无法提供保证人。办案人员前往他们打工的酒店，说服董事长、经理作为保证人，履行保证义务，酒店继续接纳两人打工并提供食宿。因取保候审期间两人表现良好，检察机关依法作出附条件不起诉决定。同时，该酒店被检察机关设立为涉罪未成年人观护帮教基地。考察帮教期间，蔺某某、王某某工作努力，被评为优秀员工。考察期满后，检察机关对二人作出不起诉决定。

典型意义：合适保证人的引入，有效解决了监护人缺失无法适用取保候审的难题，该案为检察机关探索建立合适保证人制度提供了实践经验。同时，涉罪未成年人观护帮教基地的建立，进一步拓宽了不捕、不诉涉罪未成年人的教育矫正和监督考察途径，破解了流动未成年人帮教难的问题，体现了平等保护的原则。

兰州市检察机关司法体制改革的实践与探索

兰州市人民检察院课题组、甘肃省司法科学
与区域法治发展协同创新中心课题组*

作为第三批司法体制改革试点地区，兰州市检察机关在中央、省、市委和省检察院的领导下，牢牢把握司法体制改革公正效率的目标，以提高检察工作法治化水平和提升检察公信力为主基调，将完善司法责任制作为核心和发力点，树立省会城市意识，坚持首善标准，统筹推进、扎实有序地开展了检察官员额制改革、检察人员分类管理、内设机构改革、建立新型司法办案责任体系及司法职业保障、推动省以下地方检察院人财物统一管理等改革工作，司法体制改革取得重要进展。全市检察机关以司法责任制为核心的检察官员额制、人员分类管理、内设机构和办案组织已基本建立并运行，司法责任制配套制度正在制定完善，检察官单独职务序列等级评定与晋升已落实，人财物统一管理各项准备工作已就绪，标志着兰州市检察机关司法体制改革主体框架已基本确立，符合司法规律的体制机制逐步形成。检察队伍活力将不断迸发，检察工作质量效率和公信力将持续提升。

一、兰州市检察机关司法责任制改革的特点

（一）始终坚持党的领导，积极贯彻落实各项司改措施

党的十八大以来，司法体制改革在党中央的坚强领导和强力推动下，扎实有效地深入开展和推进。兰州市检察机关深刻认识司法体制改革在全面深化改革、全面依法治国中的重要地位，对推进国家治理体系和治理能力现代化的重大意义，始终坚持在党的领导下坚定不移地推进司法体制改革，确保

---

* 兰州市人民检察院课题组张学军、陈革；甘肃省司法科学与区域法治发展协同创新中心何青洲、祁亚平、王金虎。

改革保持正确的政治方向。兰州市院党组强化政治担当，始终坚定推进改革的信心和决心，切实加强组织领导，积极贯彻落实各项改革措施，稳步推进各项司法改革政策和任务落实落地。一是积极向市委、人大汇报，争取支持。兰州市院党组坚持定期、及时向市委和人大汇报有关司法体制改革的相关内容和进程，确保党和人民对检察改革的领导和支持。在今年 5 月全省司改推进会召开后，兰州市院及时向市委汇报了推进会精神及贯彻意见，积极争取了市委对全市检察机关司改工作的支持。二是成立相关机构，建立组织保障。先后分别成立兰州市人民检察院司法体制改革领导小组和兰州市人民检察院检察官入额考试考核工作领导小组，检察长为组长，其他班子成员为副组长，政治部主任为工作办公室主任，下设 6 个工作组，指导试点院和各基层院按照市委、省检察院部署，积极贯彻推进司法改革各项措施和全市检察官入额考试考核工作。三是多次召开党组会、动员会、推进会、中心组会议，研究部署司改工作。兰州市院党组先后 15 次专题研究、安排部署司法体制改革工作，确定任务，落实责任，明确期限，确保各项改革措施落地生根。四是实行司改推进约谈制度。为进一步推进司法体制改革各项工作的贯彻落实，兰州市院对县区院实行司改推进约谈制度。在省检察院司改推进会召开后，兰州市院约谈了兰州市四个区院检察长，重点约谈督查了司改中四个方面的问题，要求四个区院督促加快司改进度，保证司改各阶段工作按期完成。

（二）加强制度指引，鼓励基层探索创新

兰州市人民检察院坚持问题导向，通过调查研究了解掌握改革中面临的问题和困难，有针对性地研究采取措施加以解决；坚持把顶层设计与基层探索有机结合，在加强制度指引的同时，鼓励基层院勇于探索、善于创新，确保各项改革既符合中央要求，又体现基层特点。一是加强对司改工作推进情况的调查研究。年初，市院检察长带队就司改工作推进情况对各县区院进行了全面调研，根据发现的问题，提出改进措施，要求全市检察机关牢固树立大局意识、创新意识，勇于探索，积极贯彻落实各项司改措施，有效推进司改进程。二是组织召开全市司法改革专题研讨会。2017 年年初，兰州市院主持召开全市检察机关司法改革专题研讨会，会议就全市各基层院司法改革推进情况、采取的措施、存在的问题进行了交流，重点就内设机构改革进行了研究讨论，统一了认识，明确了内设机构改革要求。三是制定《兰州市检察机关司法体制改革试点工作实施方案》等检察体制改革配套方案。根据《甘肃省检察机关司法体制改革试点工作实施方案》等十项检察体制改革配套方案，进一步修订了《兰州市检察机关司法体制改革试点工作实施方案》等11项检察体制改革配套方案，完善了相关制度。四是鼓励基层探索创新，加强制度指引。兰州市人民检察院鼓励试点院安宁区院勤于思考、勇于创新，努力探索符合基层实际、符合司法规律的实践经验。在内设机构改革中，兰州市院要求各基层院根据《甘肃省检察机关内设机构改革试点方案》，制定本院内设机构改革试行意见上报市院审批，市院党组认真研究各县区院内设机构改革方案后，下发《兰州市检察机关内设机构改革指导意见》，明确内设机构整合必须遵循精简、职能融合度、管理科学原则，统一内设机构改革名称，有效指导了各基层院内设机构改革工作顺利开展。

（三）遵循检察权运行规律，以司法责任制为改革核心

司法责任制是司法体制改革的核心，事关司法体制改革的成败。完善司法责任制是健全检察权运行机制的核心内容，在司法改革中居于基础性地位。[1]司法责任制改革赋予了检察官办案主体地位，使检察官依法独立行使检察职权，对案件依权限做出决定，并终身负责，实现“让审理者决定，让决定者负责”。兰州市人民检察机关遵循检察权运行规律，紧紧围绕司法责任制这个核心稳步推进改革。一是突出检察官办案主体地位。将司法责任制改革与检察人员分类管理改革配套实施，实行员额制检察官，突出检察官办案主体地位，改变过去检察办案人员与司法行政人员混同而导致的行政化色彩过浓、职责不清现象，使检察官专注于执法办案，增强职业责任感和荣誉感。二是遵循检察权运行规律，强化责权体系构建。由于司法办案的亲历性、判断性和独立性要求，要求入额检察官都要在一线办案，使得检察长（副检察长）等入额领导干部回归办案一线，发挥办案的引领、带头、示范作用，实现办案的司法属性要求，真正落实“谁办案谁决定，谁决定谁负责”。司法责任制要求有权必有责、用权受监督、失职要问责、违法要追究，兰州市检察机关努力构建权力、责任、监督制约一体的责权运行体系，既依法放权，按照省院制定的权力清单明确职权，又严格落实办案责任，对故意违反法律法规、有重大过失和监督管理严重失职的行为追究司法过错责任，同时加强监

〔1〕王治国、徐盈雁、戴佳：“以习近平总书记系列重要讲话精神为指导在‘四个全面’战略布局中谋划推进检察工作”，载《检察日报》2015年7月8日。

督制约。通过检委会领导监督、案件流程监控、案件质量评查、错案责任追究等制度机制加强对司法办案的全程、实时、精准监督。三是改革完善办案组织。办案组织形式是检察官办案的载体和平台，是推动检察权运行的最基本的组织单元。落实检察官责任制就是要建立以检察官为中心、以检察官亲历性为基础、以依法独立行使决定权为要义的办案组织。办案组织中具有明确分工，检察官主要是对案件事实和证据进行审查和判断、检察辅助人员协助检察官办案；办案组织中的检察官在检察长授权范围内独立作出决定。〔1〕根据履行职能需要、案件类型及复杂难易程度，兰州市检察机关探索实行独任检察官或检察官办案组的办案组织形式。独任检察官承办案件，配备必要的检察辅助人员；检察官办案组可以相对固定，也可以根据办案需要临时组成，原则上按照1名检察官配备1名检察官助理，2名检察官配备1名书记员的比例设置。办案组织的建立坚持以案定额和以职能定额相结合，将各业务部门的办案量作为配置员额的主要依据，合理确定员额检察官的业务岗位。四是改革内设机构。司法责任制改革强调的是给检察官“赋权”，依据权责一体、权责相适应压实检察官办案责任，将检察官作为检察权运行主体，改变原来的内设机构负责人干预、决策案件处理的三级审批模式，将内设机构退出案件决策流程，实行扁平化管理，其本质上是检察权内部运行机制的改变，解决和理顺检察办案的决策主体和决策路径，保障检察办案工作朝着公正和效率目标迈进。兰州市人民检察机关以精简、务实、规范、效能为原则，以实现机关科学管理和内设机构功能转变为标准，以组织结构稳定过渡为前提，按照案件办理与案件管理适当分离、司法行政事务管理权与检察权相分离的要求改革内设机构，撤并部分职能类似的机构，最大限度地精简机构，发挥好内设机构的管理、监督、服务、协调职能，最大限度地增强内部协调，形成合力，提高效率。

二、兰州市检察机关司法体制改革的成效

通过贯彻落实司法体制改革的各项措施，兰州市检察机关建立了以司法责任制为核心的内设机构和办案组织，优化了检察职权配置，形成了激励机

---

〔1〕 孙应征、刘桃荣：“检察机关司法责任制的理论基础与功能定位”，载《人民检察》2015年第20期。

制，各项工作运行良好，司法改革成效初现。一是缓解了案多人少的矛盾。一方面，严格落实人员分类管理，改革后全市从事司法办案的检察官和检察辅助人员较改革前有所增加，导致部分基层院出现了司法行政骨干流失现象；另一方面，全面落实中央入额检察官都要在一线办案的要求，院领导、业务部门负责人回归办案一线，减少了职能交叉，整合了人力资源，实现了人力资源配置效用的最大化，一线力量得到充实，有效地缓解了案多人少的矛盾。截至 2017 年 5 月中旬，全市检察机关入额的检察长、副检察长以主任检察官或检察官身份直接办理各类案件 88 件。二是办案主体作用突出，检察人员的责任意识增强。落实权责一致、权责相当的司法责任制后，督促一线办案人员主动学习，提高业务素能。检察官的职业荣誉感增强，办案压力增大，办案责任意识增强，办案的独立性和自主性提高，形成了主任检察官、承办检察官用权承责、认真负责的良性机制。三是办案效率提升，节省了诉讼资源。改革后，由于原内设机构负责人不再参与业务决策，由主任检察官或独任检察官直接负责办案，办案责任明确，解决了以往“办案的不负责任，负责的不办案”的弊端，大大地简化了审批程序，办案效率明显提高。特别是认罪认罚从宽、轻微刑事案件快速办理机制的实施，促进了办案繁简分流，节省了诉讼资源，提高了办案效率，轻刑快办案件个案办理平均时限大幅缩短至 15 天。四是案件质量提高，司法规范化水平提升。改革后，城关区人民检察院公诉部自 2016 年 12 月 26 日至 2017 年 4 月 25 日受理公诉案件 1006 件 1250 人，其中快办案件 223 件，占受理数的 22.17%，法院退查案件 21 件，与去年同期相比，案件受理数基本持平，退查率降低了 8.7%，办案质量提高。同时，在严格的司法责任制倒逼和办案全程监督机制的作用下，兰州市检察机关规范司法水平明显提升，检察公信力不断增强。2017 年全市检察机关案件质量评查优良率均在 80% 以上。五是司法责任体系初步建立，新型监督制约机制逐渐显现。兰州市检察机关在司法责任制改革过程中，加强了制度、机制建设，将检察业务、队伍建设和检务保障等各个方面纳入制度管理，初步形成了用制度规范、按制度办事、用制度管人的科学管理体系。两级院针对本院实际情况，制定了院领导办案、检察官职权范围、检察人员能力素质提升教育等规定，进一步明确了检察人员权责关系，确保改革后各项检察职权运行顺畅。

三、兰州市检察机关司法体制改革中存在的问题及原因

兰州市检察机关司法改革工作虽然取得了阶段性成果，但还存在一些问题和不足，还需进一步努力探索和实践。一是司法责任制相关制度规定尚不完善，包括司法责任制相关业绩评价体系尚未建立和完善，以及检察官退出机制也需要进一步制定完善。二是司法办案管理机制有待进一步改进。内设机构和办案组织的设置及运行有待进一步优化、加强衔接，办案管理职责有待进一步明晰，检察官联席会议制度有待建立完善。三是检察官员额配置和办案量比例分配存在不均衡、不科学现象，检察官助理配备不足。需进一步进行各类案件案件量和工作量的全面、科学测算，科学界定员额配置与工作量比例，根据工作量对员额实行动态管理，进行统筹调配，进一步做好检察辅助人员特别是检察官助理的调整配备。四是深化司法体制改革中现代科技应用存在一定困难。大数据、人工智能等现代科技与司法体制改革的结合，给司法工作注入了前所未有的创造力，成了改革的重要推动力。司法体制改革既要遵循司法活动的客观规律，又要适应大数据、人工智能时代的新形势和新要求，把机制体制的创新、科技的应用与法治的完善有机结合起来。目前，兰州市院部分干警接受运用现代科技的意识不强，数字化、智能化运用水平和能力相对较低，数据共享机制不完善，科技人才队伍建设不足，需要进一步学习探索大数据及人工智能等前沿科技与检察工作的有机结合，加快部署推进“智慧检务”工程，提高办案质量和效率。

存在上述问题的主要原因为：一是改革共识凝聚不够。一些干警甚至部分领导干部思想认识还不够到位，对改革抱有消极心态，存在“等靠看拖”心理，也存在对司法改革精神理解不够，存在模糊认识和片面性，没有正确认识司法改革的目标、核心和重点，导致改革共识凝聚不够，对改革缺乏动力，被动应付。二是担当意识不够。一些干警特别是部分领导干部没有深刻理解司法改革的重大意义和作用，缺乏使命感，面对改革的潮流不敢担当、不愿担当，对改革的新任务能拖就拖，能推就推，消极应付，流于形式，或者思想意识较为保守，怕担责任，明哲保身，上面不推下面不动，严重影响改革进程。三是缺乏创新意识。司法改革已进入深水区和攻坚期，一些干警特别是部分领导干部没有深刻理解司法改革的各项任务和措施精神，没有理顺司法改革各项任务和措施之间的关系，茫然面对改革，缺乏目标和方向，

无从探索和创新，以及运用现代科技的意识不强，缺乏利用现代科技助推司法改革的创新意识，导致数字化、智能化运用水平和能力相对较低。四是相关机制不够完善。由于现行司法改革是具有中国特色的社会主义司法制度的创新和完善，没有完整的可借鉴的制度和经验，需要全体司法人员不断探索和创新。随着司法改革主体框架的基本确立，涉及检察权运行及管理、监督的措施会越来越具体，越来越精细，对检察权运行的协作配合要求越来越高，这些都需要我们在实践中对现有制度和机制上的不完善和疏漏，以改革的精神和创新的意识不断加强探索和论证，不断加以完善和优化。

四、进一步完善和落实司法体制改革工作的思考

（一）进一步统一思想，提高认识，切实增强改革的责任担当和创新意识

司法责任制改革事关检察工作全局、检察事业长远发展、检察人员切身利益，检察机关要切实增强责任感和紧迫感，以强烈的机遇意识和政治担当，进一步统一思想，转变观念，主动适应改革的新形势和新要求。一是深入学习领会司法改革新精神。组织全体检察干警认真学习习近平总书记的重要指示、全国司法体制改革推进会、曹建明检察长讲话、省院关于司法改革的部署等司法改革的最新精神，解读司改政策内涵要求，加强政策宣传和舆论引导，增强改革认同感，达到思想进一步统一，认识进一步提高，信心进一步增强。二是凝聚深化改革共识。始终坚持“两个坚定不移”的要求，确保改革始终保持正确的政治方向，牢固树立“四个意识”，增强改革定力，坚定改革信念，加强改革协同，强化改革的政治担当和责任紧迫感，积极稳妥推进各项改革措施，推动各项改革举措落实到位，确保改革落地见效。三是勇于担当，进一步强化、细化改革措施。深入调查研究，查漏补缺，整改突出问题，了解掌握改革中出现的新情况新问题，提实要求、压实责任、抓实考核，确保司改各项工作任务落到实处。四是善于探索和创新。坚持问题导向，直面困难、结合实情、担当作为，攻坚克难，勇于创新，优化办案资源配置，发挥办案模式效能，认真总结及时推广成功的经验做法，推动改革深入发展。

（二）深入推进员额制改革，建立健全员额管理机制

员额制是司法责任制的基石。员额制改革是“一块最难啃的硬骨头”，是对司法人员利益格局的“重新洗牌”。成为员额制检察官必须办案并对案件终身负责。推进司法责任制改革必须进一步深入推进员额制改革。一是严格执

行中政委［2017］9号《关于严格执行法官、检察官入额遴选标准和程序的通知》，严格执行检察官员入额遴选的标准、程序和要求，严格把关，择优遴选，让办案质高效优的人员入额，让入额的人员多办案、办好案。二是对检察官员额施行动态管理，建立员额制检察官管理办法，完善激励机制和惩戒机制。三是建立科学的员额退出机制，让不适应在一线办案的人员及时退出员额，形成正确导向。四是建立常态化的员额增补机制，对预留或空出的员额指标，定期进行遴选，让优秀的检察官助理等符合条件的人员及时入额，稳定职业预期。五是严格执行全国司法体制改革推进会精神，推动领导干部办案制度化、常态化。严格落实领导干部入额后的办案数量要求及带头办理重大、疑难、新类型案件的要求。六是探索建立领导干部办案情况网上公示制度，完善院领导办案情况由上级院考核、部门领导办案情况由本院考核的机制，促使检察官回归办案本位。

（三）全面落实司法责任制，深入推进以审判为中心的刑事诉讼制度改革

司法体制改革的目标是公正与效率，司法责任制改革作为司法体制改革的基石，是司法体制改革的重点，对提高司法质量效率和公信力具有决定性影响，是建设公正高效权威的社会主义司法制度的必由之路。构建权责对应统一的司法责任制，是确保检察官依法独立行使检察权、实现公正司法的必要制度保障。全面落实司法责任制，必须落实“谁办案谁决定、谁决定谁负责”要求，准确把握不同层级的职责权限和相互关系，明确独任检察官、检察官办案组的具体办案职责，明确业务部门负责人的审核把关职责，明确检察长（副检察长）的办案事项决定权。司法责任制改革要坚持扁平化管理和专业化建设相结合，通过进一步推进内设机构改革和办案组织建设，推动司法管理水平迈上新台阶。一是按照精简、务实、规范、效能原则，积极稳妥、协同推进内设机构改革。内设机构改革要适应和服务于检察权运行机制改革，突出办案和扁平化管理，进一步明确其行政性事务管理属性，突出办案组织的司法属性，建立权责明确，管理、监督、协调、服务功能并行，利于提高司法办案效能的内设机构。二是进一步完善检察官办案组织建设。办案组织是检察权运行的载体，要遵循检察权运行规律，完善办案组织的设置及运行办法。办案组织的建立坚持以案定额和以职能定额相结合，将各业务部门的办案量作为配置员额的主要依据，合理确定员额检察官的业务岗位，真正让员额向案件量大的部门倾斜，合理分担案件任务。明确办案组各自职责，准

确把握角色定位，办案组内检察官既要亲力亲为、亲自办案，又要善于团结带领检察官助理共同做好工作。检察辅助人员要充分认识自身角色的重要性，不能自我矮化，更不能当看客，要对职责范围内的办案质量负相应的责任，如果怠责失责，也要被问责追责。三是做好内设机构改革与办案组织建设衔接。着眼扁平化，准确把握内设机构的行政属性和办案组织运行的司法属性，做好内设机构与办案组织运行的衔接协调，理顺内设机构负责人与办案组织主任检察官及检察官之间的职责关系。一方面，明确内设机构及其负责人对办案组织及其主任检察官和检察官司法业务和行政性事务的管理、监督、协调、服务职责；另一方面，严格执行检察官权力清单，明确各类办案组织权责，减少司法办案管理层级，建立突出检察官办案主体地位的司法办案扁平化模式，提高司法办案效能。针对目前检辅人员较为缺乏、完整的办案组织难以组建的情况，主动作为，进一步做好检辅人员特别是检察官助理的调整配备。一方面，注重内部挖潜，综合考虑不同层级、业务特点，按照案件类型、难易程度和人员结构等实际情况，探索以非固定搭配、共用检辅人员等形式动态合理配备检察官助理，积极推进未入额检察官和符合条件的检察人员转任检察官助理，优先为办案量、工作量大的办案组织配齐检察官助理，最大限度地用好、用活、用足现有辅助人员。另一方面，可根据有关规定，通过各种方式，补充配备一批检察官助理，尽快建立起素质和数量匹配的检察官助理队伍。同时，要加强培训，提高素能，提升工作质量。

主动适应以审判为中心的刑事诉讼制度改革要求，从整体上提高公诉质量和水平，发挥好审判尤其是庭审在查明事实、认定证据、保护诉权、公正裁判中的重要作用，确保侦查、起诉、审判的案件事实证据经得起法律检验，在更高层次上实现惩治犯罪和保障人权相统一。检察机关要遵循科学规范的证据规则体系，贯彻罪刑法定、疑罪从无、非法证据排除等原则制度，处理好庭审实质化和庭审方式改革的关系，不断提高庭审质量效率。一是推进繁简分流，推进认罪认罚从宽制度改革试点，节约司法成本，提高司法效率。二是充分发挥审前主导和过滤作用，探索建立重大疑难案件侦查机关听取检察机关意见和建议制度。三是加大轻微刑事案件快速办理机制的适用，努力构建具有中国特色的轻罪诉讼体系，实现公正与效率的统一，解决案多人少的矛盾。

（四）进一步强化和完善司法办案管理监督制约机制，促进公正廉洁司法

处理好依法授权与强化监督制约的关系，保障检察权在正确轨道和法定范围内行使，是落实司法责任制改革的关键。孟建柱在日前召开的全国司法体制改革推进会上强调，落实司法责任制，既要确立法官检察官办案的主体地位，做到谁办案谁负责，又要与时俱进创新监管方式，确保放权不放任、有权不任性。要进一步建立、健全与新的办案机制相适应的监督和管理体系，促进公正廉洁司法。一是进一步建立和完善业绩评价体系。司法责任制改革后，检察机关需建立司法改革的两项关键配套措施，用制度保证司法体制改革措施有效落实。一方面，全面建立和完善司法档案制度，对检察官基本情况、司法办案工作情况、案件质量评查情况、业务素能情况、遵守司法办案纪律情况如实记载，统一建档，统一使用，统一管理，作为检察官续任的考核依据。另一方面，建立和健全检察官绩效考评办法，从办案数量、效率、质量、司法技能、内外评价、纪律作风等方面对检察官全面考评，考评结果作为等级晋升、司法责任认定和退出员额检察官序列的重要依据。二是完善司法办案管理机制。正确处理检察一体和突出检察官主体地位的关系，在充分调动检察官依法依权限履责、落实办案责任制的同时，坚持检察长对司法办案进行统一指挥和领导，适度发挥部门负责人对司法办案的辅助管理作用，如组织召开检察官联席会议，受检察长委托对部分疑难复杂、新类型案件行使复核权等。三是强化和完善司法办案监督制约机制。充分发挥案件管理部门和统一业务应用系统对司法办案的监督制约作用，加强对办案环节之间、办案组织之间、办案组织内部、办案组织和内设机构之间的监督制约机制的研究完善及实践运用。通过案件质量评查落实责任追究，倒逼提升司法公正水平，确保案件质量经得起历史检验。四是充分发挥纪检监察机构的监督作用，确保有权有责、失职问责、终身追责。五是坚持检务公开，主动接受党委、人大、社会和人民群众的监督，确保检察环节每一起案件都经得起历史的检验，让人民群众在每一起案件中都能感受到公平正义。

（五）将现代科技应用到深化司法体制改革中，打造“智慧检务”

大数据、人工智能时代，给司法体制改革带来广阔的发展前景，为我们探索司法运行新模式，提升司法质量效率和公信力提供了有力支撑。检察机关要充分认识现代科技对司法体制改革的巨大推动作用，与时俱进转变思想观念，坚持从实际出发，遵循司法规律，把制度优势和技术优势结合起来，

构建人力和科技深度融合的检察职能运行新模式。一是依托高检院、省院积极推动智能辅助办案系统建设，提升刑事司法工作水平。加强信息共享，构建跨部门大数据办案平台，实现信息网上传输和数据共享共用，实现智能辅助办案，提高办案质量和效率；加快推进刑事证据标准指引系统建设，通过检察机关智能辅助办案系统，帮助司法人员依法、全面、规范收集和审查证据，统一司法尺度，保障司法公正。二是充分利用现有检察办案统一业务应用系统。严格按照调整后的操作规范开展工作，严格司法信息网上录入、司法流程网上管理、司法活动网上监督、司法质量网上考核，实现对司法办案活动的全程、实时、动态管理和监督，变人工监督为数据监督、事后监督为过程监督、粗放监督为精准监督。三是协调推进办案软件的研发应用。联合相关专业部门，积极开展工具型、外挂式软件的研发和应用，可采用政府购买的方式，推进讯（询）问语音同步转录、智能辅助量刑建议、监督结果智能纠错等人工智能系统建设，推动移动终端办案系统应用。四是加快推进电子检务建设。围绕电子检务工程“六大平台”建设，着力在建设和应用上下功夫，以科技化、信息化助推司法体制改革深入开展。在建设重点上，要以统一业务应用系统为主线，突出业务数据中心建设规模，加强数据生产中心、数据分析处理中心、远程视频中心、统一运维管理中心和数据综合交换平台建设。

甘肃省法院刑事审判工作调研报告

甘肃省高级人民法院课题组、甘肃省司法科学与区域法治发展协同创新中心课题组

为切实推进以审判为中心的刑事诉讼制度改革，全面了解和掌握甘肃省近年来的刑事审判工作基本状况、面临的问题和困境，进一步探讨在司法改革的背景下甘肃省刑事审判工作如何有效开展，切实保障广大人民群众的切身利益。此次调研选取了比较有代表性的三年作为参考，基于对大数据的充分研判，为研究如何充分发挥人民法院刑事审判职能作用提供决策参考和依据。〔1〕

第一章 全省刑事案件基本情况

一、刑事案件基本动态

（一）一审、二审刑事案件发展趋势

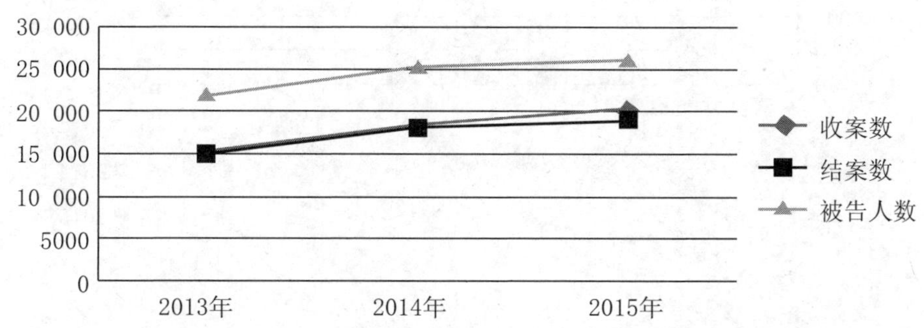

图 1-1 2013~2015 年全省法院刑事一审收、结案件数及判处被告人数

〔1〕 甘肃省高级人民法院课题组成员：唐斌、唐建国、姚胜利、南永绪。甘肃省司法科学与区域法治发展协同创新中心何青洲、祁亚平、王金虎。

图1-1说明：全省刑事一审案件上升趋势明显，平均年增长率为14.56%。综合来看，无论是收、结案数量还是涉案被告人数，均呈同比上升趋势。

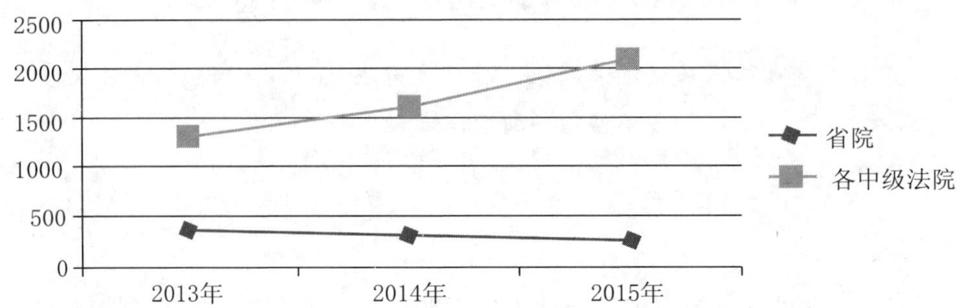

图1-2　2013~2015年省法院及各中级法院审理的二审刑事案件数

图2说明：三年来省院受理的二审刑事案件数量呈平稳下降趋势，各中级人民法院受理的二审案件数量则呈明显上升趋势，年均增长率为26.01%。总体来看，全省中、基层法院审理的刑事案件数量呈逐年明显上涨趋势，但省院受理的刑事案件则呈逐年下降趋势；虽然基层法院案件数量均上升明显，但中院二审案件数量上升幅度明显高于一审，反映出随着案件基数增加，中级人民法院受理的二审案件数量亦明显增长且增幅高于一审案件增长幅度。

（二）刑事案件变化的基本特征

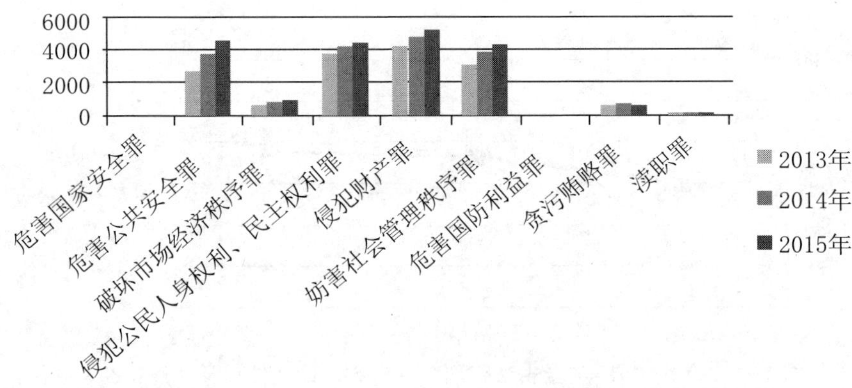

图1-3　2013~2015年中、基层法院一审受理的九类刑事案件数

从图1-3可知，在属地方法院管辖的9类犯罪案件中，“危害国家安全罪”“危害国防利益罪”每年只有数件且比较稳定，在所有刑事案件中占比极小，对近年来刑事案件数量变化几乎没有影响；一审刑事案件根据数量由多到少排序，依次是：“侵犯财产罪”“侵犯公民人身权利民主权利罪”“妨害社会管理秩序罪”“危害公共安全罪”“破坏社会主义市场经济秩序罪”“贪污贿赂罪”和“渎职罪”。以 2015 年数据为标准，前 4 类犯罪占绝对多数，达到 91.68%；“贪污贿赂罪”数量稳定，占比小，变化不大；“渎职罪”数量少且呈逐年下降趋势；“破坏社会主义市场经济罪”绝对数较少但具体个罪起伏明显，表现在除“信用卡诈骗罪”和“合同诈骗罪”在逐年上升外，在注重打击食品领域犯罪时“生产销售有毒有害食品罪”案件数量上升，在注重打击药品领域犯罪时“生产销售假药罪”案件数量则上升。

主要犯罪类型中多发性罪名的基本特征。

（一）危害公共安全类犯罪总体上升趋势明显

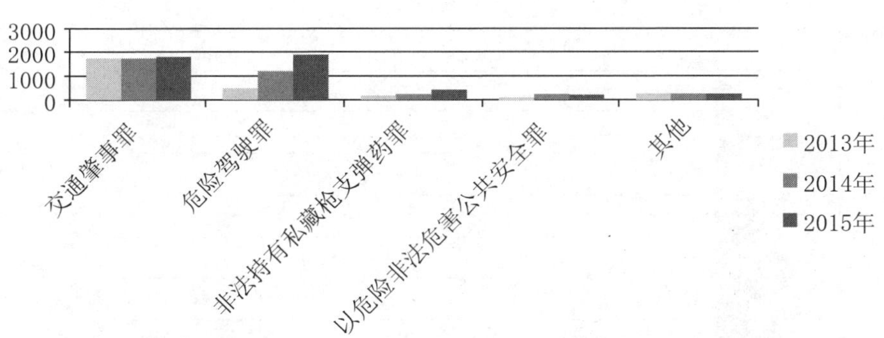

图 1-4　2013~2015 年危害公共安全犯罪中主要罪名的具体案件数

图 1-4 说明：危害公共安全类犯罪的年均增长率为 28.78%，增幅明显。在具体罪名中，“交通肇事罪”“危险驾驶罪”占绝对多数，其次是“非法持有、私藏枪支、弹药罪”和“以危险方法危害公共安全罪”。具体而言：“交通肇事罪”数量大，但总体平稳，2015 年略有增加，与全省机动车保有量的持续上升存在一定关系；“危险驾驶罪”自 2011 年《刑法修正案（八）》入刑以来，犯罪情节基本为小型客车司机“醉驾”，数量上升极其明显，从 2013 年的 449 件开始几乎是一年翻一番，到 2015 年时达到 1913 件（在危害公共安全犯罪中的占比从 16.1%上升到 41.2%），并首次超过“交通肇事罪”在危害公共安全犯罪中的占比，约占一审案件总数的 1/10（9.41%）。因此，

“危险驾驶罪”无论是案件绝对数还是上升比例，都是影响全省一审刑事案件数量上升的最主要原因；“非法持有、私藏枪支弹药罪”虽然绝对数较小，但每年均呈增长趋势，如果包括犯罪性质基本相近的“非法制造、买卖、运输枪支、弹药、爆炸物罪”，无论是绝对数还是占比均呈小幅上涨趋势，该罪案件数量上升与公安机关近年来开展的缉枪治爆等专项活动关系密切；以“危险方法危害公共安全罪”数量变化不大，比较平稳，但危害后果往往比较严重。总体来看，危害公共安全犯罪中“交通肇事罪”和“危险驾驶罪”占绝对多数，其中“危险驾驶罪”增加幅度极为明显，并且成为影响一审刑事案件数量上升的主导罪名；从 2015 年数据看两罪约占一审案件的 18.54%，与“故意伤害罪”“盗窃罪”和毒品犯罪中的零包贩卖共同构成了轻微刑事案件的绝对多数。

（二）侵犯公民人身权利、民主权利类犯罪呈平稳增长态势

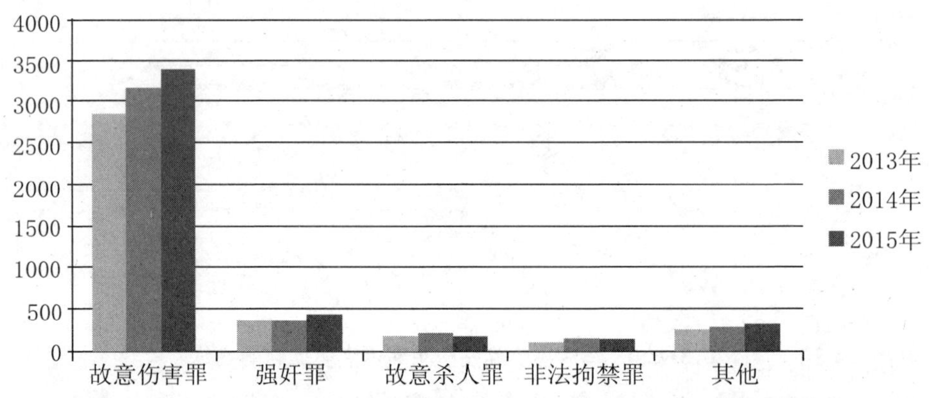

图 1-5　2013~2015 年侵犯公民人身权利、民主权利罪中主要罪名的具体案件数

侵犯公民人身权利、民主权利类犯罪的年均增长率为 8.02%，增幅不大。该罪中，以 2015 年数据为例，故意伤害罪占比 76.26%，为绝对多数，且增幅明显，但该罪多属突发、偶发，以造成轻伤害为主要特征，审理过程中大多附带民事诉讼；强奸罪绝对数较大，全省总体平稳，但在部分地区（比如兰州市区）增加比较明显；“故意杀人罪”绝对数较少，且稳中有降，审理过程中大多附带民事诉讼，但大多数被告人往往因为家庭经济条件困难，难以作出有效赔偿；非法拘禁及其它犯罪有小幅平稳上升趋势，但案件数较少。

（三）侵犯财产类犯罪呈平稳增长态势

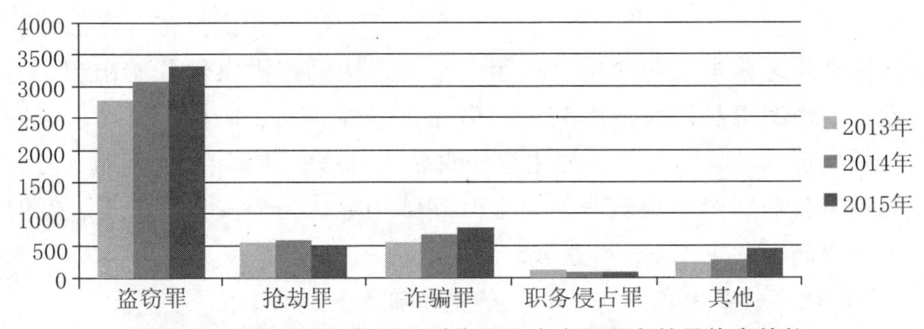

图 1-6　2013~2015 年侵犯财产犯罪中主要罪名的具体案件数

侵犯财产类犯罪的年均增长率为 10.17%，呈平稳增长态势。该罪中，盗窃、诈骗总量呈平稳上升趋势，案件数量占侵犯财产犯罪的绝对多数，以 2015 年数据为例占 79.43%，而且在整个刑事案件中占比一直较高，超过 20%，但近年来“抢劫罪”“职务侵占罪”呈现稳中有降趋势；“盗窃罪”在侵犯财产罪中占比超过 60%，也是影响案件数量上升的一个主要罪名，其中犯罪情节属扒窃、入户盗窃的为绝对多数，侵财数额比较小。本罪数量上升的一个主要原因是，《刑法修正案（八）》将“盗窃罪”入刑门槛降低，此外，公安机关专项行动和任务指标也是案件数量上升的一个原因；诈骗罪绝对数量较小，但上升趋势明显，诈骗手段多样，隐蔽性强，有职业化和系列化的趋势；抢劫罪作为传统侵财犯罪，其数量平稳且稳中有降，特别是抢劫致人死亡案件和抢劫数额巨大的案件下降幅度较大；其它罪名如“故意毁坏财物罪”上升明显且超过了“职务侵占罪”，居第四，但大多数案件涉案数额小。

（四）妨害社会管理秩序类犯罪增长幅度较大

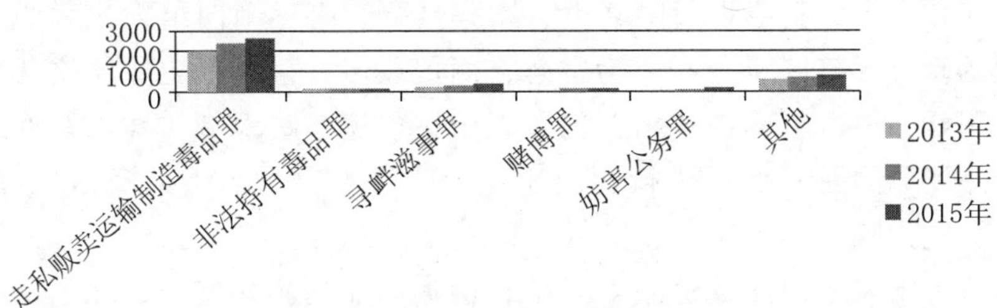

图 1-7　2013~2015 年妨害社会管理秩序犯罪中主要罪名的具体案件数

图 1-7 中，妨害社会管理秩序类犯罪的年均增长率为 17.4%，增幅较大。该罪中，涉及毒品案件占绝对多数，以 2015 年数据为例，涉毒犯罪占 65.15%，且上升趋势明显，毒品犯罪主要以零包贩卖和少量持有毒品最为明显，但近两年运输毒品犯罪中公斤级、十公斤级的特大案件开始出现，并有增长趋势。涉案毒品以海洛因为主，但冰毒、摇头丸、K 粉、曲马朵等新型毒品开始出现和增加。犯罪低龄化趋势明显，“以贩养吸”比较普遍。寻衅滋事罪和妨害公务罪绝对数较小，但上升趋势明显，与公安机关快速、及时出警能力的提高有一定关系。

（五）破坏社会主义市场经济秩序罪呈现基本平稳态势

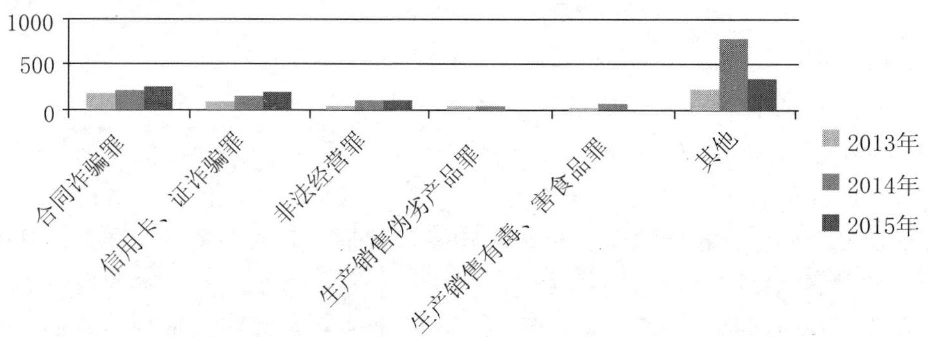

图 1-8　2013~2015 年破坏社会主义市场经济犯罪中主要罪名的具体案件数

破坏社会主义市场经济秩序类犯罪数量基本平稳。该罪中，具体罪名下的案件数量相对分散、起伏明显；合同诈骗、信用卡、信用证诈骗、非法经营罪数量较小但呈上升趋势；销售伪劣产品犯罪中不同罪名数量变化较大，总体与市场形势及市场管理方面侧重点的变化关系密切。需要注意的是非法吸收公众存款、集资诈骗和传销等涉众型犯罪案件大案增多，涉案金额特别巨大、人数众多，犯罪手段隐蔽性、欺骗性强，有逐渐向组织化和职业化方向发展的趋势，跨区域犯罪成为常态；而信用卡、信用证犯罪网络化、产业化特征明显，银行卡套现突出，犯罪人组织严密，跨地域作案。案件增多的另一个主要原因是各商业银行间出于竞争，发卡时对申请人资信把握不严。此外，合同诈骗、非法集资、银行卡诈骗案件总体上升与当前国家经济持续低迷也有一定关系，涉及食品、药品和伪劣产品的犯罪增长，除了反映出该领域犯罪形势依然严峻外，与公安机关深入推进“打四黑除四害”专项行动和其它职能部门执法办案协作顺畅也有密切关系。

（六）贪污贿赂罪和渎职罪案件数量均比较平稳

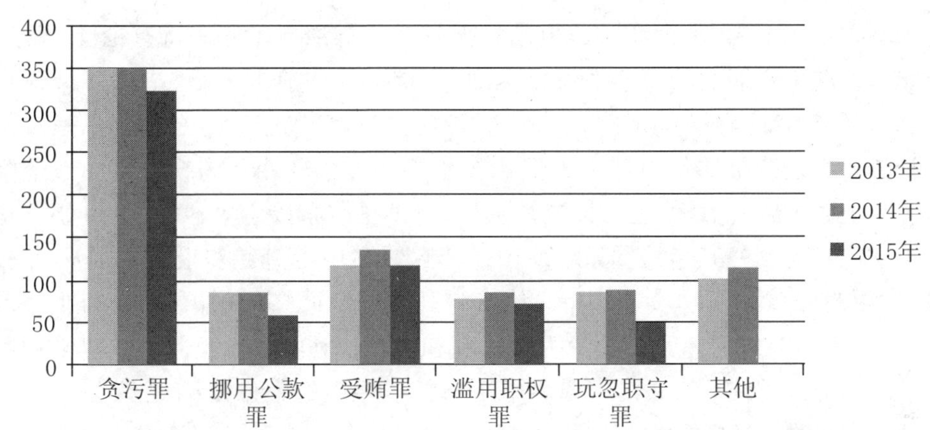

图 1-9 2013~2015 年贪污贿赂与渎职犯罪中主要罪名的具体案件数

图 1-9 中，贪污贿赂犯罪和渎职犯罪案件绝对数小，不足案件总数的 4%，总体趋势平稳，甚至稳中有降，但具体到个别法院变化明显，比如天祝县人民法院、会宁县人民法院等逐年增长趋势明显，这主要与职务犯罪案件指定管辖关系密切。此外涉案金额越来越大，被告人职级越来越高，大要案增多，审判环节工作量巨大，效率不高。

三、常见、多发性罪名变化情况

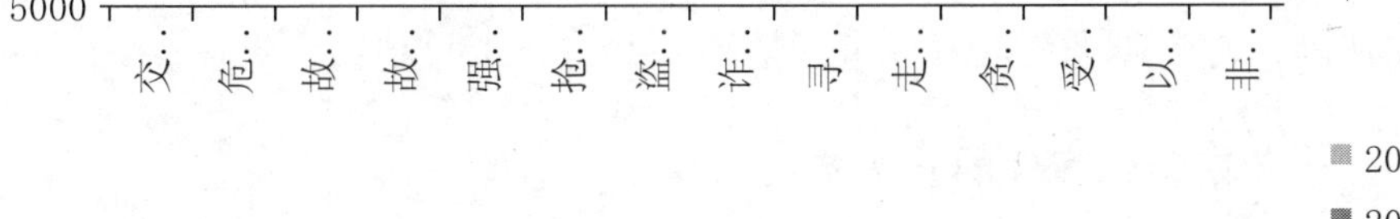

图 1-10 2013~2015 年常见、多发罪名数据表

通过以上比较，结合 2015 年案件数据，我省一审刑事案件中常见、多发罪名依次是“故意伤害罪”“盗窃罪”“走私、贩卖、运输、制造毒品罪”和“非法持有毒品罪”“危险驾驶罪”“交通肇事罪”“诈骗罪”“抢劫罪”“强奸罪”“寻衅滋事罪”“非法持有枪支弹药罪”“贪污罪”“以危险方法危害公共安全罪”“故意杀人罪”等，而伤害、盗窃、毒品、危险驾驶、交通肇事5个罪名绝对数明显高于其他罪名，均在1500件之上，占2015年一审案件数的65.63%；如果再考虑诈骗、抢劫、强奸、寻衅滋事、非法持有枪支弹药5个罪名，前十个罪名涉及案件占比达到78.06%。在前十个罪名中，“故意伤害罪”2015年较前年有所下降，但绝对数仍然居于第一，且总体仍然呈现上涨趋势；交通肇事罪绝对数大，但比较平稳，增幅较小；盗窃、毒品、危险驾驶3个罪名绝对数大且上升趋势明显，特别是“危险驾驶罪”，上升幅度达到100%，接近一审案件总数的1/10；其它罪名中上升趋势明显的是“诈骗罪”“寻衅滋事罪”和“非法持有枪支弹药罪”，而“抢劫罪”“强奸罪”及“故意杀人罪”等严重危害公民人身权利和财产权利的暴力犯罪则总体平稳且呈下降趋势。总体而言，所有罪名中犯罪情节轻微的案件占绝对多数；杀人、抢劫和伤害致死等严重暴力犯罪案件绝对数少，稳中有降，但盗窃、抢劫、故意伤害等常发性犯罪仍然是社会反映强烈、严重影响群众安全感的主要犯罪类型。

第二章　关于重罪案件审理情况

自2007年死刑核准权统一收归最高人民法院行使以来，全省两级法院广大刑事法官正确贯彻宽严相济的刑事政策及党和国家“保留死刑，严格控制和慎重适用死刑”的政策，死刑案件质量逐年提升，成效明显。鉴于死刑案件审理的特殊性，为全面掌握我省死刑案件审理情况，我们在调研时适当拓展时间范围，对十年来死刑案件审理情况一并进行了总结：

一、十年来重罪案件的基本特征

为准确评价2007年以来我省死刑案件审理情况，我们主要以省法院审理的刑事案件数据为样本，分别从历年刑事案件收案数、一审法院上报死刑案件数、省法院维持报核案件数、最高法院复核情况、具体罪名的死刑适用情况和死缓案件的维持核准及无罪判决等情况进行分析比对。通过对主要数据的分析，客观呈现死刑核准权收归最高法院以来我省死刑案件审理的轨迹和基本特征。

（一）切实贯彻证据裁判主义，严格控制适用死刑

近年来，我们对死刑案件把握的尺度越来越严，民事调解及矛盾化解工作越来越细。一审法院死刑案件质量在逐年提高，近 4 年来一审判处死刑案件数量逐年下降，说明随着省法院对死刑适用的严格把控，对矛盾化解工作的严格要求，引导一审法院在死刑适用的把握上逐渐向省法院和最高法院的标准靠近的作用显现。

（二）加强学习，不断提高业务能力和审判水准

我省死刑案件报核案件绝对数从 2009 年之后呈现逐年下降趋势，说明我们在死刑适用上与最高法院的要求之间有一个磨合和逐渐提高的过程，随着时间的推移我们对案件证据和量刑情节的把握上渐趋更加严格和规范；近 5 年来报请最高法院复核的死刑案件核准率连续保持或者接近 100%，案件质量大幅度提高，死刑数量大幅度减少。在死刑案件质量大幅度提高的同时，死刑案件绝对数近 4 年来明显减少且保持稳定。

（三）严格贯彻刑事审判政策，树立科学的刑事审判理念

死刑判决在严重刑事犯罪案件中的适用比例和绝对数在逐年降低，死缓判决在严重刑事犯罪中的适用比例和绝对数较高且比较平稳。2011 年之前死刑、死缓判决在严重刑事犯罪中的适用比例差别较小，但从 2012 年开始，死缓案件比例明显高于死刑，说明对严重刑事犯罪的惩处，我们已从开始的大量适用死刑、死缓，过渡到近年来更加严格控制和减少死刑适用，以死缓刑为主惩罚犯罪的刑罚思路。

二、主要罪名的适用情况

10 年来全省法院适用死刑判决的罪名主要集中在“故意杀人罪”“抢劫罪”“毒品犯罪”“故意伤害罪”“强奸罪”“拐卖儿童罪”“绑架罪”和“危害公共安全犯罪”8 类；适用死缓判决的罪名除以上 8 类外，还包括贪污贿赂犯罪和黑社会性质组织犯罪共 10 类。

（1）故意杀人罪的适用分析。在如何正确贯彻宽严相济刑事政策、如何准确把握死刑适用标准、如何认定证据和量刑情节的把握上，一、二审法院之间仍然存在较大差距，特别是对于发生在亲属或者熟人之间的事出有因的杀人犯罪适用死刑的从严把控，以及如何把握被害人亲属反应激烈的案件中民事调解、矛盾化解对死刑适用方面，不同法院差距较大。对故意杀人罪从

案发起因、主观恶性、人身危险性等方面作出细化评价，应当成为进一步减少死刑适用所考虑的重点。

（2）抢劫罪的适用分析。抢劫罪无论在死刑中的比例还是绝对数，多年来均比较稳定，省法院二审维持一审判决比例较高。这说明对抢劫犯罪死刑的适用，两级法院总体把握比较平稳、一致，仍然是我们坚持从严打击的对象，存在的差距主要在证据的审查认定方面。

（3）故意伤害罪的适用分析。一审法院故意伤害罪死刑适用总体逐年下降，并且二审维持一审比例也在大幅度下降，到 2015 年时全部予以改判。这说明省法院对故意伤害罪适用死刑，无论是在证据还是量刑情节的把握上均采取了极为严格的标准，各中级法院的死刑适用也逐年下降；近 5 年死刑适用绝对数连续下降，到 2015 年为零，反映出我们在坚决贯彻宽严相济刑事政策。同时，两级法院通过大量矛盾化解工作和典型案例的引导，对故意伤害罪死刑的严格把握已经得到了社会公众的基本认可，取得了良好的法律效果和社会效果。

（4）毒品犯罪的适用分析。2007 年以来我省毒品案件死刑适用的绝对数一直比较稳定，在其它罪名死刑适用逐年减少的情况下，其在死刑中所占比例在逐年上升。反映出：第一，死刑涉案毒品仍以传统毒品海洛因为主，近年来判处死刑的毒品数量均在公斤级以上甚至 10 公斤以上，社会危害极大。第二，死刑罪名主要是贩卖毒品罪，但近年因运输毒品判处死刑的案件增加明显。二审维持一审死刑比例较低的原因仍然是证据方面的问题，主要表现在：技侦资料转化为诉讼证据困难或者不提供技侦资料，影响“精准打击”力度；毒品鉴定也是影响死刑适用的一方面，公安机关对同一宗数量大的毒品和多宗毒品检材提取方法不规范，多宗毒品分别采样、少量混合后检验不科学；运输数量巨大，但抓获的被告人只是中间运输者，毒品上线和下家均未查获，有的上线存在但未实施抓捕，只能从轻不判处死刑立即执行；涉案毒品数量超过死刑适用标准，但实际查获毒品少的，也不判处死刑立即执行。

第三章 全省各级法院刑事审判基本情况

一、各市州中院及辖区法院案件基本情况

（一）一审案件审理情况

在全省 17 个中级人民法院中，铁路、林区、矿区三个专门法院因为管辖

范围单一，刑事案件数量很少且变化不大，故不再进行分析。14 个市州中级法院及其辖区刑事案件受理情况如下：

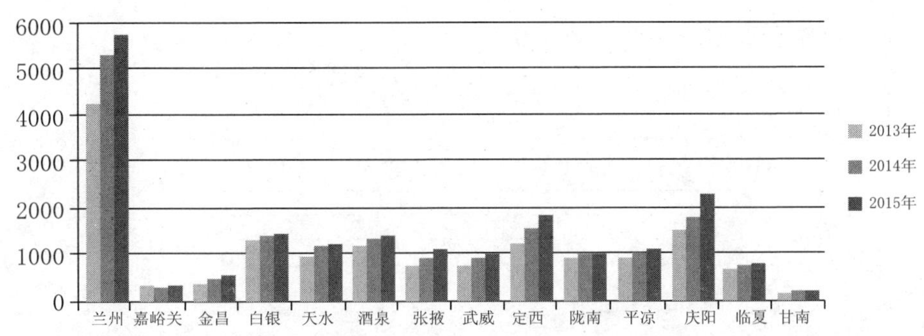

图 3-1　2013~2015 年全省 14 个市州中级人民法院辖区一审刑事案件数

从图 3-1 可知，除陇南中院外，其余 13 个中级人民法院辖区一审案件均呈上升趋势，其中上升趋势明显的是兰州、庆阳、定西和张掖；案件绝对数靠前的法院依次是兰州、庆阳、定西、白银、酒泉和天水 6 个地区，案件数量约占全省的 70%左右，其中兰州地区案件数量第一，接近全省的 1/3。

（二）二审案件审理情况

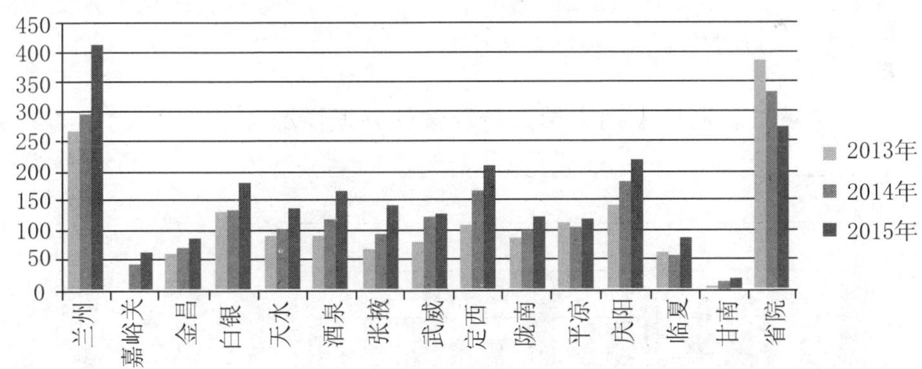

图 3-2　2013~2015 年省法院及各中级法院二审案件数量

图 3-2 反映，省院二审案件数量呈平稳下降趋势，与前文中严重暴力犯罪（如“故意杀人罪”“抢劫罪”）基本平稳和中级人民法院涉命案案件特别是死刑案件审判质量逐年提升具有密切关系；除武威中院外其它各中级人

民法院 2015 年二审案件数量均明显上升，与辖区一审案件增幅趋势基本一致，但二审增加幅度明显高于一审，反映出随着一审案件数量的增长，刑事审判人员基本维持原状的情况下，案件综合质量有所下降，上诉率增高。

（三）部分基层法院案件受理情况

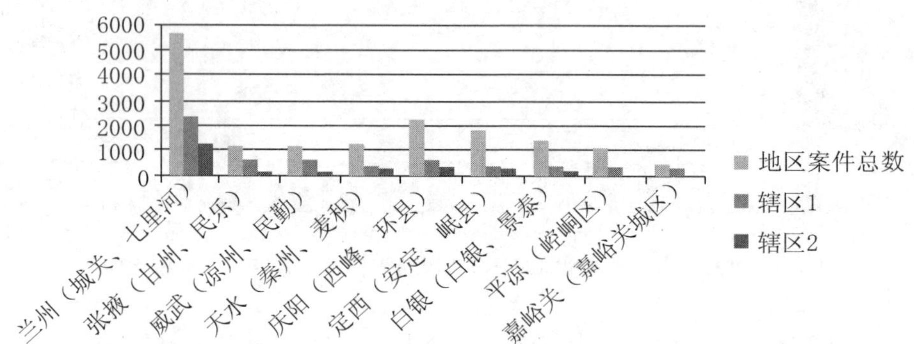

图 3-3　2015 年部分中院及辖区法院案件数量位居前列的基层法院

从图 3-3 数据可知，各中院辖区内，除甘南州外中心城区基层法院案件数量均为第一，且与辖区其它县区比较绝对数差距明显，其中兰州、张掖、武威、天水四市城区法院案件数量接近或者超过辖区基层法院案件总数的一半；全省基层法院中位于边远和经济落后、人口较少的基层法院案件数量少（大多保持在 100 件左右），且增幅不明显。

二、全省法院刑事审判人员配备及案件办理情况

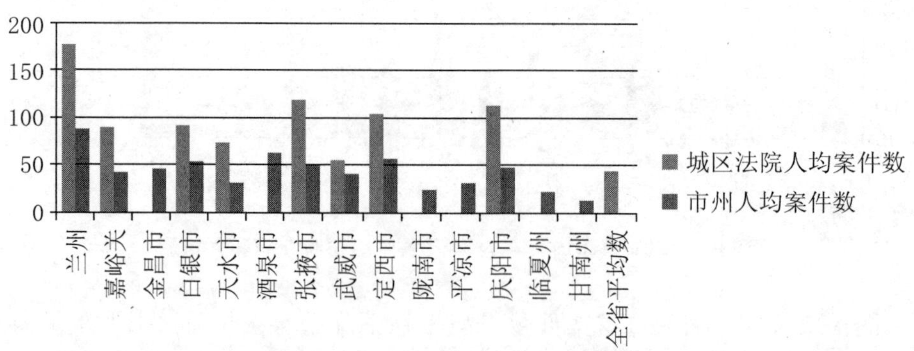

图 3-4　全省 14 个市州及其中心城区法院刑事法官 2015 年人均办理案件数

从图3-4数据可知，2015年全省法院刑事法官人均办理案件数超过50件的市州有兰州、白银、酒泉、张掖、定西、庆阳6市；在基层法院中，接近或者超过100件的法院主要有兰州市城关区和七里河区、嘉峪关城区、白银市白银区、张掖市甘州区、定西市安定区、庆阳市西峰区7个法院，其中城关区和七里河区法院接近或者超过200件。结合全省法院人员配备和案件办理总体情况，占法官数量9.29%的刑事法官承担了占案件总数7.32%的刑事案件，工作量与从事其它案件办理的法官基本一致，但承担的责任和压力更大，部分法院确实出现了案多人少的困境。

三、近年来刑事审判工作取得的成绩

（1）案件质量明显提升。以报送最高法院复核的案件为例，核准率由2007年的70%左右提高到2011年以来的接近或者达到100%，且一直保持稳定，没有出现因证据问题而不予核准的情形，确保了死刑案件“零差错”。在文化、经济条件相对落后的西部省份取得这样的成绩，受到了最高法院周强院长和其他主管领导的高度评价。经过对一审法院死刑案件证据的严格把控，2011年以来，在一审法院死刑案件质量有明显提高的同时，有效引导了全省公安、检察机关注重对证据的收集审查，使重大刑事案件质量显著提升。

（2）判决的绝对数逐年减少。我们在审判实践中充分贯彻党和国家严格控制和慎重适用死刑以及宽严相济的刑事政策，坚持“少杀慎杀”，死刑适用逐年减少，一审死刑判决亦同比减少。同时，针对严重刑事犯罪，死缓刑的适用一直保持在30%左右，较为稳定，没有出现大起大落现象。

（3）对严重刑事犯罪打击平稳有力。从全省法院刑事案件收案情况看，刑事案件总体呈现上涨趋势，特别是近3年来以年均10%左右的速度递增，但中级法院、省法院受理的重大刑事案件的绝对数一直保持平稳，甚至近几年还略有下降；对严重刑事犯罪的处罚在死刑适用比例减少的同时，死刑、死缓综合适用总体保持稳定。根据省政法委统计，全省八类主要刑事犯罪案件同比下降，群众安全感连续4年上升，充分说明我省严重刑事犯罪特别是严重暴力犯罪没有因为死刑适用的减少而上升。

四、全省法院工作中的一些主要做法

（1）加强组织保障，注重队伍建设。地方党委和省院党组高度重视刑事法官队伍建设，从机构、人员编制到经费支持均给予充分保障。在配齐、配强主管院领导和庭室负责人的同时，从全省法院遴选一批业务能力强、综合素质高的法官和书记员充实省法院刑庭的审判力量，同时各中级法院也通过遴选和调整方式充实了刑事审判队伍，为搞好刑事审判提供了组织保障和人才支持。十年来，无论人员、环境如何变化，我们始终坚持正确的用人导向，关心刑事法官的成长，以事业留人，以待遇留人，保证了刑事审判队伍特别是业务骨干的稳定。

（2）认真反思存在的不足，切实转变刑事司法理念。死刑核准权收归最高法院之初的 4 年，我们在政策水平、司法能力方面确实存在差距和不足，主要表现在：一是没有充分理解和准确把握宽严相济刑事政策；二是司法理念未能及时转变，忽视案件背后社会关系所发生的深刻变化，在案件处理时仍然囿于以往掌握的罪与罚的尺度，重刑思想较重，重打击而轻保护；三是证据裁判意识不强，死刑案件证据质量把控不严，对宽严相济刑事政策的贯彻与最高法院要求有一定差距，致使案件核准率不高，甚至有个别案件因为证据问题而不予核准。为此，在 2011 年省院党组经专门研究，并查找问题和不足后，决定以转变刑事司法理念为根本，在解放思想，更新理念的同时，适时调整负责刑事审判工作的主要领导。我们以此为契机，通过集中学习、案件质量通报分析、对中级法院主要领导约谈等方式，大力倡导现代刑事司法理念，认真分析领会宽严相济刑事政策，坚决贯彻证据裁判原则，使广大刑事法官的司法理念、作风有了明显转变，为确保案件质量打下了坚实的思想基础。

（3）客观面对社情民意，准确把握宽严相济刑事政策。我们始终坚持使死刑只适用于社会危害极其严重、情节极其恶劣、主观恶性极大、人身危险性极大的严重犯罪。针对具体案件：一是对于危害国家安全犯罪、恐怖活动犯罪、黑社会性质组织犯罪，爆炸、杀人、抢劫、绑架、毒品等严重危害社会治安、严重影响人民群众安全感的犯罪，及犯罪动机恶劣，有计划、有目的、有组织的犯罪，尤其是惯犯、累犯，根据犯罪情节和危害程度，充分考虑公共安全底线和维护社会稳定的需要，充分考虑人民群众的理解和接受程度，该判死刑的坚决判处死刑，避免因理念脱离实际而引发对司法公正的质疑。二是对因婚姻家庭、邻里纠纷、亲情之间因生活琐事等引起的偶发性激情犯罪和被害人一方有明显过错，或对矛盾激化负有直接责任的，多做调解疏导工作，尽可能不判处死刑。三是重视发挥好死缓限制减刑制度的作用。对部分虽因民间矛盾激化引发的故意杀人等案件，犯罪情节、后果严重，但不是必须判处死刑立即执行，只是由于种种原因矛盾确实难以化解的，通过判处死缓限制减刑来促使被害方接受法院的依法裁判，实现死刑政策的严格执行。四是全面把握民事赔偿对死刑适用的影响：一是对手段残忍、人身危险性和社会危害性极大而应被判处死刑的，不能因其赔偿而不适用死刑；二是对“可杀可不杀”的，注重发挥民事赔偿的和解功能，强化“不杀”的作用；三是主动赔偿与其他从宽处罚情节同存时，一般不适用死刑；与反向情节并存时，适用死刑时综合考虑，慎重处理。

（4）不断完善工作机制，打牢案件质量基础。总结最初几年我们死刑案件审理中的不足，分析、查找原因，找准工作上的薄弱环节，并通过机制创新来加以弥补，是近年来我们工作取得进步的又一动因。首先，根据我省刑事法官业务能力尚有一定差距的客观实际，注重发挥集体智慧和引领意识，提出“注重源头预防、注重合力把关、注重机制完善”的要求，改变过去合议庭讨论后直接提交审委会讨论的案件模式，将控制案件质量的关口前移，对案件实行合议庭讨论后，再由审判长会议对事实、证据、量刑进行讨论，将问题和不足尽量解决在合议庭审理环节，确保案件不“带错出门”，既保证了审委会讨论案件的质量，也提高了审委会决定案件的效率。其次，充分运用“三长联席会议”制度、座谈会、专题研讨会及会签文件等方式，加强与职能部门的沟通协调，共同解决好刑事诉讼活动中存在的问题。2015年，在充分调研的基础上，我们联合省检察院、公安厅、司法厅等部门召开了刑事工作座谈会，深入剖析了死刑案件存在的问题和原因，研究推进了诉讼制度改革、有效防范冤假错案等制度措施，讨论会签了《关于重大刑事案件证据收集审查等问题的若干规定》，健全了防范冤假错案的制度保障。

（5）充分发挥职能作用，引领全省法院共同提高案件质量。死刑案件一审是基础，二审是关键。为此，我们进一步强化了一、二审法院的职能作用，使基础作用和关键作用得到更好发挥。一是省院坚守司法底线、敢于担当，坚持疑罪从无，二是坚持对二审改判和发回重审案件采定期分析通报制度，就案件质量存在的问题，尤其是事实、证据问题比较突出的地方，进行总结，从中发现问题，找准原因，并适时在全省法院予以通报。对一定时期案件质量出现问题较多、二审发还改判率较高的中级法院，对其主要领导进行约谈，督促其采取有效措施予以改进，同时加强对发回重审案件的跟踪指导。

（6）立足甘肃省情，注重能动司法。我省系经济、文化落后地区，传统的“杀人偿命”等报应思想根深蒂固，一些少数民族、偏远地区群众法制意识淡薄。为此，我们以案结事了为目的，尽量掌握和提前化解各类风险，为减少死刑适用打下坚实基础。首先，在办理死刑案件中坚持推行“两个穷尽原则”：即对证据瑕疵和事实疑点要穷尽补强、补证手段，对矛盾化解要穷尽方式、方法。无论是定罪证据还是量刑证据，无论是罪轻还是罪重证据均严格分析判断，对瑕疵证据和事实疑点，既不轻易认定，也不轻易排除，而是在穷尽补查补证手段后再作出决定；对因证据存疑或者达不到判处死刑标准的案件，并非发回重审或者一改了之，而是要求尽力做好矛盾化解工作。一是自觉尽职调查调解基础，即对根据宽严相济政策应当从宽的犯罪，要求承办法官主动询问被害方关于民事赔偿的意愿，了解被告方赔偿能力并谙熟当地社情民意。二是穷尽调解措施，即要求承办法官、合议庭运用法、理、情多种方式，穷尽措施、技能，引导当事人作出正确价值判断、利益取舍，促进和解；针对个案特点，特别注重介入调解的时机，把握调解的方法、技巧，做到顺势而为；对合议庭穷尽措施仍不能达成和解的，由庭室领导适时介入，阐述政策，分析法律，调动更多积极因素，加大力度作说服教育工作，促成调解。这些措施使大批因婚姻家庭、邻里纠纷等民间矛盾激化引发、事出有因、侵害对象特定、一审判处死刑的案件，通过民事调解取得被害方谅解后依法改判。三是调解不成也要“缓和矛盾”，即对确实不能调解成功的，至少也要使当事人感受到法院对其诉求的重视和解决问题的诚意，使其理解国家刑事政策和裁判理由，虽不能“大事化了”，也力求“大事化小”。四是实行案件风险分级评估，即对当事人反应强烈的案件，尤其是达不到死刑判决标准而需改判的，判前会同案发地党委政府与基层组织安抚被害人情绪，帮助解决实际困难，力争从源头上减少信访。五是对于被告人及其亲属积极赔偿的，即使被害方不能谅解，从保护其利益的角度出发，将赔偿款保留在法院，待案件生效后交付。这样做既有利于案件执行，也有利于对被害方后期的思想工作，效果较好。对被告人及其亲属家庭生活确实困难而无力赔偿的，在财政经费比较困难的情况下，每年拿出近百万元进行适当的司法救助，以此来抚慰被害人亲属遭受的创伤，使其客观、理性地看待和接受对被告人死刑的改判甚至无罪判决。

第四章　刑事审判工作形势分析和对策建议

一、全省刑事案件整体形势

全省刑事案件数量总体仍将保持平稳上升趋势。结合我省社会经济发展状况和前文对案件特征的分析，从具体罪名来看：第一，“交通肇事罪”“危险驾驶罪”仍将保持上升趋势且案件总量大。随着经济发展和人们生活条件的改善，汽车特别是家用汽车保有量的逐年增加，交通肇事和危险驾驶行为将呈现多发、高发，由此引发的犯罪必将呈现高发和增长态势，但随着司法治理力度的加大和人们驾驶行为、习惯的逐步改变，此类案件数量急剧上升趋势将会有所改观，但总量仍将居高不下。第二，故意杀人、抢劫和故意伤害致人死亡、投毒等危害后果极其严重的严重暴力犯罪案件仍将在现有水平平稳保持，不会出现大起大落。同时，随着我们对命案证据、量刑情节的从严把控，死刑案件数量仍将保持目前的平稳状态。但为确保死刑案件质量，切实做到“案结事了”，法院和法官面临的工作更加繁重、压力更大。第三，盗窃、抢劫、诈骗等侵财类犯罪随着国家改革、开放更加全面推进，社会人员、财富的流动将更加频繁，为此类犯罪的发生提供了更加便利的条件和可能，故仍将呈现多发、高发，增长趋势明显。第四，侵犯公民人身权利的故意伤害、强奸等传统犯罪行为在城镇化的大趋势下，在人口密集生活的地区仍将呈现多发和上升趋势。第五，我省禁毒形势依然严峻复杂，公斤级以上案件呈现上升趋势，零包贩卖案件数量增加，致使该类犯罪呈现多发、高发态势。第六，随着国家对市场经济的治理更加法治化、规范化，加之经济下行压力的进一步加大，资本运行及流通环节风险的加大，涉及市场经济方面的犯罪仍然具有进一步增长的趋势。第七，随着反腐力度的加大，职务犯罪案件特别是大要案数量可能会持续增长。综上，全省刑事案件在近几年内仍将保持增长势头。

二、刑事审判队伍和工作现状

（1）部分法院案多人少矛盾突出，审判资源配置不均衡。第一，在各市州中心城区法院，部分审判人员办案数量超过百件已经普遍，而城关区人民法院和七里河区法院人均案件数量已经达到或者超过200件，法官的工作强度和压力明显增加；第二，全省80多个基层法院中，刑事审判庭审判人员配备少于3人的接近20个，致使开庭审理案件时往往需要借用其他部门人员，但目前大多数基层法院年受理刑事案件不超过百件，故人员配置问题尚对这一部分法院审判工作影响不大；第三，刑事法官年龄结构偏大，基层法院刑事法官年龄在45岁以上的接近2/3，法官断层对刑事审判工作的影响已经开始显现；第四，由于人员配备少，刑事审判庭特别是基层法院刑庭在办案之余还承担着大量的案外工作，比如综合治理、维稳、邪教甚至地方政府安排的一些工作，这已经成为影响办案人员和效率的一个重要问题；第五，检察院阅卷、补查材料时间往往超出法定时限，特别是在一些案件数量比较少的地方，检察机关为了完成工作量，对共同犯罪案件人为分案起诉比较普遍，既增加了法院的工作量，也浪费了大量的人力资源。综上，随着时间的推移、案件数量的递增，全省部分法院刑事审判案多人少矛盾将日益凸显。

（2）刑事法官司法理念和知识结构更新缓慢，审判一线法官厌烦情绪比较普遍。第一，近年来，随着宽严相济刑事政策的贯彻实施，在刑法和刑事诉讼法进行大范围修订的同时，相关司法解释也大量修改和出台。对刑事法官理应通过及时的培训学习新的法律法规，以更新理念。但长期以来，由于缺乏系统、规范的培训，大多法官主要通过自学等方式了解和掌握刑事政策和法律的修订内容，刑事法官普遍存在知识结构老化、理念更新缓慢的问题。为此，应当做出合理规划，制定系统、规范、定期、全面的培训计划，以提高全省法官的刑事审判综合素质。第二，随着改革力度的加大，案件终身责任制的提出和日益繁重的工作任务，特别是司法环境的不尽如人意，刑事法官普遍感到工作压力大、心理负担重、厌烦情绪较大，部分法官不愿从事刑事审判工作、希望调离刑事审判岗位。

三、针对我省刑事审判工作的一些意见和建议

在今后的一定时间内，全省刑事案件仍将保持基数大的现状，且逐年增加的趋势不会改变，因此，刑事审判如何确保案件质量、如何确保审判效率、如何合理调配本已紧张的审判资源，已经成为全省法院应当客观面对和深入探讨的现实而紧迫的问题。通过本次调研，我们以为，在当前已经出现案多人少困境的情况下，随着司法体制改革的深入贯彻和落实，在法官员额制推

行的大背景下，从事刑事审判的法官只可能减少，不可能增加，因此，再希望通过增加法官数量来缓解困境的路径不通，这是法院刑事审判必须面对的现实。为此，应当在充分认识到问题的紧迫性的同时，立足甘肃实际、立足刑事诉讼的特点，从法官资源的合理配置、刑事法律和刑事政策的相关规定入手，来寻找和建立一种既符合法律规定，又符合司法规律，能够有效缓解我们当前压力的制度和措施。

（1）关于刑事审判工作中资源的配置。全省刑事审判队伍呈现出的特点是法官年龄普遍偏大，书记员人手极为紧缺，导致在实践中法官除了承担审理案件职责外，还要负责案件材料的收集、裁判文书的印刷和送达、电子文档的制作、卷宗的归档等本应由书记员从事的工作，耗费了法官较多的时间和精力。此外，相当一部分基层法院法官还要承担审判职责之外的维稳、综治、扶贫和地方政府确定的一些专项工作，使本已紧张的审判资源变得更加捉襟见肘。为此，应当有计划地协调人力资源配置，在政策和经济条件许可的情况下，适当增加辅助人员，同时对一些法院、法官必须承担的审判职责之外的工作，尽量协调由专人办理，从而最大限度地将法官从疲于应付的状态中解脱出来，以集中精力从事审判工作。

（2）根据刑事法律和政策，探索建立有利于提高案件效率、减轻法官工作量的案件办理机制。2011 年以来，《刑法修正案（八）》《刑法修正案（九）》的颁布和《刑事诉讼法》的修订充分体现了打击严重刑事犯罪和预防犯罪的目的，体现了创新社会管理和社会防卫的价值理念。其中，明确规定了从宽处理轻微刑事案件的制度措施，以有效缓解社会矛盾，主要包括当事人和解的公诉案件从宽处理制度、未成年人刑事案件诉讼程序和社区矫正制度等。在此基础上，2013 年 11 月，在全国已有部分法院试点的基础上，中央政法委员会提出了关于快速办理轻微刑事案件的实施意见；2014 年 6 月，全国人大常委会作出了《全国人民代表大会常务委员会关于授权最高人民法院、最高人民检察院在部分地区开展刑事案件速裁程序试点工作的决定》，在全国部分法院依法有序开展刑事案件速裁试点工作。我们以为，以上法律规定和政策的提出，为法院探索建立案件繁简分流工作机制，简化占案件绝对多数的轻微刑事案件诉讼程序，优化审判资源配置，提高诉讼效率，克服案多人少矛盾提供了法律和政策依据。以 2015 年全省一审刑事案件审理情况看，处刑在三年以下等情形的轻微刑事案件在一审刑事案件中占绝对多数。

我们以为，刑事案件虽有难易之分，但轻微刑事案件中的绝大多数案件无论是事实认定、法律适用还是社会影响均比较简单、明了，因此，无论是“轻刑快办”还是“刑事速裁”机制的适用，只要贴合审判实践，在充分运用现有审判资源、明确法官权责的基础上，探索、制定适合我省实际的刑事案件速裁机制，将轻微刑事案件通过这一机制进行办理（此项制度的开展情况参见《关于轻微刑事案件快速办理机制试点工作情况的调研报告》），将会有效缓解当前和今后一段时期人民法院面临的案多人少的矛盾和困境。

甘肃省刑事审判与律师参与刑事辩护调研报告

甘肃省高级人民法院课题组、甘肃省司法科学与区域法治
发展协同创新中心课题组

为切实推进以审判为中心的刑事诉讼制度改革，实现庭审实质化，充分发挥律师在刑事诉讼中的职能作用，全面了解和掌握全省近年来刑事审判中律师参与辩护以及提供法律援助工作的基本状况、面临的问题和困境，以便规范有序地推进刑事案件审判阶段律师辩护全覆盖这一改革新举措，切实发挥律师刑事辩护职能作用和法律援助作用以及合理、有效配置法律援助资源，更好地保护被告人合法权益，我们对全省刑事审判及律师参与刑事辩护情况进行了调研。[1]

一、全省法院近三年来刑事案件及律师辩护情况

（一）全省法院近三年来刑事案件办理情况[2]

2014至2016年，全省刑事案件结案数平均增长率为11.7%，呈持续上涨趋势；判处刑罚人数平均增长率为7.7%，呈同样上涨趋势。其中，被判处三年以下有期徒刑、拘役、管制刑罚的人数，2014年为84.3%、2015年为85.7%、2016年为87.6%，三年平均占比为86.0%；被判处三年以上有期徒刑、无期徒刑、死刑刑罚的人数占判决人数的14%，其中，被判处三年以上五年以下刑罚的占5.84%；被判处五年以上十年以下刑罚的占4.56%；被判处十年以上有期徒刑、无期徒刑的占3.64%。

从以上分析可知，全省法院无论是刑事案件总数还是判处刑罚的被告人

---

〔1〕 甘肃省高级人民法院唐斌、南永绪、袁红。甘肃省司法科学与区域法治发展协同创新中心何青洲、祁亚平、常洁琨、王金虎。

〔2〕 本调研报告中的各类主要数据均来源于甘肃省高级人民法院、甘肃省司法厅、甘肃省律师协会以及部分调研单位。

数，均呈现出逐年较大幅度增长的态势。就刑罚的适用而言，总体特征是在案件数量、判决被告人数持续较大幅度增长的同时，适用三年以下轻缓刑罚的判决比例一直保持在85%以上，且呈逐年小幅增长态势；判处三年以上的被告人数占比稳定且呈逐年略微下降趋势，绝对数基本平稳。

（二）关于律师参与刑事案件辩护情况

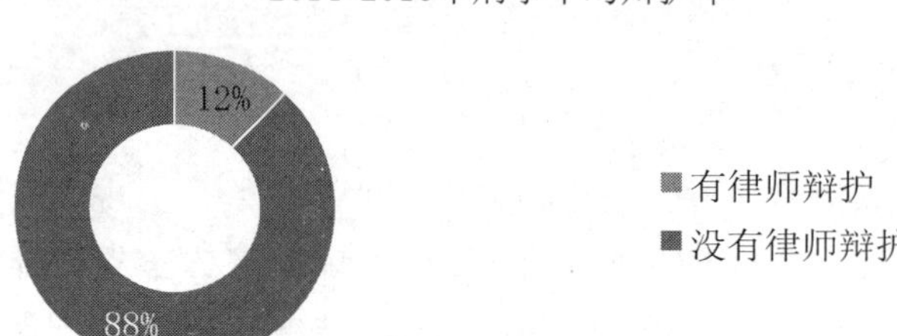

图1　甘肃省近三年来律师辩护情况。

图1中，2014~2016年，在审判阶段有律师参与辩护的刑事被告人共计8032人，占被告人总数的14.53%。其中，律师接受被告人及其亲属委托而提供辩护的有6792人，占被告人总数的12.29%，具体为：2014年2128人（占被告人总数的12.2%）、2015年2466人（占被告人总数的14.2%）、2016年2198人（占被告人总数的10.7%）；法援律师接受指派提供辩护的有1240人，占被告人总数的2.3%，具体为：2014年409人（占被告人总数的2.3%）、2015年508人（占被告人总数的2.9%）、2016年323人（占被告人总数的1.6%）。但如果从案件数量来看，三年来律师参与辩护的占案件总数的11.9%，而根据司法部统计数据，我国刑事案件律师辩护率约为14%，我省的刑事案件律师辩护率要低于全国平均水平约2个百分点。

由此可以看出，我省律师参与刑事辩护比例低，且律师提供辩护案件中被告人及其亲属委托的律师占绝大部分；人民法院依法指派律师提供法律援助参与辩护的案件数很少，在案件总数中占比极低。

二、目前全省执业律师基本状况

（一）全省已注册律师执业情况

全省通过2017年考核备案的律师事务所、执业律师共计有358家律师事务所、3032名社会律师、125名公职律师、26名公司律师、54家法律援助中心的143名法律援助律师以及暂缓考核的2名律师、被注销执业证的39名律师，目前实际执业律师共计3300人。另外，近三年来全省每年约有300人注册取得律师执业资格，即从业律师每年增加10%左右，到2017年年底，全省注册的各类执业律师将达到4000人左右。

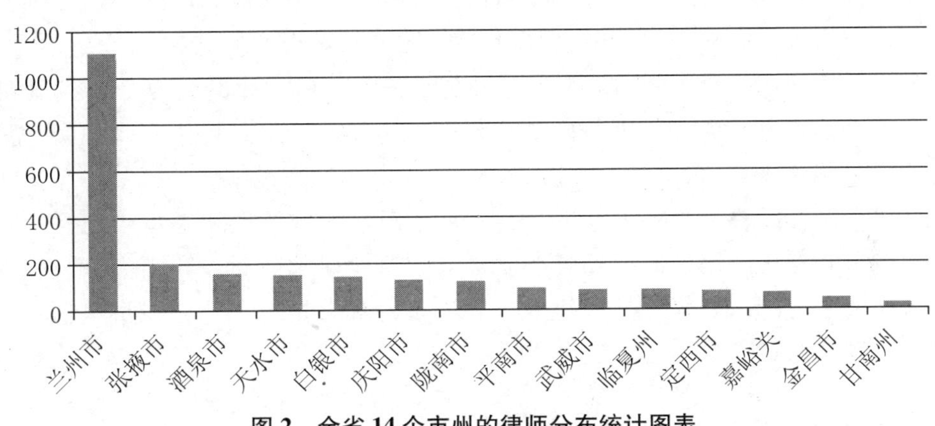

图2　全省14个市州的律师分布统计图表

（二）全省执业律师地区分布情况

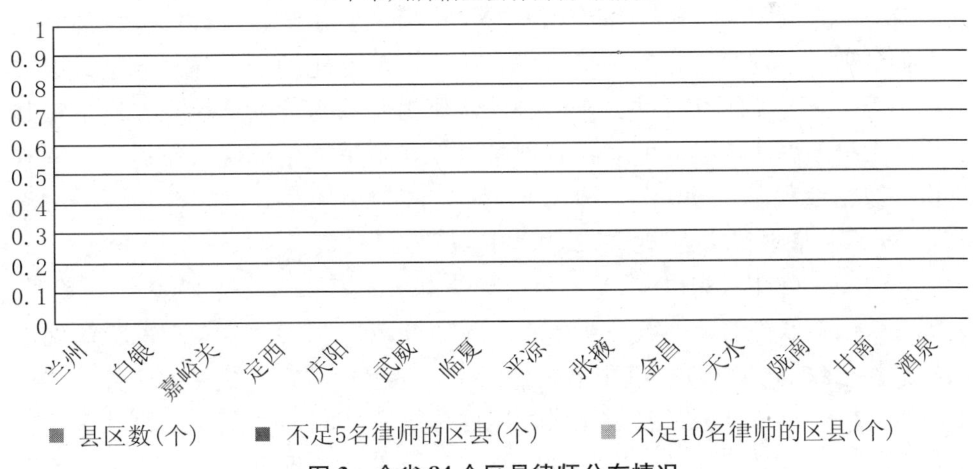

图3　全省84个区县律师分布情况

从图3和图4反映的情况可以看出，执业律师在全省的分布极不平衡。

第一，从市州来看，拥有各类执业律师最多的是兰州市，共有社会律师 1517 名，占全省注册律师的 50%；律师最少的是甘南藏族自治州，全州 8 个县市仅有执业律师 28 名，占全省律师的 0.9%。第二，从各市州来看，执业律师的分布情况也存在不平衡状况，以律师事务所注册地址为准，60%以上的执业律师主要集中在市州所在地的市区，其中武威市、天水市、甘南州则有 80%左右的律师注册地在市州所在地城区，特别是武威市，虽然注册律师数量在全省居中，但 90%以上的注册地在甘州区。第三，在全省 87 个县区中，注册执业律师不足 10 人的有 54 个，占 62.1%；这其中有 32 个县区注册律师不足 5 人，占 36.8%，特别是两当、夏河、迭部、玛曲 4 县执业律师实际只有 1 人。

以上统计反映出，基于经济社会发展状况、地域特点和人口结构等因素的影响，全省无论是各市州还是各个县区，执业律师分布差异很大，律师资源分布极不均衡，大部分县区执业律师不足，其中相当一部分经济落后、偏远的县区，律师资源极为紧缺。

三、部分地区及法院的调研情况

为进一步了解和掌握我省刑事案件审判阶段律师参与辩护的情况，此次调研根据案件数量、经济发展水平、地域特点、人口结构及传统纠纷处理模式等差异，选取了 8 个市州作为调研对象。通过实地调研及数据分析的方式对他们的刑事审判及律师辩护情况进行了全面的专题调研，并在此基础上进行律师辩护全覆盖的可行性分析研判，调研内容基本可以反映我省刑事审判及律师辩护的总体情况，可对我省刑事案件律师辩护全覆盖工作提供一个有价值的数据参考。

（一）A 市中院及其辖区法院基本情况

通过图 4 可知，2014 年 A 市两级法院审结的案件总数是 1500 件，其中，判处三年以上刑罚的案件数是 430 件，占比 28.7%；2015 年 A 市两级法院审结的案件总数是 1678 件，其中，判处三年以上刑罚的案件数是 404 件，占比 24.1%；2016 年 A 市两级法院审结的案件总数是 1969 件，其中，判处三年以上刑罚的案件数是 570 件，占比 29.0%。通过上述数据可知，该地区三年以上刑罚案件数基本趋于稳定。

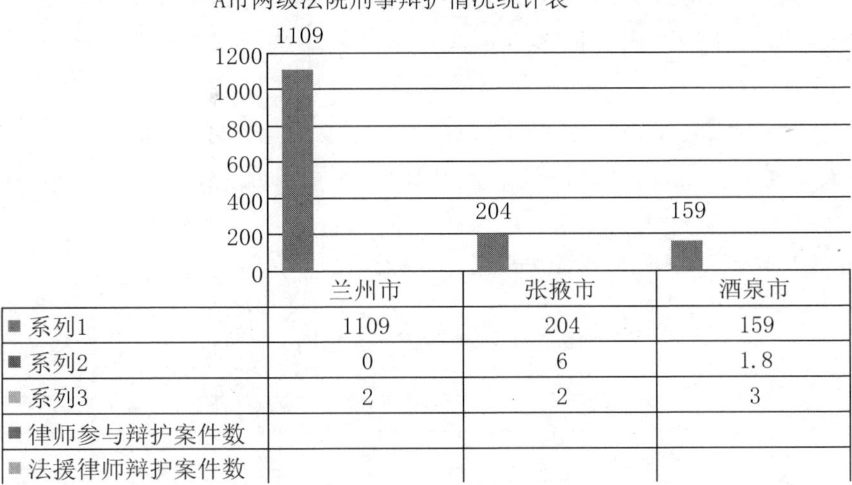

	兰州市	张掖市	酒泉市
■ 系列1	1109	204	159
■ 系列2	0	6	1.8
■ 系列3	2	2	3
■ 律师参与辩护案件数			
■ 法援律师辩护案件数			

图 4　表中所有数据均来自 A 市中级人民法院

就刑事辩护率来看，A 市两级法院刑事案件在审判阶段的平均辩护率是 15.9%。其中，2014 年的辩护率是 16.5%，2015 年的辩护率是 16.2%，2016 年的辩护率是 15.3%。刑事辩护率总体上呈现出稳定的态势，但是有略微的下降趋势。在 2014 年至 2016 年的 3 年中，A 市两级法院共判处刑罚人数 5085 人，有八成多被告人（约 4282 人）在审判阶段没有接受到辩护律师的法律帮助和服务。根据司法局提供的数据，A 地区共有律所 16 个、社会律师 77 人、公职律师 16 人（法援中心任职的事业编制人员，取得法律执业资格证书）。该地区对于法律援助案件的案件补贴按诉讼阶段发放，侦查、起诉阶段是 1200 元/件，审判阶段是 1500 元/件。

座谈中提出的主要问题有：法院认为，律师参与辩护的案件数量少、比例低，不利于案件的正常审理和案件质量的保证；目前指派的案件主要是刑事诉讼法和司法解释所确定的五种类型，没有突破；指派律师普遍存在辩护质量不高的问题，应当考虑将指派辩护律师所办理的案件质量作为对律师年度考评的一个依据。司法局认为，目前依法指派的案件均可以保证有律师提供辩护；双方应当加强沟通协商，建立正常的交流渠道，加强对律师执业质量的监督；律协应当严格引导律师诚信执业；刑事案件法律援助工作应当进一步规范化管理；由于取消公职律师法律援助案件的补助，这部分律师现在基本不愿意，也没有承担法律援助案件的办理；法院指派律师应当考虑就近原则。律协及律师认为，扩大法律援助范围或者法律援助全覆盖，对社会律师的执业有一定的冲击，但影响不大，如果有影响，可能对那些入职时间不长的律师收入有一定的影响；指派管辖应当打破级别和行政区划管辖，以被告人羁押地为原则；缺乏专业化的刑辩律师；无论是社会律师还是公职律师，提供法律援助时应当一体对待，支付相应的补贴；适当提高法律援助案件的补贴。

（二）B 市中院及其辖区法院基本情况

图 5　表中所有数据均来自 B 市中级人民法院

通过图 5 可知，2014 年 B 市两级法院审结的案件总数是 987 件，其中，判处三年以上刑罚的案件数是 446 件，占比 45.2%；2015 年两级法院审结的案件总数是 944 件，其中，判处三年以上刑罚的案件数是 434 件，占比 46.0%；2016 年两级法院审结的案件总数是 1240 件，其中，判处三年以上刑罚的案件数是 566 件，占比 46.0%。通过上述数据可知，该地区被判处三年以上刑罚案件数占比较大，接近案件总数的五成左右。

就刑事辩护率来看，B 市两级法院刑事案件在审判阶段的平均辩护率是 34.2%。其中，2014 年的辩护率是 37.2%，2015 年的辩护率是 32.5%，2016 年的辩护率是 33.0%，刑事辩护率总体上趋于稳定。在 2014 年至 2016 年的 3 年中，两级法院共判处刑罚人数 3991 人，有 66%的被告人（约 2623 人）在审判阶段没有接受到辩护律师的法律帮助和服务。

座谈中提出的主要问题有：法院认为，指派的案件范围仍然是法律规定的几类；担任指派的主要是一些从业时间短、经历少的律师，辩护质量普遍不高；应当将律师提供法律援助案件的质量作为对律师考核的一个内容；希望律师重视刑事辩护、重视二审案件的辩护。司法局认为，严格依照法律规定指派律师；由于取消办案补贴，法律援助律师基本没有办案；法律援助经费由于报销条件严格，反而使这部分经费不能发挥应有的作用，县区司法局的这一部分资金每年都有较多结余，因此对法律援助资金的使用应当有一个合理的测算；如果所有案件律师辩护全覆盖，财政负担可能较重。律协和律师认为，法院应当加强沟通，进一步保障律师的辩护权，为律师辩护提供便利条件；从国家政策的角度，拥护逐步实现刑事案件律师的全辩护；律师个人能力、水平参差不齐，如果指派辩护全覆盖，对执业时间短的律师的收入冲击会比较大；为保障律师执业和案件辩护质量，建立律师办理案件质量评查机制；法律援助案件补贴费用在现有基础上能不能相对提高，以调动律师积极性，提高案件质量。

（三）C 市中院及其辖区法院基本情况

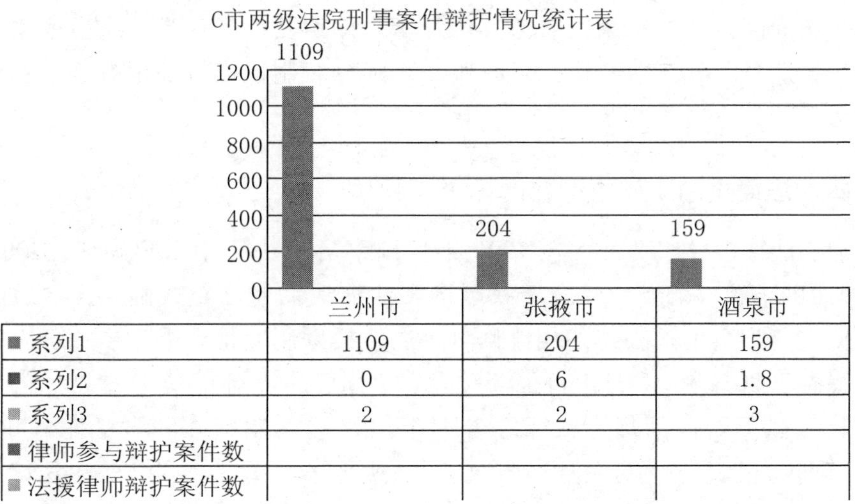

	兰州市	张掖市	酒泉市
■ 系列1	1109	204	159
■ 系列2	0	6	1.8
■ 系列3	2	2	3
■ 律师参与辩护案件数			
■ 法援律师辩护案件数			

图 6　表中所有数据均来自 C 市中级人民法院

通过图 6 可知，2014 年 C 市两级法院审结的案件总数是 1008 件，其中，判处三年以上刑罚的案件数是 294 件，占比 29.2%；2015 年两级法院审结的案件总数是 1102 件，其中，判处三年以上刑罚的案件数是 277 件，占比 25.1%；2016 年两级法院审结的案件总数是 1403 件，其中，判处三年以上刑罚的案件数是 254 件，占比 18.1%。在案件总数持续走高的态势下，判处三年以上刑罚的案件数量呈现逐年下降趋势。

就刑事辩护率来看，C 市两级法院刑事案件在审判阶段的平均辩护率是 19.2%。其中，2014 年的辩护率是 23.0%，2015 年的辩护率是 19.2%，2016 年的辩护率是 15.5%。相对于案件总数的逐年增长势头，刑事辩护率呈现较为明显的逐年下降趋势。在 2014 年至 2016 年的 3 年中，C 市两级法院共判处刑罚人数 4470 人，有 81.1%的被告人（约 3623 人）在审判阶段没有接受到律师的法律帮助和服务。

座谈中提出的问题主要有：法院认为，指派辩护案件类型以法律规定的为主，刑事案件辩护率不高；律师介入刑事辩护作用很大，重大案件指派律师应当通过一定的制度确保水平较好的律师提供辩护，但目前指派律师的辩护质量一般，应当针对不同类型的犯罪配置律师资源。司法局认为，取消法律援助律师办案补贴不合理，应当给予适当补助，这部分律师现在基本不办援助案件；法律援助经费分配也不合理，条件太严，费用只针对案件，导致县区司法局部分经费结余，缺乏宣传经费。律协及律师认为，应当根据案件易难程度适当区分补助经费；目前建立律师分级制提供辩护很有必要；目前补助经费低，应当适当提高。

四、法律援助工作中存在的几个问题

刑事法律援助制度首次在 1996 年《刑事诉讼法》中得到确认，2003 年《法律援助条例》的颁布标志着我国刑事法律援助制度正式确立，之后随着《律师法》《刑事诉讼法》的相继修订，法律援助制度得到进一步的巩固和完善。我省于 2011 年 10 月出台了《甘肃省法律援助条例》，对法律援助的案件范围及流程予以详细规定，标志着刑事法律援助制度在我省的正式确立。2015 年 11 月甘肃省委办公厅、省政府办公厅联合印发了《关于完善法律援助制度的实施意见》，对我省的法律援助工作从扩大援助范围、提高援助质量等方面提出了新的要求，进行了新的工作部署。2016 年甘肃省司法厅、财政厅联合印发了《甘肃省法律援助经费使用管理办法》，对办案补贴标准及经费管理进一步细化。但是，通过调研，我们认为该项制度在实践中还存在问题和不足，主要有：

（1）刑事法律援助的覆盖面较窄。绝大多数法律援助案件都是法院根据案情，依据《刑事诉讼法》规定的应当指定辩护的类型所指派，被告人及其亲属自己申请获得法律援助的很少。根据《刑事诉讼法》，指定辩护的范围仅限于犯罪嫌疑人、被告人是盲、聋、哑人、未成年人或者是尚未完全丧失辨认或者控制自己行为能力的精神病人以及可能被判处无期徒刑、死刑，没有委托辩护人的情况，上述案件类型在案件总数中占比较小，尤其是在基层法院占比更小。而且，当前的司法实践中，无论是人民法院还是司法行政机关法律援助机构，均很少突破现有法定的法律援助范围指派律师为被告人提供法律服务，这也是当前律师参与法律援助案件数量很少的主要原因。

（2）因存在程序性规定的限制，看守所值班律师功能作用发挥不够。根据2017年8月28日施行的两高三部《关于开展法律援助值班律师工作的意见》的规定，法律援助机构在人民法院、看守所派驻值班律师，为没有辩护人的犯罪嫌疑人、刑事被告人提供法律帮助。法律援助值班律师应当为犯罪嫌疑人、被告人解答法律咨询、转交申请材料，对刑讯逼供、非法取证情形代理申诉、控告等，但是法律援助值班律师不提供出庭辩护服务，对符合法律援助条件的犯罪嫌疑人、刑事被告人，可以依申请或通知由法律援助机构为其指派律师提供辩护。针对看守所值班律师，目前在司法实践中存在程序上的衔接问题。根据《刑事诉讼法》第37条第2款的规定，辩护律师应持律师执业证书、律师事务所证明和委托书或者法律援助公函会见在押的犯罪嫌疑人、被告人。根据《公安机关办理刑事案件程序规定》第50条第1款的规定，辩护律师要求会见在押的犯罪嫌疑人，看守所应当在查验其律师执业证书、律师事务所证明和委托书或者法律援助公函后，在48小时内安排会见。所以看守所值班律师会见在押的犯罪嫌疑人时是否也需要被查验律师执业证书、律师事务所证明和委托书或者法律援助公函？根据两高三部《关于开展法律援助值班律师工作的意见》的规定，看守所值班律师不提供出庭辩护服务，在工作中应持律师执业证书挂牌上岗，看守所应当为值班律师会见提供便利。该规定并未明确法援中心是否需要向看守所接受法律服务的犯罪嫌疑人逐一出具法律援助公函，那么在没有法律援助公函的情况下仅凭律师执业证书，看守所值班律师是否可以顺利地会见犯罪嫌疑人并开展法律服务工作是目前司法实践中亟待解决的一个问题。

（3）案件补贴标准部分地区执行不统一。例如，某市法援中心规定，审判阶段法援案件发放的补贴标准是1500元/件，但是在一些区、县，法援中心发放的补贴浮动较大，最高1200元/件，最低800元/件。这种做法对本就缺乏积极主动性去承担法律援助工作的律师，在办理法律援助案件方面产生更多的负面影响，与给予补贴以提高律师提供法律援助质量的制度初衷相背离。另外，适当提高法律援助案件办案补贴也是调研中反映最为集中的一个问题。因此，针对是否提高、如何提高补贴标准，如何确保律师办理法律援助案件的积极性，以及如何提高法律援助案件的辩护质量，司法行政机关应当根据我省的经济发展水平、财政负担能力、全国其他省市发放标准、律师办理案件的实际支出成本、承办案件的难易程度等综合考虑，制定一个符合甘肃实际的制度规定。

（4）公职律师提供法律援助的补贴机制尚待规范。根据《甘肃省法律援助经费使用管理办法》规定："对于法律援助机构工作人员办理法律援助案件，实行报账制。"即只报销差旅费，没有办案补贴。实践中，法律援助机构工作人员是指具有事业编制、取得公职律师身份的人员。我省目前有公职律师143人，分布在全省各个法援中心。根据调研，虽然这部分律师的力量在兰州及各市州所在地的作用并不明显，但在一些律师数量极少的县区，公职律师则是当地相当重要的律师资源。比如崇信县有2名社会律师，2名公职律师，公职律师承担了大部分法援案件。但是，办案补贴的取消，导致公职律师以各种理由拒绝办理法援案件或者消极应对，在增加社会律师的法援案件的同时，严重浪费了这些地区本就捉襟见肘的律师资源。因此，通过一定的制度设计，制定办案指标、明确补贴标准等来规范和指引公职律师积极参与法律援助案件的办理，应当成为司法行政机关必须考虑解决的问题。

（5）现有法律援助经费使用制度尚有调整的必要。2003年生效实施的国务院《法律援助条例》明确规定"法律援助是政府的责任"。省委、省政府对做好法律援助保障工作极为重视，在财政比较困难的情况下，每年拨付专项经费，省财政厅与司法厅就法律援助经费的使用制定了规范性的文件。这一规定对法律援助资金的正确使用提供了依据，切实发挥了资金的保障作用。但是，部分地区法律援助经费下拨之后，由于使用规定与对资金的实际需求方面存在不一致等问题，导致拨付部分基层司法局的该项资金沉淀，没有充分发挥资金应有的保障作用，说明现有的法律援助资金分配和补贴规定，从设计到运行实施还存在一些应当解决的问题。

（6）法律援助案件辩护质量不高的问题普遍。目前，法律援助案件律师的辩护质量普遍不高是一个不争的事实。由于案件援助制度的不健全及办案补贴相对较少，法律援助案件的监督、考核机制都不完善，部分律师对法律援助案件消极应付，一些律师事务所甚至将本所律师承担的援助案件交由个别律师打包办理，法律援助案件多由执业时间短的年轻律师或公职律师承办，资深律师或刑事辩护领域有影响力的律师很少参与法律援助案件办理，以上这些现象在直接影响了对犯罪嫌疑人、被告人的权利保护的同时，既浪费了社会资源，又损害了法律援助制度所追求的法律效果的实现。因此，应当从律师资源配置、财政经费保障、监督考评机制以及行业自律等方面综合考量，制定切实可行的管理办法，以切实发挥法律援助制度的作用。此外，专注刑事辩护的律师事务所、律师极少，是我省律师从事刑事辩护质量总体不高的一个不容忽视的短板，司法厅、省律协应当注重引导、加强培训，逐步使一定数量的优秀律师参与到刑事诉讼中来，以提高我省律师刑事辩护的整体水平。

（7）法律援助制度社会宣传效果不佳。法律援助制度还没有达到人人知晓的程度，有部分社会群体、困难群众不知道法律援助的存在，导致确有需要的人不能及时获得法律帮助。此外，进行法律援助宣传的模式也较为陈旧、单一。因此，有必要进一步加大宣传力度，拓宽宣传渠道，丰富宣传形式，尤其在网络、电视等社交和公众媒体上要加大宣传，提高公民的懂法、用法意识和水平。

五、对律师辩护全覆盖的可行性探讨及建议

实现刑事案件律师辩护全覆盖，是实现以审判为中心的刑事诉讼制度改革的一项重要综合配套措施，更是贯彻落实十九大报告关于“深化司法体制综合配套改革”的重大举措。因此，大幅度提高刑事案件律师辩护率，努力实现刑事案件律师辩护全覆盖，让被告人在刑事审判阶段得到充分的律师辩护和保障，是推动以审判为中心的刑事诉讼制度的建立，进一步筑牢避免冤假错案防线，有效促进刑事司法公平公正的必由之路。

推动大幅度提高乃至实现“刑事案件律师辩护全覆盖”，首先需要明确

“律师辩护全覆盖”所指向的方式、方法和内容。我们以为，根据近期《最高人民法院、司法部关于开展刑事案件律师辩护全覆盖试点工作的办法》的精神，刑事案件律师辩护全覆盖，主要是指：第一，刑事案件进入审判阶段，被告人有权为其委托律师作为辩护人，除《刑事诉讼法》第 34、267 条规定的情形，被告人没有委托辩护人的，人民法院应当通知法律援助机构指派律师为其提供辩护。此外，其它适用普通程序审理的一审、二审案件、死刑复核案件、按照审判监督程序审理的刑事案件，被告人没有委托辩护人的，人民法院应当通知法律援助机构指派律师为其提供辩护。第二，可以适用简易程序，特别是适用轻微刑事案件快速办理机制的刑事案件，进入刑事诉讼环节后，无论是侦查、审查起诉阶段还是进入审判阶段，嫌疑人、被告人没有委托辩护人的，侦查机关、检察机关和人民法院都可以通知法律援助机构派驻看守所、人民法院的值班律师为其提供法律帮助，此处的法律帮助，既包括对他们提出的法律问题进行解答，也包括对他们在程序方面的指导和帮助。第三，除接受委托或者指派提供辩护外，为嫌疑人、被告人解答和释明法律适用、提供程序性选择指导、保障其诉讼权利不受侵犯等都属于律师为其提供辩护的方法和措施。第四，提供辩护的主体应当是具有执业资格的律师，被告人近亲属（有律师资格的除外）提供的辩护、其他法律工作者提供的指导和帮助不属于“律师辩护”的范围。

基于以上政策要求、制度安排和相关内容的界定，现就我省大幅度提高直至实现刑事案件律师辩护全覆盖的可行性综合分析如下：

（1）法律和制度层面。第一，刑事辩护全覆盖的法律根据和政策依据。根据中央司法改革的决策部署，2016 年 10 月，两高三部发布的《最高人民法院、最高人民检察院、公安部、国家安全部、司法部关于推进以审判为中心的刑事诉讼制度改革的意见》（以下简称《改革意见》）第 17 条第 1、2 款规定：“健全当事人、辩护人和其他诉讼参与人的权利保障制度。依法保障当事人和其他诉讼参与人的知情权、陈述权、辩论辩护权、申请权、申诉权。犯罪嫌疑人、被告人有权获得辩护，人民法院、人民检察院、公安机关、国家安全机关有义务保证犯罪嫌疑人、被告人获得辩护。”因此，在当前除了被告人具有《刑事诉讼法》第 34、267 条规定应当通知辩护的情形，包括未成年人，盲、聋、哑人，尚未完全丧失辨认能力或者控制自己行为能力的精神病人，可能被判处无期徒刑、死刑的人，没有委托辩护人的，人民法院应当通知法律援助机构指派律师为其提供辩护这一法律规定外，针对其他程序、可能判处其他较轻刑罚，在被告人没有委托辩护人的情况下，人民法院是否应当为其指派辩护人或者指派律师为其提供法律帮助。也就是说，对超出现行刑事诉讼法所确定的必须有律师提供辩护的法定情形之外，人民法院是否有义务应当为其他情形的被告人指派辩护律师或者指派律师提供法律帮助，对此，我们认为，根据2012年新修订的《刑事诉讼法》第14条第1款“人民法院、人民检察院和公安机关应当保障犯罪嫌疑人、被告人和其他诉讼参与人依法享有的辩护权和其他诉讼权利”这一新规定，结合《改革意见》第17条的要求，确保每一个被告人都应当获得辩护，是刑事案件审判阶段必须予以保障的权利，这也是在刑事诉讼法所规定的5种必须有律师提供辩护特殊情形之外，提供刑事辩护全覆盖的法律依据和政策依据，也符合刑事辩护全覆盖的法律要求和立法本意。第二，确保实现庭审实质化改革的必然要求。《改革意见》提出，要“完善法庭辩论规则，确保控辩意见发表在法庭”，“完善当庭宣判制度，确保裁判结果形成在法庭”。为实现以上目标，确保被告人诉讼权利的实现，客观地要求刑事诉讼必须要有律师参与。但基于刑事案件大幅度上升的趋势和绝大部分案件都属于犯罪情节轻微、事实证据单一的实际，《改革意见》也明确提出了“推进案件繁简分流，优化司法资源配置”的要求，对此我省已经逐步建立和大力推进轻微刑事案件快速办理机制，省法院、省检察院、公安厅、司法厅在今年10月联合下发了《关于推进轻微刑事案件快速办理机制的若干规定（试行）》，对案件办理繁简分流提出了明确的指导意见和要求。因此，对适用普通程序审理的案件应当有律师提供辩护；对适用简易程序特别是适用轻微刑事案件快速办理机制的案件，由律师提供法律帮助，基本可以保障被告人诉讼权利的实现。所以，作为确保庭审实质化改革的配套措施，大幅度提高律师辩护率在制度上是可行的。

（2）案件数量与律师资源。实现刑事案件律师辩护大幅度提高直至全覆盖，必须充分考虑案件数量、疑难程度与现有律师资源的可承受能力。通过调研，目前无论是刑事案件数量还是判决的被告人数，虽然呈现持续增长态势，但通过健全繁简分流机制，并根据每年对被告人实际判决刑罚的情况的分析看，适用普通程序且实际判决在三年以上重刑的被告人数基本稳定，这其中每年约有14%左右的被告人自己委托律师进行辩护，这部分被告人实际需要指派辩护律师的约2200人左右，如对他们按照一人一名律师提供辩护的标准，则需要2200名律师。其他占被告人数86%的，实际判处三年以下轻缓刑罚的被告人，其审判程序绝大部分都属于可以适用简易程序和轻微刑事案件快速办理机制的情形，因此，这部分被告人基本可以通过驻看守所、人民法院值班律师为其提供法律帮助，通过完善的程序为其进行法律解答、程序指引、帮助提出控告等途径实现诉讼权利的保障。如对这部分被告人提供法律帮助按值班一周折抵一件法律援助案件记，全省87个看守所每周有1名律师值班，全年需要律师提供4524人次的援助，具体到每个县区，每月需要4人次的律师值班即可解决需要，而且，70%的看守所因为羁押人员数量较少，不需要律师一周之内每个工作日都前往提供法律帮助。以上两项共计需要法律援助律师6700人次。针对以上案件数量、被告人人数以及需要提供辩护和提供法律援助的需求量，目前，全省共计有执业律师3300人，按每个律师每年承担1件指派辩护案件、承担1周值班工作（这两项工作可以相互折抵工作量）计算，则现有律师可承担的法律援助资源量为6600人次，从量的需求层面基本可以满足全覆盖的要求。对于部分县区律师较少的问题，在明确律师可以跨县区承担法律援助任务后，律师资源紧缺的现状可以得到有效缓解。对于刑事被告人数量以7.7%的速度逐年增长的现状，现有执业律师人数也基本按10%的比例增加，所以，当前执业律师的增加基本能够满足被告人数增长的需求。

（3）甘肃省重大案件刑事辩护律师库的建立。法律援助是国家建立的保障案件当事人获得必要的法律咨询、代理、刑事辩护等无偿法律服务，维护当事人合法权益、维护法律正确实施、维护社会公平正义的一项重要法律制度，是关乎人民群众切身利益的一项重要的民生工程。针对切实提高律师法律援助服务质量，司法部、财政部于2017年2月17日印发的《关于律师开展法律援助工作的意见》中明确规定，法律援助机构应综合考虑律师资质、受援人意愿等因素确定办案律师，对无期徒刑、死刑案件以及未成年人案件严格资质要求，提高办案专业化水平。为确保律师为受援人提供符合标准的法律援助，法律援助机构应根据律师业务专长和职业操守，建立法律援助专家律师库，对重大疑难复杂案件实行集体讨论，全程跟踪、重点督办。2017年10月11日，最高人民法院、司法部也印发了《最高人民法院、司法部关于开展刑事案件律师辩护全覆盖试点工作的办法》，明确提出有条件的地方可以建立刑事辩护律师库，为开展刑事案件律师辩护全覆盖工作提供支持。一般而言，重大、疑难、复杂的刑事案件是指可能被判处十年以上有期徒刑、无期或死刑的案件以及危害后果极其严重但存在无罪判决可能的案件，此类案件关系到被告人自由权甚至生命权的剥夺，所以指派一名有刑事辩护专长的律师参与此类诉讼对被告人辩护权的充分实现有着至关重要的作用。我省现有律所358家，社会执业律师3032名，其中主要开展刑事辩护业务的律师事务所或者律师数量极少。为了集中刑事辩护律师资源，提高重大、复杂、疑难刑事案件的辩护质量，有效推进重大案件刑事辩护律师库的建立，省司法厅、律师协会应积极推荐或选拔从事刑事辩护年限长、专业能力强、行业信誉好的律师成立刑事辩护律师库，制定相应的准入或退出机制，探索建立重大、疑难、复杂刑事案件的自动指派网上平台，提高办案的专业化水平，促进我省刑事案件律师辩护全覆盖工作有效开展。

综上，在法律和制度层面、案件数量和律师资源方面，以及统计和理论层面，我省刑事审判阶段律师辩护全覆盖的条件均可以满足改革推进的要求。当然，改革的推进和改革目标的实现，并不是只要理论上条件满足即可。在推进律师辩护全覆盖改革的过程中，还应当充分考虑现阶段我省面临的实际困难，首先，解决好机制方面的问题，主要有：历年来刑事辩护率低，特别是指派辩护率极低，而要想大幅度提高辩护率，必须在充分调研和协商的基础上，切实完善相应的配套措施；探索建立在市州行政区内律师资源的合理调配机制，最大限度地解决部分县区律师资源极度短缺的困境，为刑事案件律师应出尽出提供人力保障；合理完善法律援助资金保障和支付制度，使律师在合理的资金保障下可以履行职责、愿意履行职责，使宝贵的资金切实发挥效能；加强对刑事审判阶段律师提供辩护的法律监督，上级法院对一审判决三年以上刑罚而没有律师提供辩护的案件，可以视案情以程序违法为由发回重审。其次，根据当前实践，制定出符合实际的推进措施，主要有：建立起行之有效的法律援助律师驻看守所、人民法院值班制度，通过规范的制度要求，切实发挥值班律师的作用，在保障被告人诉权的同时真正提高案件质量和辩护率，而且，这也许是短期内可以大幅度提高案件辩护率的突破口；明确从2018年元月起，各中级人民法院办理的一审案件和高级人民法院办理的二审刑事案件必须有辩护律师为每个被告人提供辩护，适用轻微刑事案件快速办理案件的被告人在庭审之前均应当有律师提供指导和帮助；2018年7月起，各中级人民法院办理的二审案件必须有律师为被告人提供辩护，各基层法院适用普通程序审理的案件原则上均有律师提供辩护。通过以上努力，力争在2019年实现刑事审判阶段律师辩护的全覆盖。

附：《关于在刑事审判中加强律师辩护工作的意见（建议稿）》

为推进以审判为中心的刑事诉讼制度改革，依法保障刑事案件被告人及其辩护人充分行使辩护权，切实维护司法公正，根据《刑事诉讼法》《律师法》《法律援助条例》以及其他相关规定，结合我省实际，对于在刑事审判中加强律师辩护工作有关事项提出如下意见。

一、对下列没有委托辩护人的被告人，人民法院应当自发现该情形之日起3日内书面通知法律援助机构指派律师为其提供辩护：

（一）未成年人；

（二）盲、聋、哑人；

（三）尚未完全丧失辨认或者控制自己行为能力的精神病人；

（四）可能被判处无期徒刑、死刑的人。

二、对下列案件，被告人没有委托辩护人的，人民法院应当书面通知法律援助机构指派律师为其提供辩护：

（一）高级人民法院复核的死刑案件；

（二）人民检察院抗诉的刑事案件；

（三）人民法院决定再审的刑事案件；

（四）基层人民法院审理的一审刑事案件，可能被判处三年以上有期徒刑的；

（五）中级人民法院审理的一审刑事案件；

（六）二审开庭审理的刑事案件；

（七）有证据证明被告人认知能力较差的；

（八）共同犯罪案件中，其他被告人已委托辩护人的；

（九）案件有重大社会影响或者社会公众高度关注的；

（十）被告人作无罪辩解或其行为可能不构成犯罪的；

（十一）人民法院认为起诉意见和移送的案件证据材料可能影响正确定罪量刑的；

（十二）其他需要商请法律援助机构指派律师提供辩护的情形。

具有前款情形，被告人明确表示不需要法律援助的，人民法院可以不通知法律援助机构指派律师为其提供辩护。

三、人民法院自受理强制医疗申请或者发现被告人符合强制医疗条件之日起3日内，对于被申请人或者被告人没有委托诉讼代理人的，应当书面通知法律援助机构指派律师为其提供法律帮助。

四、被告人因经济困难没有委托辩护人的，本人及其近亲属向办理案件的人民法院所在地同级司法行政机关所属法律援助机构提出法律援助申请，法律援助机构收到申请后应当及时进行审查并于七日内作出决定，经查属实的，应当给予法律援助，并及时函告人民法院。

五、被告人向人民法院提出法律援助申请，对属于本意见第一条、第二条规定情形的，人民法院按照本意见规定处理；对于因经济困难或其他原因申请的，应当在收到被告人申请二十四小时之内将其申请转交法律援助机构。

六、人民法院自受理案件之日起三日内，应当告知被告人有权委托辩护人，并告知如果经济困难，本人及其近亲属可以向法律援助机构申请法律援助，人民法院决定再审的案件，应当自决定再审之日起三日内履行相关告知职责。

七、人民法院决定指定辩护的，应当将指定辩护的通知书和起诉书副本或者判决书副本送交所在地同级司法行政机关所属法律援助机构指派律师为被告人提供辩护。

人民法院决定开庭审理的，除适用简易程序审理的以外，应当在开庭十五日前将指定辩护通知书和起诉书副本或者判决书副本送交法律援助机构。

人民法院的指定辩护通知书应当载明被告人的姓名、涉嫌的罪名、羁押场所或者住所、通知辩护的理由、办案机关联系人姓名和联系方式等。

八、法律援助机构应当自作出给予法律援助决定或者在收到人民法院指定辩护的通知后三日内，确定承办律师并将律师的姓名及联系方式函告人民法院。

九、司法行政机构应当设立《重大案件法律援助律师人才库》，对于可能被判处无期徒刑、死刑的案件，法律援助机构应当从《重大案件法律援助律师人才库》中指派具有一定年限刑事辩护执业经历的律师担任辩护人；对于未成年人案件，应当指派熟悉未成年人身心特点的律师担任辩护人。

十、人民法院受理案件后，辩护人接受被告人委托的，应当在接受委托之日起三日内，将委托手续提交人民法院。

十一、承办律师接受法律援助机构指派后，应当在接受指派之日起三日内，将法律援助手续提交人民法院。

承办律师应当在首次会见被告人时，询问是否同意为其辩护，并制作笔录。被告人不同意的，律师应当书面告知人民法院和法律援助机构。

十二、被告人拒绝法律援助机构指派的律师为其辩护，坚持自己行使辩护权的，人民法院应当准许。属于法律及司法解释规定应当提供法律援助的情形，被告人拒绝指派的律师为其辩护的，人民法院应当查明原因。理由正当的，应当准许，但被告人须另行委托辩护人；被告人未另行委托辩护人的，人民法院应当在三日内书面通知法律援助机构另行指派律师为其提供辩护。

十三、人民法院为被告人指定辩护人后，其又自行委托辩护人的，人民法院可以视情况撤销指定。

十四、法律援助机构收到同级人民法院指定辩护的通知后，其辖区内的律师人数不足的，应当报请上级司法行政机关所属法律援助机构指派律师为被告人提供辩护。上级司法行政机关所属法律援助机构应当按本意见指派律师为被告人提供辩护。

十五、律师事务所和律师对刑事法律援助案件不得推诿、拒绝，必须认真办理并保证案件办理质量。

律师应当遵守有关法律法规和法律援助业务规程，做好会见、阅卷、调查取证、解答咨询、参加庭审等工作，依法为被告人提供法律服务。

律师事务所应当对律师办理指定辩护案件进行业务指导，督促律师在办案过程中尽职尽责，恪守职业道德和执业纪律。

十六、法律援助机构依法对律师事务所、律师开展法律援助活动进行指导监督，确保办案质量。

司法行政机关和律师协会要将律师事务所、律师办理法律援助刑事案件列入年度检查的重要指标，根据律师事务所、律师履行法律援助义务情况实施奖励和惩戒。

十七、律师协会要加强对律师刑事辩护技能的培训，强化专业化建设，发挥刑事辩护骨干律师的示范作用，注重培养青年律师参与刑事辩护工作，人民法院和司法行政机关要给予必要的支持。

十八、律师认为人民法院及其工作人员明显违反法律规定，阻碍律师依法履行辩护职责，侵犯律师执业权利的，可以向人民法院纪检监察部门或上级人民法院投诉，人民法院应当及时调查处理，将调查处理情况及时答复律师，并通报其所在地司法行政机关或者所属的律师协会。

十九、人民法院应当依法积极支持律师开展法律援助工作，保障律师会见被告人的权利，为律师查阅、摘抄、复制案件材料提供必要方便，对援助律师复制必要材料的费用应当予以免收，有条件的地方可以推行电子化阅卷，允许刻录、下载材料。对案件审判流程、程序变更等事项应当及时通知辩护律师。

在庭审中切实保障辩护律师参与举证、质证、发问、辩论等权利，律师提请法院调取证据的，应当及时依照法律和司法解释的规定办理；在裁判文书中应当反映律师辩护意见，并说明采纳或不采纳的理由，按规定及时将裁判文书送达辩护律师。

人民法院在案件办理过程中发现律师有违法或者违反职业道德和执业纪律行为以及损害被告人利益的行为，应当及时向司法行政机关通报有关情况。

二十、人民法院、司法行政机关应当充分发挥律师工作联席会议制度的作用，定期沟通律师办理法律援助工作等情况，及时调查处理侵犯律师执业权利的事件。

二十一、省高级人民法院与省司法厅应当加强沟通协调，加快开发法律援助申请、受理、指定、送达、出庭、辩护的互联互通平台和律师服务平台，提高案件办理效率。

二十二、本意见自发布之日起施行。执行中如遇有问题，及时向上级人民法院、司法行政机关报告。

甘肃全省法院行政案件异地管辖改革质效的实证分析

甘肃省高级人民法院课题组张萍、毛胜利、石鹏飞；甘肃省司法科学与区域法治发展协同创新中心课题组何青洲、祁亚平、常洁琨、王金虎

引子：改革本身就是一项实验

自行政诉讼法颁布实施以来，各地行政审判相继展开。行政审判从无到有，举步维艰，“三不”（即不理解、不支持、不受理）、“三难”（立案难、审理难、执行难）问题成为顽疾。长期以来，由于实行司法审判区域与行政管理区域相重叠的体制，加上《行政诉讼法》将大部分第一审行政案件的管辖权交由基层法院，特别是被告所在地的基层法院，这就“导致在现实中行政审判往往受地方行政干预影响，司法活动受到制约，法院难以严格司法审查标准，甚至丧失中立、公正的立场”。基层法院在行政诉讼中的困境，直接导致行政诉讼上诉率、申诉率以及上访率均居高不下。基层行政案件受理难、审理难、执行难的状况一直难以改变，尤其是涉及集体土地征收、房屋拆迁等行政案件时，基层法院从受理到审判都顶着巨大的压力。各个方面阻力的存在，使基层法院的行政审判长期处于一种难以言说的压抑状态。这种状况的持续存在，使得我国的行政审判制度至少在基层没有达到预期的立法效果。为数不多的几起诉讼案件的审理，对民众来说，过程也是索然无味，更多的是留下了负面的回忆。

在行政审判改革的实践中，管辖问题的讨论已不限于管辖制度本身，而是涉及行政诉讼制度改革层面。问题的根源就在于，行政审判中涌现出的一系列问题，最终都被归结为审判不够独立，干扰因素过多的症结上。管辖制度已处在改革的风口浪尖，越来越多的学者倾向于认为“在法院的人事、财政乃至生存都控制在地方党、政和人大手中的体制下，法院院长本人也要接受当地党委政法委员会的领导和协调，法院的司法裁判活动是不可能独立于

地方政府和地方官员的”。因为，管辖制度决定了所有行政案件将在哪里立案，由哪一级别的法院审理，甚至于由哪位法官判，最为关键的是在何种状态下立案审理？当地政府、机关与法院的层级关系，法官与当地政府、机关官员之间的“熟人”关系，也饱受学界的质疑。“按照现行法，地域管辖以‘原告就被告’为一般原则，级别管辖以基层人民法院管辖为一般原则，因此，绝大多数案件都是由被告所在地的基层人民法院管辖，而基层人民法院的抗压能力是司法最弱的一环。”法院不中立的表象使得司法制度不能得到当事人的信赖，而没有信任，这些法律制度将不复存在。重压之下，管辖制度的改革已刻不容缓。

十八大之后，《中共中央关于全面深化改革若干重大问题的决定》（2013年11月12日中国共产党第十八届中央委员会第三次全体会议通过）提出：“确保依法独立公正行使审判权检察权。改革司法管理体制，推动省以下地方法院、检察院人财物统一管理，探索建立与行政区划适当分离的司法管辖制度，保证国家法律统一正确实施。”《中共中央关于全面推进依法治国若干重大问题的决定》（2014年10月23日中国共产党第十八届中央委员会第四次全体会议通过）继续强调，要探索设立跨行政区划的人民法院和人民检察院，办理跨地区案件。“最高人民法院设立巡回法庭，审理跨行政区域重大行政和民商事案件。探索设立跨行政区划的人民法院和人民检察院，办理跨地区案件。完善行政诉讼体制机制，合理调整行政诉讼案件管辖制度，切实解决行政诉讼立案难、审理难、执行难等突出问题。”学界一致认为“选准了管辖法院等于官司赢了一半”〔1〕。“管辖权如何规定，不只具有引导诉讼程序开始的程序意义，更重要的是具有保障裁决公正的实体价值。”〔2〕最高人民法院在2013年1月4日出台的《最高人民法院关于开展行政案件相对集中管辖试点工作的通知》（法［2013］3号），从依法推进行政诉讼，监督和促进行政机关依法行政，为行政相对人的合法权益提供司法救济的角度出发，展开了行政诉讼集中管辖的改革试点。改革试点，是排除地方党、政干扰的改革试错阶段的重要举措之一。〔3〕对此“实验”提炼精华，总结经验，为下一步的立

〔1〕 沈福俊：“基层法院行政诉讼管辖制度改革论析——《行政诉讼法修正案（草案）》相关内容分析”，载《东方法学》2014年第2期。

〔2〕 陈瑞华：“无偏私的裁判者——回避与变更管辖制度的反思性考察”，载《北大法律评论》2004年第1期。

〔3〕 王振宇：《行政诉讼制度研究》，中国人民大学出版社2012年版，第94页。

法提供第一手的资料，不啻为一种科学的制度设计。

甘肃作为全国行政案件异地管辖改革试点法院之一，各项工作有序展开，取得了一定成效。调研时，一个难以回避，也是比较难于论证的问题就是异地管辖改革在实际运转过程中，对其效果进行的数据统计往往夹杂着其他一些改革措施同时作用的结果，难以分清其所起作用的主次与大小。各地基层人民法院、中级人民法院在汇报时所提供的案件数量增加、申诉上访情形减少等数据往往难以准确说明异地管辖的成效。单凭简单的数据作为论证的基点，其说服力将大打折扣，也往往忽视改革中复杂的背景因素。基于此，我们采用了一些民意测验、对比分析等方法进行深入探讨。以甘肃全省法院相关改革开展的情况看，此项改革在取得丰富经验的同时，也引发了一些新的问题，如成本增加、人员配置紧张、实质性解决争议的比例下降等等。探讨这些问题产生的根源，总结其中所呈现的司法规律，同时考察制度运作与案件审理之间的隔阂，及时对异地管辖进行调适，对促进改革不断取得新成效等均具有一定的现实意义与研究价值。

一、甘肃全省法院开展行政案件异地管辖改革的基本情况分析

甘肃省为行政案件管辖制度改革试点的省份之一。在行政诉讼法大幅度修改的背景下，甘肃全省法院紧紧围绕行政诉讼目的和宗旨的实现，开展了一系列富有针对性、实效性和可操作性的管辖制度改革。以下以甘肃全省法院异地管辖行政案件工作的开展情况为考察视角，力图挖掘内在规律，提炼经验，对改革中不适应的方面及时进行调适，积极回应司法需求和人民关切，为其他各项司法改革措施的日益完善提供有力的理论支撑。

（一）中级人民法院层面的管辖制度改革

根据2013年1月4日《最高人民法院关于开展行政案件相对集中管辖试点工作的通知》（法［2013］3号文），甘肃省高级人民法院在调查研究的基础上，实施了《甘肃省高级人民法院行政案件异地管辖暂行办法》（以下简称《省法院异地管辖暂行办法》）。改革的宗旨及目的与司法改革的步调相一致。[1]《省法院异地管辖暂行办法》第1条对行政案件异地管辖进行了界定，即指“依照本办法规定的第一审行政案件通过上级法院指定方式由被告所在地以外的

〔1〕［美］戈尔丁：《法律哲学》，齐海滨译，三联书店1987年版，第240~241页。

人民法院管辖”。具体做法为：“被告为县级以上人民政府、其他县处级以上行政机关的第一审行政案件由被告所在地以外的中级人民法院管辖。”“经最高人民法院批准，省高级人民法院可以根据审判工作的实际情况，确定若干人民法院跨行政区划集中管辖行政案件。”《省法院异地管辖暂行办法》第2条规定了以下几种方式：

（1）异地交叉管辖。指同级中级人民法院之间，实现交叉审理。交叉的形式有循环交叉，有三地小循环交叉等，原则是因地制宜，方便当事人诉讼。

（2）提级管辖。将原来部分由基层法院审理的案件，按照被告的身份不同提升为由中级人民法院管辖，提级后又必然进入循环体系内，即本来由基层法院审理的案件，提级后不仅当地的基层法院不能审理，当地的中级人民法院也不能介入，而是交由交叉法院，到异地法院审理。

（3）跨行政区划集中管辖。跨行政区划集中管辖主要是在审理层级不变的前提下，由少数特定法院审理其它多个同级区域的行政案件，这与提高层级必然导致的跨区域相区别。〔1〕行政案件集中到一个或两个法院集中审理，这也意味着必然由异地管辖。〔2〕异地管辖还有一种特殊情形，即指定管辖。〔3〕

由于当时铁路法院改革尚未完成，暂时没有涉及铁路法院。直到2015年11月13日，省法院发布《甘肃省高级人民法院关于兰州铁路运输两级法院跨行政区划集中管辖行政案件的公告》，全省法院异地管辖制度改革才实现了跨多个区域的集中管辖。其中，兰州铁路运输中级人民法院管辖案件范围，包括：“1. 原由武威市中级人民法院管辖的被告所在地在兰州市范围内且为县处级以上行政机关（县级以上人民政府除外）的一审行政诉讼案件；2. 省高级人民法院指定管辖的一审行政诉讼案件；3. 当事人不服兰州铁路运输法院作出的行政判决、裁定，提起上诉的二审行政诉讼案件。”

（4）例外情形。行政案件的跨行政区划管辖并非绝对，而是以遵守相关法律规定为前提的。《省法院异地管辖暂行办法》第2条第2款规定：“被告为省人民政府、省直行政部门的第一审行政案件由被告所在地人民法院管辖。但因不动产提起行政诉讼的，也可以由不动产所在地中级人民法院管辖。”除

---

〔1〕参见孔祥林：“影响司法公正的制度性缺陷分析”，载《唯实》2000年第3期。

〔2〕李红枫：“行政诉讼管辖制度现状及对策分析”，载《行政法学研究》2003年第1期。

〔3〕杨建顺：“行政诉讼集中管辖的悖论及其克服”，载《行政法学研究》2014年第4期。

林区、矿区两个专门法院和甘南、临夏两个民族自治州不参与异地管辖改革试点外，其他13个中级人民法院都参与了试点。（具体情况请见表1，箭头所指方向为异地法院，亦即当地的一审行政案件到异地法院审理。）

表1 全省中级人民法院一审行政案件异地管辖行政案件分工方案图

三地交叉小循环	各自管辖范围（当地→异地）
兰州 金昌 武威	武威→金昌 金昌→兰州兰州→武威
庆阳 白银 平凉	白银→庆阳 庆阳→平凉平凉→白银
陇南 天水 定西	天水→陇南 陇南→定西定西→天水
张掖 酒泉 嘉峪关	酒泉→张掖张掖→嘉峪关嘉峪关→酒泉

（二）各地基层法院管辖改革

各中院范围内的基层法院，可以根据当地实际情况，实施跨行政区划集中管辖。《省法院异地管辖暂行办法》第3条规定："全省中级人民法院异地管辖分工方案、跨行政区划集中管辖试点工作实施方案由省高级人民法院制定。中级人民法院可以参照本办法制定本辖区基层法院的异地管辖方案，报省高级人民法院备案。行政案件集中管辖试点法院审理的本地行政机关为被告的第一审行政诉讼案件，交由本市另一集中管辖法院审理。"

以此为依据，各基层法院因地制宜，在管辖制度改革上采取了比中级人民法院更多、更灵活、更有效的方式，赢得了行政相对人的信任，对行政案件的满意度大幅提升，取得了较好的法律效果和社会效果。主要有：

（1）跨区划集中管辖。庆阳林区法院集中审理全市基层法院管辖的行政案件。兰州铁路运输基层院管辖范围为："自2015年12月1日起集中管辖原由兰州市、白银市、定西市所辖的20个县（区）基层人民法院和兰州新区人民法院管辖的一审行政诉讼案件。"

（2）相对集中管辖。即将全市基层法院的行政案件集中到两个基层院审理。典型的有天水市由麦积区、秦州区两个基层院分别集中审理。麦积区审理三县一区，秦州区审理五县一区。麦积区、秦州区双方交叉管辖对方的行政案件，彻底实现异地审理行政案件。张掖市中院出台《张掖市法院施行行政案件相对集中管辖试点方案》，确定甘州区人民法院和高台县人民法院为张掖市的相对集中管辖法院。甘州区人民法院管辖民乐县、山丹县、高台县行政案件；高台县人民法院管辖甘州区、临泽县、肃南县行政案件，从而实现了行政案件的异地管辖。

(3) 单一的异地交叉循环管辖。即由各基层法院单循环交叉审理行政案件。典型的有酒泉市、张掖市、平凉市等。

(4) 三地交叉小循环管辖。类似于中院三地交叉循环，由三个基层院实现循环交叉管辖行政案件，不与其他区域的基层院发生交叉。典型的有陇南市。

(5) 仍按原来审理方式进行。如嘉峪关市，限于仅有一个城区，难以实现基层法院的异地交叉管辖。

二、行政案件异地管辖改革引发的新问题

对于当事人以及审判人员来说，跨行政区划管辖在带来公平与信任的同时，也带来诸多不便。具体体现在：

（一）时间紧张，送达不畅

管辖法院依法受理了行政案件后，就要做庭审前的准备工作，这其中就有交换诉状这一环节，“人民法院应在立案之日起 5 日内，将起诉状副本和应诉通知书发送被告，通知被告应诉”。跨行政区划管辖后，给送达带来不少困难，导致送达运转周期过长，尤其是按照行政公文格式送达时，往往在内部流程上耽搁时间。如果用邮寄送达，需统一寄送到法制办；如果不能固定到某收件人，就容易导致送达不及时，信息传达不到位，导致最后开庭时，当事人因收不到开庭信息而无法开庭。另外，因为在异地，回执往往因各种原因不能及时寄回，导致结不了案。因此，如果采用邮寄送达，还需要邮政速递公司的密切配合，及时将回执送达，也呼吁通过立法形式要求邮政速递公司对邮寄送达法律文书重视起来，及时将回执送达。

（二）诉讼成本增加

除了时间成本之外，经济成本增加，不够便利是异地管辖最为直接的负面因素。所以，异地管辖从制度设计之初便已有争议。如，对于作为原告的行政相对人来说其是心甘情愿，但对作为被告的行政机关而言，其必然面对需多人、多次到异地应诉的投入、人员配置等难题，而办案人员去现场调查、勘查，异地开庭等也多有不便。

（四）法治宣传效果下降

异地审理往往可以形成倒逼机制，使得行政机关败诉案件增多，倒逼行

政执法更加规范，对干部学法、守法、用法有促进作用。但从另一个角度来讲，由于地域限制，以及离开熟悉的环境，多有不便等原因，在一定程度上不利于当地人的参与。如在天水调研时，公安机关反映，原来行政案件在当地审理时，每一个相关的案件，警察都要求出席旁听，在多次旁听开庭后，对行政执法有了全新的认识，对自己执法中存在的问题也就心知肚明，而到异地审理后，没有再参加过开庭，反而不利于执法水平的提高。

（五）执行难度加大

行政相对人的权益能否得到最终的维护是由行政判决能否得到全面执行所决定的。即使集中管辖法院作出的判决是公正合理的，但要得到执行，得到行政机关的配合还存在一定的难度。案件往往出现判决容易、执行难的尴尬局面，行政相对人赢了官司，却输了利益。有时还会对当地经济社会发展产生影响，如城投公司，作为行政相对人，由于异地法院法官不了解其项目的重要性，以及拆迁的实际难度，仅从程序上进行审查其项目，最终予以撤销，导致工程进度停止，影响项目进程。这样做好的一面是倒逼执法行为更为规范。

（六）办案力量不足

由于存在“案子集中了，人员无法集中”等制度障碍，各地出现了“有案无人办，或有人无案办”并存的尴尬局面。在一行政区域内实行集中管辖，即使选择行政庭配备较好的法院管辖，也不能杜绝案多人少的局面，因为组织结构和人员是在长期行政案件审判经验的总结中不断调整形成的，如果短期内使其他多个行政区域的行政案件都由其管辖且不论区域的差异性，由于案件的种类及数量上的增加难免造成案件堆积的现象，而行政法官面临的困难还远不只这些，审判人员数量的配置和审判能力的提高是缓解办案堆积所亟须解决的问题。改革举措致使多数基层法院行政审判庭陷于休眠状态，动摇了现行行政诉讼法所确定的审级结构。[1]基层法院几乎没有行政案件，以办民事案件为主，这不利于行政审判业务的提高，也不利于行政审判队伍稳定。建议加强行政审判业务培训，集中人员研讨行政案件，提高专业素质，注意培养后备力量。

---

〔1〕《省法院异地管辖暂行办法》规定：“为贯彻落实中共中央《关于全面深化改革若干重大问题的决定》《关于全面推进依法治国若干重大问题的决定》以及《人民法院四五改革纲要（2014~2018年）》的精神，完善行政诉讼体制机制，推动建立与行政区划适当分离的司法管辖制度，确保人民法院依法独立公正行使行政审判权，有效保护人民群众合法权益，监督促进依法行政。”

（七）语言不通，庭审效果受影响

在庆阳中院等地调研时发现诉讼存在语言不通问题。法官们认为方言过重会影响开庭效果。对跨行政区划管辖的距离与民族分布要加以考虑，充分考虑民族间不同语言、方言以及不同宗教信仰的问题。

三、进一步完善之思路

坚持问题导向是大力推进行政审判体系和审判能力现代化的逻辑起点。坚持问题导向，前提是正视问题，核心是找准问题，关键是解决问题。坚定管辖制度改革，必须坚持从中国国情出发，立足于解决实际问题，着眼于解决长远问题，推动具有中国特色的行政诉讼制度的完善和发展。[1]进一步完善的举措如下：

（一）将行政案件分门别类，科学分配

提级管辖给上级法院的审判物质和人员配置提出了更高的要求，但由于审判历史和审判规律的原因使上级法院不能与此种管辖模式相契合，因此有必要对行政案件进行分流，解决“倒金字塔结构”的人员配置问题。可根据行政案件的类型和法院管辖级别调整，比如治安类行政案件、工伤认定类行政案件、政府信息公开类行政案件可以明确规定由基层法院一审，中院二审，即不参与提级管辖，如此将分流近1/3的行政案件，从而缓解上级法院案件过多的压力。

（二）集中审判力量，提升判案能力

案子集中了，集中法院的办案人员却没有随之增多，导致案子堆积，办案质量不升反降，成为短期内亟须化解的难题。异地管辖的效果如何，最终决定权在每一位法官手中。异地管辖只是为办案法官创造了独立、公正办案的空间，能否如此，还要看办案法官的水平，另外也包括对审判权的适当监督等。因此，时下，应选调基层优秀的行政审判人员到上一级法院工作，以及在组建审判团队过程中打造学习型团队，不断学习，相互借鉴，提升裁判文书的质量，提高办案能力，方可与异地管辖的目的与宗旨相一致。

（三）加强与当地法院之间的工作衔接

外出现场勘查，调查、了解案情等限于地域不同，多有不便，有些管辖

---

〔1〕 叶赞平：《行政诉讼管辖制度改革研究》，法律出版社2014年版，第124页。

法院对外出办案支持力度不大，如不派车。有些当地法院并没有给异地管辖法院法官们设办公场所，开庭也要按照正常的排序，导致异地法院法官到当地开庭困难，也使当事人诉讼的意愿难以实现。

当地法院应为异地管辖法院的法官来办案提供足够的支持，如提供办公场所，为异地开庭提供便利等，尤其是要积极配合异地法院办案法官进行调查、现场勘查等，发挥东道主的地缘优势。异地管辖法院也要有大局观，整体法治观，不能视案子增多，去异地审理案件增加经济负担等为累赘。因此有必要建立相应的合作机制，发挥彼此的优势，但要绝对避免利益勾兑，不得损害公正，不得损及司法公信力。

（四）与员额制改革相互支持

法官员额制后办案人员精简了，形成合议庭的难度加大，尤其是基层法院，一般一个庭只有庭长一人入额，最多也不过两人入额，难以组成合议庭，必须与其他庭室的入额法官一起才能组成审判团队，或与人民陪审员一起组成合议庭。个别地方，行政庭一个人都没有入额，行政案件的审理只能交给其他部门的入额法官来审理，其办案质量可想而知。

改革本身就是一个尝试的过程，不可能一蹴而就，出现问题并不可怕，一定要积极应对，采取多种辅助性措施，充分发挥各自的优势，合力解决现实问题。异地管辖改革要与法官员额制等司法改革充分磨合，在人员配置，案件分流等多个环节及时进行调整，以适应形势。

（五）加大对疑难案件协调和解的力度

法院与行政机关之间关系疏离，不利于纠纷的实质性化解。虽然一方面，法院可以独立审理案件，而不受当地行政机关领导或工作人员的人情干扰；但另一方面，由于法官对当地风土人情的陌生，尤其是与当地官员的生疏，提出的实质性解决行政争议的建议往往成为泡影。加上异地管辖法院的法官由于案件数量增多，办案压力增大，也难以抽出时间对行政争议的当事人进行劝导，力促双方达成和解，不利于最终实现正义的实质性解决。[1]针对异地管辖法院法官与当地行政机关工作人员关系生疏产生的“双刃剑”影响，可以通过采取激励措施，或提高办案法官化解行政争议的责任心等，力求对矛盾尖锐的群体性案件，法律适用模糊的行政案件等多以沟通协调的方式达

---

〔1〕 参见《省法院异地管辖暂行办法》第2条。

成和解，实现实质性解决行政争议。

（六）发挥技术优势，创新发展

异地管辖行政案件最为突出的问题就是，距离造成成本增加以及引发各种不便。而案件的审理往往经过多个环节，需要当事人往返于当地与异地多次，如立案登记、缴费，庭前调查、补充证据等，开庭，裁判文书一般采用邮寄送达，可以免于奔波。对于一些案件事实清楚，争议不大的行政案件，中间许多环节实则可以通过网络视频、信息传输系统完成，如立案、缴费，甚至开庭可以视频对话的形式实现，从而免去路途劳顿之苦。目前甘肃省法院系统已基本实现了信息全覆盖，从技术上实现以上目标并无困难，难就难在相关法律的支持，公众、法院理念的变化以及有关部门领导的积极推动。各地硬件建设投入普遍较大，技术水平日益接近，但对于硬件的使用状况却是千差万别。调查发现，法院技术性要素还有较大的提升空间。加强法院的软件建设，尤其是电子系统类技术性要素，将会减少异地审案的讼累，如可以尝试通过视频进行调查，核对证据，从而替代诸多环节，提升司法效率。

（七）加强引导、指明方向

传统上审判质效评价体系将案件增幅、审结数量、结案率等数据作为参数，这样只能静态分析行政审判人员的工作量。以上诉率、发回重审率、再审率等作为考评办案质量的指标存在诸多不科学、不客观的问题。目前入额前的考评、打分会考虑到法官的办案质量，但往往夹杂着其他多种因素。总之，对于审判人员判案质量的问题，尚没有一个完善科学的评价体系。

小结：改革没有休止符

法律社会学的奠基人之一尤根·埃利希说："不论是现在还是其他任何时候，法律发展的重心不在立法、法学，也不在司法判决，而在社会本身。"〔1〕

〔1〕《省法院异地管辖暂行办法》第 4 条规定："除本办法第二条、第三条规定的案件外，对下列情况，上级人民法院可以通过指定管辖方式确定异地管辖法院。（一）下级法院对其管辖的行政案件，在 7 日内既不立案也不受理，当事人直接向上级法院起诉的，上级法院可以将案件指定本辖区其他法院管辖。（二）下级法院管辖的第一审行政案件，认为需要由上级法院审理或者指定管辖的，可以报请上级法院决定。（三）当事人以案件重大复杂为由或者认为有管辖权的法院不宜行使管辖权，可以向受案法院申请异地管辖，受案法院应当在收到申请之日起 7 日内报请上级法院决定。"

司法改革是在司法实践过程中，在不断总结经验得失的基础上进行的，必须遵循司法规律以及社会发展规律。通过对异地管辖进行调研，我们更为清晰地看到了其正面价值，也看到了其问题所在。对于这些话题，常常是智者见智，仁者见仁，学界意见也往往难以统一。如美国法学家朗·富勒所言："没有任何法律制度……可以被起草得如此完美，以至于没有留下争论的空间。"〔1〕行政案件异地管辖改革中出现的不适，可以通过一系列辅助性措施加以弥补，而不能半途而废。

俗话说："天下人心，其实也只服一个理，不服其他。"人民群众的满意度和获得感是评判行政审判体系和审判能力现代化的根本标尺。〔2〕随着科技进步，行政案件异地管辖所带来的不便与成本提高等问题将逐步解决。而从行政争议的多元化纠纷解决机制而言，所有在法律允许范围内的便利与有效解决争议的方式都值得期待。在司法改革不断深入的内在动力驱动下，行政案件异地管辖改革正渐渐化作"润物细无声"的"春雨"，全国行政诉讼工作也日益如雨后春笋般呈现出生机盎然的景象。

---

〔1〕章志远："行政案件相对集中管辖制度之省思"，载《法治研究》2013 年第 10 期。

〔2〕江必新："大力推进行政审判体系和审判能力现代化"，载《人民法院报》2017 年 5 月 10 日。

甘肃全省法院司法改革实践及其反思

甘肃省高级人民法院课题组　杨险峰　石鹏飞　薛　扬

法治是治国理政的最有效方式。《韩非子·有度》中写道："国无常强，无常弱。奉法者强则国强，奉法者弱则国弱。"法治兴则国家兴，全面依法治国是中国特色社会主义的本质要求和重要保障。党的十八大以来，全面依法治国深入推进，掀起了一场深刻的治理革命。信仰法治、坚守法治，渐渐成为每一位公民心中的共同价值追求。作为社会主义核心价值观的重要组成部分，公平正义是人民群众获得安全感和幸福感的重要保障。司法是维护社会公平正义的最后一道防线，而公正则是司法的灵魂和生命。如培根所言："一次不公的裁判比多次不公平的举动为祸尤烈。因为这些不公平的举动不过弄脏了水流，而不公的裁判则把水源败坏了。"公正是司法的生命线，而公正，就是"不让天平歪向任何一边"。司法公正对社会公正具有重要引领作用，如果司法这道防线缺乏公信力，社会公正就会受到普遍的质疑，社会和谐稳定就难以保障。深化司法体制改革既是社会改革的一项重要内容，也是司法自身运转规律的必然要求。司法改革的目标就是要建设公正、高效、权威、便民的社会主义司法制度，实现"努力让人民群众在每一个司法案件中感受到公平正义"的目标要求。

对于人民法院而言，让人民群众有法治获得感，主要体现在司法为民和司法公正两个方面。司法公平与司法为民之于司法改革，如车之双辙，鸟之两翼，共同构成中国特色社会主义法治理念指导下的司法改革主旋律。只有坚守司法公平与司法为民，才能确保司法公正，才能让人民有对司法改革成效的切身体会，从而树立并不断坚定自己的法治信仰。

自十八届四中全会以来，"依法治国"一直是举国上下共同着力的重要战略方向，对处于法治建设一线的人民法院而言尤其如此。过去五年，围绕"依法治国"这一宏观的战略目标，在中央顶层设计下，法院系统主导或参与了多项令人瞩目的改革实践，包括省统管人财物改革、员额制改革和以审判为中心的诉讼制度改革等，涵盖了司法制度、诉讼制度等各大方面，同时也牵动、关联了其他机构和系统的变迁与改革。

在中央和最高院司法改革政策的指导下，以及省委的坚强领导下，全省法院的司法体制改革蹄疾步稳，迎难而上，改革任务全面完成。司法责任制全面确立并有序推进，我省推行的矿区法院改制为专司环境资源审判的法院，林区法院更名及全省重点林区全覆盖，行政案件集中管辖和异地管辖等多项举措得到最高法院和省委的高度肯定。

一、科学谋划，整体推进

坚持“四个结合”，努力以科学的方法推进改革。坚持依靠顶层设计与自主推动相结合，既严格按照中央顶层设计要求部署推进体制性改革，又注重发挥基层首创精神鼓励各级法院探索创新。坚持重点突破与系统集成相结合，既抓重点、抓关键，牢牢牵住司法责任制这个“牛鼻子”，带动司法体制改革整体深入开展，又抓整体推进、系统集成和协同配套，提升改革整体效能。坚持落实主体责任与获取广泛支持相结合，既积极落实改革主体责任，强化组织领导，又坚持开门搞改革，广泛听取各方面的改革意见建议，形成拥护支持改革的良好氛围。坚持制度性改革与技术性革新相结合，把司法体制改革和信息化建设作为推动法院工作的抓手，把制度优势和技术优势紧密结合起来，大力加强信息化建设，打造“智慧法院”，实现改革举措提速增效。

二、扭住关键，重点突破

按照最高院司法改革部署，全省法院积极开展了以下几项重点工作，取得了显著成效。

（一）法官员额制改革全面完成

这些都是全国司法改革的必修项目，是最高院的“规定动作”，甘肃省高级人民法院积极作为，大胆探索，出色地完成了各项改革任务。体现在：一是科学设置遴选方案。通过考试考核，差额推荐，遴选委员会票决、公示等程序，突出办案能力，强调工作实绩，确保遴选公开、公正、公平。二是合理确定比例。综合考量不同审级、不同地区法院案件类型、数量、人员配置、辖区面积和人口数量等因素确定员额比例，实行法官员额省内统一调配。三是员额动态调控管理。建立“有进有出”的动态化调控机制，将员额退出与干部管理、违法审判责任追究和办案绩效考核挂钩，对于只拿待遇不愿尽责、担当不够不敢尽责、能力不足不能负责、违纪违法惩戒问责的法官，及时使其退出员额。全省法院分三批共遴选产生3312名员额法官。法官队伍年龄结构明显优化，学历较高，审判经验丰富，实现了把最优秀的人才吸引到办案一线的改革目标。

（二）新型审判权运行机制逐步建立

取消院庭长对案件的审批权，将裁判权完全下放给办案的一线法官，确立法官、合议庭办案主体地位，实现了“让审理者裁判，由裁判者负责”。全省各级法院按照“员额法官+法官助理+书记员”的模式，全面组建了以法官为中心、以审判业务需求为导向的专业化新型审判团队。制定了《全省法院司法人员审判职责和权限清单》，厘清权力边界，强化责任意识，明确法官在职责范围内对办案质量终身负责。院庭长办案制度初步落实，进入员额的院庭长均编入相对固定的审判庭或审判团队办理案件。将有序放权和有效监督结合起来，加强司法标准化建设，用信息化手段和司法公开加强审判监督和审判管理。建立专业法官会议，发挥咨询议事参考、统一裁判尺度、审委会前置过滤功能。深化审委会改革，缩减审委会议事范围，强化其作为最高审判组织在总结审判经验、制定工作规范、研究重大问题和统一法律适用方面的宏观指导职能。

（三）人员分类管理制度改革得到落实

省法院制定下发《甘肃省法院人员分类管理改革试点方案》和《甘肃省法官单独职务序列等级评定工作实施方案》，法官、法官助理、书记员、司法警察、司法技术人员、司法行政人员都按各自序列分类管理。从今年5月份开始，各级法院未入额人员不再独立办案。7月底前，全省法院完成了法官等级评定、按期晋升和工资套改工作。9月份，招聘财政保障、分级管理的书记员3312人。通过人员分类管理制度改革，让各类人员各归其位，各司其职，各尽其才，达到了明权力、明责任、明利益的目的，法院队伍的专业化、职业化、正规化水平不断提高。

（四）职业保障政策进一步健全

法官职业代表着神圣的荣誉与光荣的责任，需要得到全社会的大力支持与广泛尊重。为此，省法院作了以下几项工作：一是完成全省113个法院入额法官的工资套改及审批发放，绩效考核奖金基础部分占40%，按月随工资发放，奖励部分占60%根据年终绩效考核情况分四档一次性发放，形成了比较完善的收入保障体系。二是严格落实中办、国办印发的《保护司法人员依法履行法定职责规定》和最高人民法院出台的实施办法，各级法院都建立了法官权益保障委员会，维护审判秩序、法官尊严、法官及近亲属人身安全，有力的保障使广大干警更加拥护支持改革，多办案、办好案的积极性、责任心明显增强，职业认同感、尊荣感大幅提升。

（五）人财物统一管理改革全力推进

一是规范了干部管理权限。二是明确了编制管理权限。对省以下法院的机构编制，实行以省级机构编制部门管理为主，省法院协助管理的体制。三是制定了经费资产统一管理制度。省以下各级法院作为省财政统管的一级预算单位，向省财政编报预算。省级财政统筹中央、省级财力和市县上划经费，全额保障法院经费开支。各市县法院的资产纳入省级管理。非税收入从2017年1月1日起，由省法院通过省级非税收入管理系统集中汇缴，全额上缴省级国库统一管理。

三、立足实际，自主创新

在完成以上“规定动作”的同时，全省法院因地制宜，充分发挥各地的能动性，作了一些“加分动作”，得到最高人民法院的肯定，个别作法得以在全国推介。

（一）积极探索与行政区划适当分离的司法管辖制度

我省制定了《甘肃省高级人民法院行政诉讼案件异地管辖暂行办法》，在中、基层法院推行行政案件异地管辖。2015年6月，最高人民法院下发《关于同意兰州铁路运输法院跨行政区划集中管辖行政案件试点工作方案的批复》，同意对兰州、定西、白银市各基层人民法院管辖的行政案件全部由兰州铁路运输法院跨行政区划集中管辖，上诉案件全部由兰州铁路运输中级人民法院管辖。试点以来，当场立案率达到96%，结案率大幅度提升，一审案件服判息诉率达到了71.22%以上。行政案件立案难、审理难、执行难问题得到有效破解，切实发挥了行政审判促进法治政府建设的积极作用。

（二）建立民族地区双语法律人才培养培训工作机制

立足甘肃多民族省情，着眼保障少数民族群众宪法权益和推进民族地区法治建设需要，大力加强双语法律人才培训工作。积极协调，将双语人才培养培训工作纳入省委重点工作，成立协调领导小组，建立了联席会议制度，建成了国家法官学院舟曲民族法官培训基地，累计举办各类培训班 86 期，培训学员达 13 000 余人，覆盖全国 31 个省、市、自治区法院、解放军军事法院、新疆兵团法院；出版发行了藏汉双语培训教材 10 部，填补了我国双语培训教材的空白，并在国际人权大会上产生了良好反响；编辑出版了《民族法制文化研究》5 辑 150 万字，成功举办由最高人民法院和国家民委联合主办的“民族法制文化与司法实践”研讨会，出版发行研究文集 3 卷 140 万字。中央政治局委员、中央政法委书记孟建柱对甘肃双语法官培训工作，先后在全国政法队伍建设工作会议、全国司法改革推进会上予以表扬和肯定。双语法律人才培养培训工作被写入《关于新形势下加强政法队伍建设的意见》中。在近年的全国“两会”上，最高人民法院连续两年把甘肃双语法官培养培训工作作为全国法院亮点工作向大会做了报告。

（三）推进执行工作机制改革，全力化解执行难

通过外抓协调联动，内抓规范管理、积案清理，坚持破解执行难问题。建立每年 1 次的全省执行工作联席会议制度，省直 52 家单位共同签署支持人民法院解决执行难工作承诺书，综合治理执行难工作格局基本形成，甘肃被最高人民法院确定为全国 19 个在两年内基本解决执行难的地区之一。建成覆盖三级法院的执行指挥中心及与 58 个部门互联互通的“点对点”“总对总”财产查控系统，建立信用监督、警示和惩戒机制，发布失信被执行人信息 26 000 余例，迫使 6400 余名“老赖”主动履行司法裁判。开展集中打击拒执犯罪及涉民生、涉金融、涉党政机关等专项执行活动。近五年执结案件 23.3 万件，到位金额 318 亿元。涉党政机关积案专项清理连续 4 年提前完成任务，并在中央政法委召开的全国专项积案清理活动推进会上介绍了经验。最高人民法院挂网督办的涉执行信访案件化解率连续 5 年为 100%。

（四）完善领导干部和法院内部人员过问案件记录和责任追究制度

在全国最早提出对领导干部和法院内部人员过问案件进行责任追究的制度设想，有关内容被中政委《司法机关内部人员过问案件的记录和责任追究规定》和中央办公厅、国务院办公厅《领导干部干预司法活动、插手具体案件处理的记录、通报和责任追究规定》吸收。制定了《领导干部过问人民法院具体案件处理的记录办法（试行）》和《甘肃省人民法院内部人员过问案

件记录和责任追究办法（试行）》，架起领导干部和司法机关内部人员过问案件的“高压线”。

（六）率先推行法官办案责任制改革

2014 年 11 月，印发《关于在人民法庭推行法官办案责任制的暂行办法》和《甘肃省高级人民法院关于在试点法院施行主审法官责任制建立新型合议庭办案机制的指导意见》。在全省 350 个人民法庭和试点法院开始试行“让审理者裁判、由裁判者负责”的工作机制，这一举措创全国法院司法责任制改革之先，为司法体制改革全面推开后放权于合议庭和独任制法官，奠定了扎实基础。

（七）深化林区、矿区法院改革，促进资源整合

贯彻落实党中央提出“要把生态文明建设放在突出地位”的重要精神，落实国务院关于建设甘肃国家生态安全屏障综合试验区的决定以及中央环保督察组对祁连山生态环境问题整改意见，着眼于保护生态环境，建设生态甘肃的目标要求，制定《甘肃林区法院检察院司法改革方案》《甘肃矿区人民法院司法改革方案》，推进林区、矿区法院改革。调整林区法院布局，将陇南分院搬迁到兰州更名为甘肃省林区中级人民法院，专司全省由中级人民法院管辖的涉林案件，调整案件管辖范围，在小陇山、祁连山、白龙江等重点林区设立基层法院，实现了司法审判机构对全省重点林区的全覆盖。将矿区法院搬迁至兰州，集中管辖涉环境资源类案件，在市（州）府所在地基层法院及省法院设立环境资源审判庭（合议庭），实现了全省涉环境资源案件集中管辖，在加强环境资源的司法保护与源头治理方面走在了全国前列，得到最高院的充分肯定。

四、有的放矢，扭转困局

针对立案难、受理难、执行难等司法难题，省法院按照最高院的部署，积极推行了以下几项制度，取得了较好的社会效果。

（一）全面推行立案登记制改革

制订立案登记制改革实施细则，坚持有案必立，有诉必理，对一审民事、行政、刑事自诉和申请强制执行、国家赔偿案件，由以往的审查立案变为登记立案。从 2015 年以来，全省三级法院当场立案率达 95%以上，有效解决了群众反映的立案难问题。

（二）推进以审判为中心诉讼制度改革

联合省检察院、省公安厅共同印发《关于重大刑事案件证据收集审查等问题的若干规定》。严格落实非法证据排除制度，积极推行远程视频提审、开庭，大力提高二审开庭率，发挥庭审在查明事实、认定证据、保护诉权、公正裁判中的决定性作用。指导部分基层法院对轻微刑事案件的审理程序、庭审方式、裁判文书进行试点改革，做到繁案精审、简案快审。

（三）深化涉诉信访改革

制定《关于涉诉信访案件终结程序的规定》，统一终结原则、终结范围、终结程序，设立法律问题解决到位、执法责任追究到位、解释疏导到位、司法救助到位的“四位”终结前提，并建立逐级呈报、省法院终结合议庭统一办理、审委会讨论决定的制度，确保终结案件办理质量。建立社会第三方参与化解涉诉信访的新机制，涉诉信访案件总量下降，信访秩序逐年好转。

（四）规范减刑、假释案件审理

制定严格规范减刑、假释案件审理的实施意见和职务犯罪罪犯减刑、假释备案审查规定。全国法院减刑、假释信息网上立案公示率达到100%，职务、涉黑、金融三类罪犯减刑、假释公开开庭率达到100%。

（五）完善人民陪审员工作机制

与省司法厅、财政厅联合制定《关于人民陪审员管理工作暂行规定》《人民陪审员经费管理办法》，规范人民陪审员选任、培训、参审、考核工作，落实人民陪审员办案补助和培训费用。全省人民陪审员总数达到4045人，提前完成最高人民法院部署的“倍增计划”，人民陪审员参审率达76.14%。

（六）深化家事审判改革

2016年2月，下发《甘肃法院家事审判改革工作指导意见》，张掖中院、七里河区、榆中县、华池县人民法院被最高人民法院确定为全国家事审判改革试点法院，组建由法官、陪审员、特邀调解员、家事调查员、书记员组成的专业化家事审判团队，建立家事调查、心理疏导、回访帮扶及反家暴联动等机制，注重感情修复，倡导良好家风。4个试点法院共审结家事案件2000多件，调撤率达60%以上。

全省法院通过深化司法体制改革工作取得了阶段性成效，体现在：一是公正司法的体制不断完善。对跨行政区划集中管辖行政案件进行了有益探索，人员分类管理、司法职业保障、人财物省以下法院统管等制度逐渐建立和落实，全省法院依法独立行使公正审判权的体制基石不断夯实。二是司法权运行机制明显优化。普遍建立了“谁审理、谁裁判、谁负责”的审判权力运行机制，真正实现了“让审理者裁判，由裁判者负责”，各地直接由独任法官、合议庭裁判的案件占案件总数的99%以上。全省法官队伍结构明显优化，85%以上的人力资源配置到了办案一线。三是司法公正和效率显著提升。以审判为中心的刑事诉讼制度改革、非法证据排除规则、繁简分流、刑事速裁、认罪认罚从宽、多元化纠纷解决机制等改革落地落实，为公正司法提供制度保障。各地法院人均结案数量普遍提升20%以上，结案率上升18%以上，二审服判息诉率提高到98%。四是司法为民水平持续提升。立案登记制改革、诉讼服务平台建设、司法公开平台建设、司法救助制度改革等让司法更加贴近民心。信息技术与司法改革深度融合，智慧法院建设已初具规模，网上立案、在线调解、网络查控、智能辅助办案系统等信息化平台与审判执行工作、司法改革举措同步推进，有力促进了司法公开、便民、高效。

五、追根索源，查找问题

在总结改革成效的同时，我们也清醒地认识到，改革还有不少亟待完善的地方，主要表现在：

（一）个别人员的司法理念、办案方式不能与时俱进

个别干警对司法责任制改革所追求的“责、权、利”高度融合统一的关系认识还不够深刻，存在关注待遇提升多，思考权力、责任少的情况。一些入额法官业务能力不能适应案件数量大、复杂程度高的审判形势要求，有的任职时间较短、办案经验不足，迫切需要有针对性地提高素质能力。团队办案机制还没有完全落地，一些入额法官仍沿袭过去“一肩挑”模式，办案团队没有组建或者内部职责分工不清，法官事务性工作减负有限。一些法院仍沿用个案审批、案件评查等老办法进行监督。

（二）法官惩戒、员额退出等配套措施有待及时跟进

法官员额“入”的工作刚刚完成，“出”的工作急需谋划。必须明确法官员额不是终身制，对入额满一年的法官需要进行办案绩效考核，达不到考核标准的，一律退出员额，切实健全员额动态进出机制。

（三）审判辅助人员队伍的客观困难亟待研究解决

法官助理队伍不够稳定，如何调动一些年龄大、资历深，但未能入额的

审判员、助理审判员配合入额法官开展审判工作是亟待解决的现实问题。改革前被任命为审判员、助理审判员的非政法专项编制人员从事审判工作多年，有的还担任庭长职务，但因非中央政法编制，不能入额成为法官、法官助理，需要在深化改革中统筹考虑加以解决。

（四）入额院领导办案要求仍须常抓不懈

一些地方领导干部入额多、办案少，有些领导干部存在不愿办案、不会办案、选择性办案“凑数字”的问题，影响办案责任落实，影响改革的执行力和公信力。

（五）体制机制创新和现代科技应用融合仍显谋划不足

在破解案多人少，“同案不同判”问题，以及完善管理监督机制方面缺乏创新举措，在利用现代科技为一线办案人员提供智能化服务方面还有很大的增长空间。

六、再接再厉，迎难而上

下一步全省法院将严格按照中央、最高法院和省委的要求，进一步深化司法体制改革，完善配套改革措施，落实司法责任制，把改革工作不断推向纵深。

（一）持续深化完善司法责任制改革

完善员额退出机制，让不适合在一线办案的人员及时退出员额。建立常态员额增补机制，让符合条件的优秀人员及时入额。推动领导干部办案制度化、常态化，按照办案数量要求带头办理重大、疑难、新类型案件。创新监管方式，确保放权不放任、有权不任性。推动人员专业化分工、类案专业化办理，提高办案质量效率。

（二）不断健全考核奖励机制

出台《全省法院法官、审判辅助人员绩效考核评价指导意见》和《甘肃省法院绩效考核奖金分配办法》，合理设定考核指标、明确管理导向，将考核分为按月考核和年终考核，把日常管理与定期评价相结合，把平时考核结果作为年终考核的重要参考。考核全程用规定打分，用分数说话，确保结果公平、公正、公信。将绩效考核结果和奖金发放直接挂钩，把考核结果作为评先选优、选拔任用、等级晋升的重要依据，并实现业绩评价与员额退出机制、惩戒机制、奖励机制的有效衔接，充分体现“干多干少不一样”的工作导向。

（三）积极推进以审判为中心的刑事诉讼制度改革

注重理念思路、体制机制、方法手段的创新，聚焦最高人民法院出台的庭前会议、非法证据排除、普通程序法庭调查“三项规程”积极开展试点，统筹推进刑事速裁程序和认罪认罚从宽制度改革，实现“疑案精审”“简案快审”，使无罪的人不受刑事追究、有罪的人受到公正惩罚，提升刑事司法整体效能。

（四）大力推进案件繁简分流机制改革

推进案件繁简分流，科学调配和高效运用审判资源，实行繁案精办细办，简案简办快办，提高令状式、表格式裁判文书的适用率，使有限的审判资源发挥最大功效，有效破解我省案件数量激增的难题。

（五）积极探索审判权监督的新型方式

放权不是放任，有权不能任性，下一步更要将有序放权和有效监督结合起来，深化审判权运行机制改革，充分发挥专业法官会议的咨询作用，统一法律适用和裁判尺度，提升审判质效。专业法官会议作为审判委员会的先行过滤机制，可以限缩审判委员会议事范围，提升审判委员会议事议案的质效，强化审判委员会作为最高审判组织在总结审判经验、制定审判工作规范性文件、研究审判工作重大问题和统一法律适用方面的宏观指导职能。

（六）稳步推进法院内设机构改革

遵循审判工作规律，坚持扁平化和专业化相结合，按照“机构精简是基础、职能优化是关键”的工作思路，以基层法院为重点，加快推进法院内设机构改革，科学设置审判业务机构，有效整合非审判业务机构，实现机构减下来、质效提上去的目的，形成科学高效的内部管理体制。

（七）加快智慧法院建设步伐

紧紧围绕“全业务网上办理、全流程依法公开、全方位智能服务”的标准要求，坚持以问题为导向、以需求导向，着力补齐信息化建设“短板”，加快建设智慧法院，为深化司法改革提供科技支撑，巩固扩大改革成效，更好地维护社会公平正义。

（八）继续加强队伍建设

按照政治、业务、责任、纪律、作风“五个过硬”的要求，努力建设信念坚定、执法为民、敢于担当、清正廉洁的我省司法队伍。严守政治纪律和政治规矩，牢固树立“四个意识”，努力营造守纪律、讲规矩的政治氛围；把思想政治建设摆在首位，把理想坚定、政治过硬作为首要标准，深入开展党的十九大精神的学习活动；持续推进正规化、专业化、职业化建设，在加强管理的同时，创新人才培养机制，全面提升司法人员的专业水平、职业素养和操守，全面提升群众工作能力和信息化运用能力；落实两个责任，推进廉政风险防控机制建设，深入推进党风廉政建设和反腐败斗争。

党的十九大将习近平新时代中国特色社会主义思想载入党章，为决胜全面建成小康社会、全面建设社会主义现代化强国提供了宝贵的思想源泉，也为新时代法治步伐的推进指引了方向。十九大报告提出，成立中央全面依法治国领导小组，加强对法治中国建设的统一领导；强调深化司法体制综合配套改革，全面落实司法责任制，努力让人民群众在每一个司法案件中感受到公平正义。这些举措都为司法改革坚定司法公平和司法为民的宗旨，坚定永远把人民对美好生活的向往作为奋斗目标指明了道路。在党的十九大会议精神的指引下，全省法院将一如既往，牢牢把握“四个意识”，切实增强“四个自信”，深入法院工作第一线进行调研，查找影响司法公平与司法为民的不利因素，多措并举，充分发挥审判职能作用，积极回应群众关切，真心实意解民忧、疏民难、惠民生，向党和人民交出一份满意答卷，踏踏实实推进司法体制改革进程，在新时代吹响的前进号角下，扬帆再起航，谱写新的篇章。

甘肃全省法院涉诉信访案件依法终结的实践及其改进

甘肃省高级人民法院课题组徐长飞、石鹏飞；甘肃省司法科学与区域法治发展协同创新中心课题组何青洲、祁亚平、常洁琨、王金虎〔1〕

涉诉信访是一把“双刃剑”。一方面，可以在司法救济的边缘实现权利救济，甚至可以发现司法过程中存在的问题，及时纠正错误，体现司法公平。另一方面，涉诉信访本身就是正常司法过程中的一个例外，并非司法的必经程序，也不应该演变成拯救司法公正的法律程序。司法自有其运转的规律，不应通过信访来纠正司法偏离公正的轨道。如果一味地任其自由发展，必然会影响法院工作秩序，影响司法公信力的树立。因此，需要对涉诉信访依法予以规制，加以科学设计，从而最终实现司法正义。

为了进一步贯彻中央关于健全涉法涉诉信访依法终结制度的精神，推动健全涉诉信访案件有序退出机制，促使涉诉信访彻底纳入法治化轨道。我们对全省法院依法终结案件工作情况进行了专项调研，对全省法院终结案件进行了调查统计，先后到天水、酒泉、庆阳等地调研座谈，并征求了一些中、基层法院的意见建议。在此基础上，形成了依法终结涉诉信访案件调研报告。

一、终结制度产生的时代背景及全省涉诉信访基本情况

进入新世纪以来，伴随着我国社会经济的转型和巨大发展，大量纠纷呈井喷状进入司法程序，被学者比喻为“诉讼爆炸”时代的到来。少量案件因

〔1〕 这一点往往也为学界所不解。学界反对协调，怀疑在法官、行政机关工作人员之间存在“利益勾兑”之嫌的观点不在少数，认为行政审判的任务就是要居公裁判，费那么多时间和口舌进行协调，尤其是协调往往意味着双方的让步，是对公平正义的“灵活”处理，并不能达到理想的诉求目的。但在审判活动中却时常陷入被动，如不具有可执行内容，即使确认行政行为违法，也满足不了行政相对人的诉求，如行政登记错误，撤销后，行政争议解决了，而关于物产的归属，往往更为纠缠不清，尤其是有些当事人已不在人世，等等情形。总的来说，协调处理，力促双方、甚至多方和解，可以尽可能满足当事人的诉求。

种种原因导致难以做到案结事了，部分群众也不再通过正常司法程序主张权利，而是选择通过信访的途径维护利益。这种选择本身就是一个难以调和的矛盾，一方面，上访是基于对司法不信任，或认为通过正常的司法途径难以实现其救济，另一方面，选择信访，而不信“法”的做法本身也损害了司法机关的公信力，而司法公信力的降低又产生了更多的信访，逐渐形成一种恶性循环，使人民法院信访窗口职能由听取群众意见建议的渠道，逐渐演变成当事人用来维权的场所。面对信访激增的形势，2004 年，最高人民法院召开全国法院信访工作会议，专题研究解决信访问题，将法院信访的概念明确为“涉诉信访”，并出台了一系列制度促进涉诉信访矛盾化解工作。现实中存在少数涉诉信访案件，人民法院已经穷尽了司法程序和法律救济手段，当事人的诉讼权利已经充分行使，其诉求已经得到依法公正处理，其申诉已经人民法院审查驳回，但其仍然不服而采取信访手段向相关机关、部门多头上访、长期上访，甚至缠访、闹访。而且，人民法院出现的信访难题也普遍地存在于其他机关、单位。正是在这样的社会背景下，2005 年修改的《信访条例》首次对信访终结问题作出规定。中央政法委也出台文件，推行涉法涉诉信访终结制度。

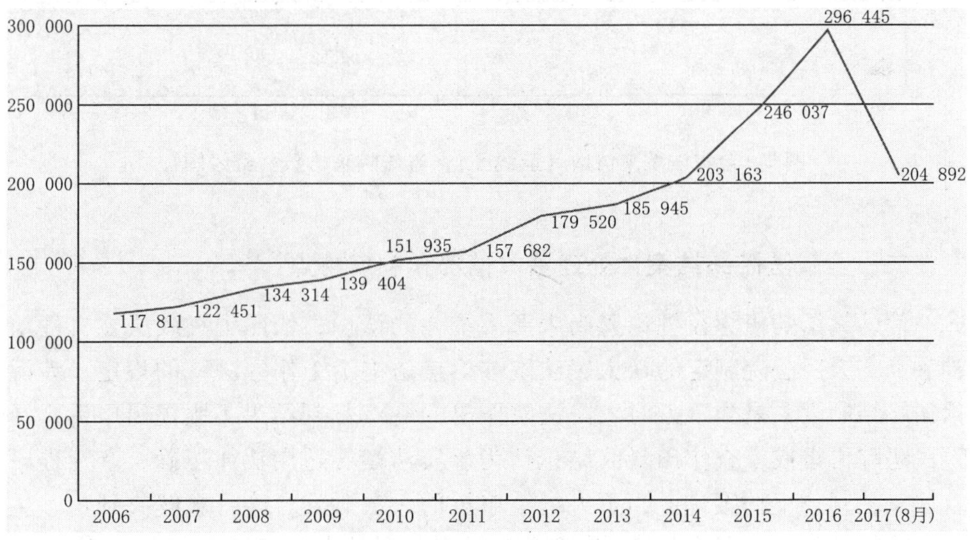

图 1　全省法院审结案件数

省法院为了化解大量增加的涉诉信访矛盾，于2008年成立了独立的处级部门信访室，赋予专门职责以化解矛盾纠纷。图1的数据为我省法院从2006年到2017年8月审结案件数，表现为逐年递增，呈上升趋势。

图2的数据，真实而形象地反映了全省法院经过不懈努力，涉诉信访总量逐年大幅下降，并通过对符合条件的涉诉信访案件依法终结，使全省法院涉诉信访形势大为好转的情况。

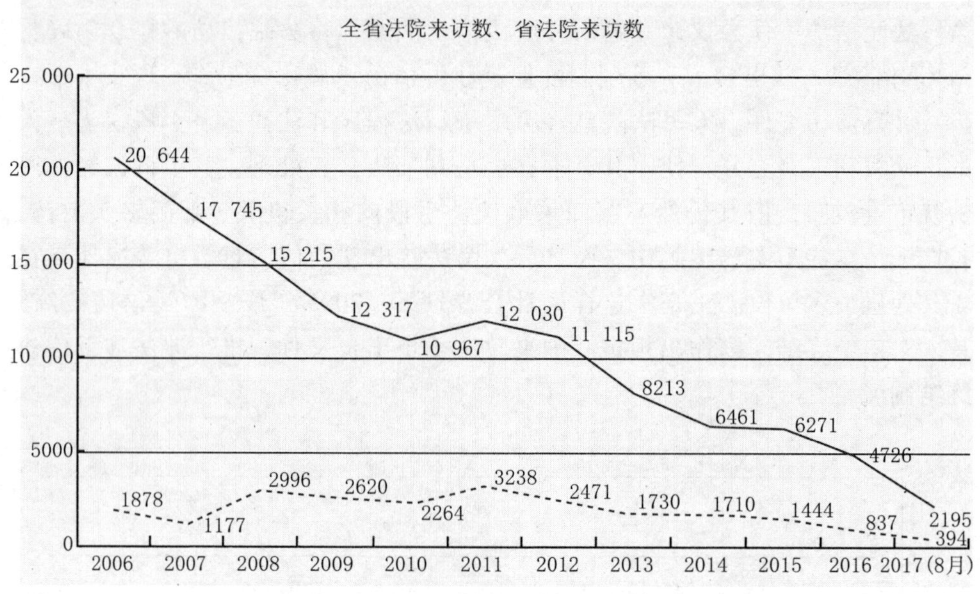

图2　全省法院来访数（蓝线图），省法院来访数（红线图）

二、全省法院终结案件处理基本情况和制度特点

信访终结的概念在理论界尚未形成统一的认识，依照中央政法委文件精神和最高人民法院制定的《人民法院涉诉信访终结工作办法》的规定，涉诉信访终结制度，是当事人对人民法院作出的终审裁判结果不服提出申诉，经人民法院再审或审查作出最终结论认为事实清楚、适用法律正确、审判程序合法、裁判公正的案件，当事人继续申诉的，在对其合理诉求解决到位、生活困难救助到位、释法明理教育到位的情况下对其申诉予以终结的制度。图3所列，即为涉诉信访终结的原则、条件和程序：

（一）终结案件处理情况

全省法院从2006年开始试点实施涉诉信访终结，截至2017年8月，全省法院共终结涉诉信访案件655件。主要呈现出以下工作特点：

（1）终结制度已经在我省全面实施。省法院于2005年即组织信访工作人员到相关省份学习，并在省委政法委的指导下，开展依法终结涉诉信访案件的试点工作，并及时总结经验，于2006年制定了《甘肃省高级人民法院涉诉信访案件终结暂行办法》，下发全省法院执行。2013年，党的十八届三中全会在《中共中央关于全面深化改革若干重大问题的决定》中确立了涉法涉诉信访依法终结制度。2014年，省法院制定了《甘肃省高级人民法院关于涉诉信访案件终结程序的规定》，经省委全面深化改革领导小组第5次会议审议通过，下发全省法院执行，标志着我省法院涉诉信访终结工作步入制度化、轨道化。根据统计，全省17个中级人民法院均有涉诉信访案件依法终结。

（2）终结案件年度数量起伏的原因。图4显示，终结案件数量年度变化较大，主要原因是：一是省法院党组从2010年开始，针对我省长期重复上访的老案、难案较多的实际情况，开展“了涉诉信访化解年活动”，实行信访案件“五定一包”制度（即定包案领导、定案件承办人、定化解措施、定化解期限、定目标责任），党组成员、副厅级领导干部带头包案化解全省疑难信访案件，并分片督查各市州的化解工作。全省三级法院齐心协力进行了为期三年的集中化解工作，化解了大量疑难信访案件，因此，这三年终结的案件也多于其他年份。二是2014年、2015年无终结案件，是因为最高法院对终结案件的标准修订从严，省法院终结合议庭成员发生变化，导致这两年中级人民法院报请终结的案件因不符合终结条件而被最高法院、省法院退回补充材料或者未及时批复终结。三是由于前两年终结停顿的集聚，2016年终结案件25件，2017年1~8月终结6件。我们分析研判，认为2018年终结案件的数量会随着案件质量的提高和信访数量的下降而稳定减少，不会出现剧增的情形。

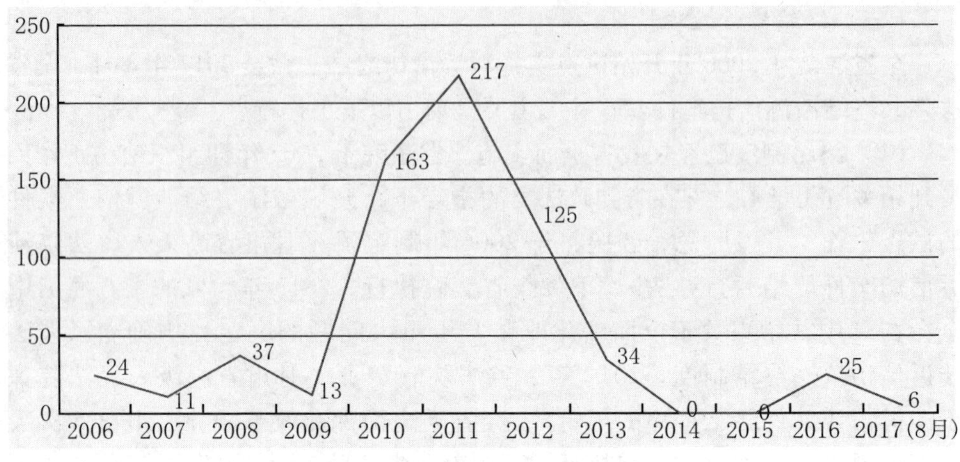

图4　省法院年度终结案件数

（3）终结案件涵盖法院所有审判业务。图5是对全省法院终结案件类型的统计情况，终结案件涵盖了人民法院审判执行业务的所有方面，包括民事、刑事、行政、国家赔偿及执行案件，说明法院审理的所有类型的案件都会产生涉诉信访问题。据统计，人民法院审理的案件中民事最多，刑事次之，终结案件数量和法院审理的不同类型案件数量成正比。人民法院涉诉信访窗口需要配备各类审判专业法官，实行对口接待，化解处理涉诉信访矛盾。

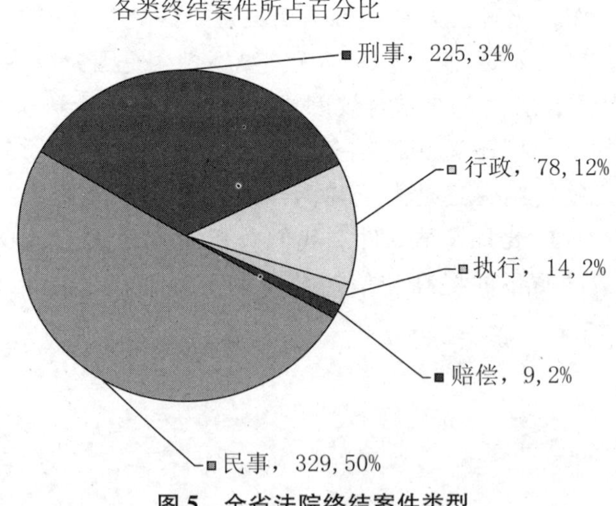

图5　全省法院终结案件类型

（4）终结案件大部分达到息诉目的。图 6 显示的是信访窗口登记的终结案件信访人来访情况。从 2013 年到今年 8 月份近 5 年，已经终结的 655 件案件中，有 114 案信访人来访（含一案上访人多次重复来访），经过持续化解，2017 年仅有 1 案当事人来访，说明信访终结案件的大多数信访人在案件经过终结程序后实现了终结息访，但终结不息访现象仍然存在。究其原因：一是个别法官机械、片面地理解信访终结制度的含义和功能，不重视信访终结案件的办理质量，没有在矛盾化解方面下足功夫；二是极个别信访人未重视信访终结决定，固执偏激、坚持无理要求等主观原因；三是终结之后的教育稳控工作责任未落实到位，致使其继续缠访、闹访或择机赴省进京上访。

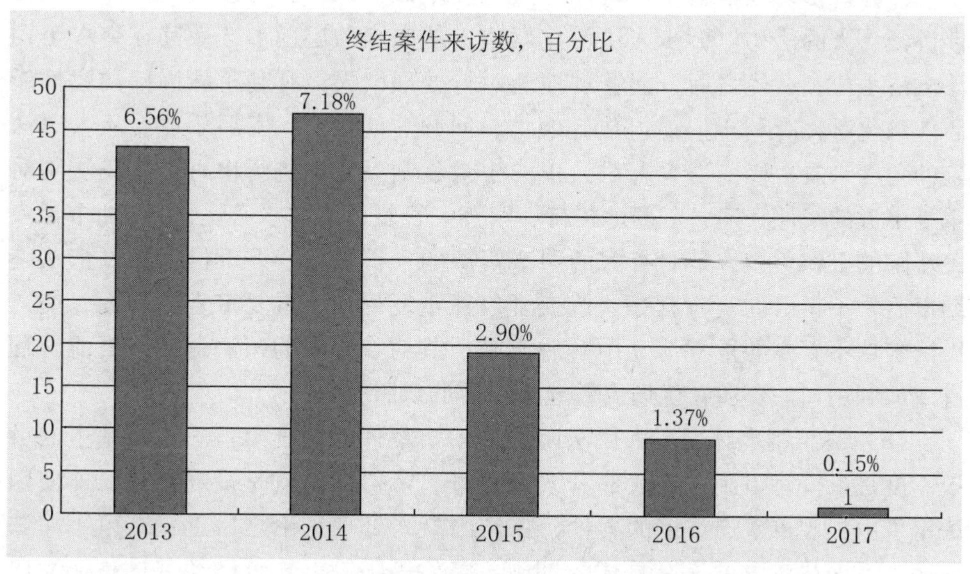

图 6　省法院依法终结来访数

（二）制度特点

（1）终结制度有利于维护司法的权威性。司法的终局性是指人民法院对处理的案件具有最终裁判权，一旦人民法院裁判生效，双方当事人的讼争即告终结，非因法定事由，任何机构和个人都不得推翻该裁判。由于现行法律对申诉人权利义务的规定过分强调保护申诉人的权益，而对申诉人的义务规定较少，加之我国传统文化中固有的上访习惯，导致当事人易于不遵守司法裁判结论，甚至一些申诉人滥用信访申诉权利。同时，对于信访申诉过于宽松随意的处理方式，如一些部门及领导的批办、交办，都可能引起法院对该申诉案件的再审、复查，使得司法的终局性会受到挑战，使生效裁判处于“终审不终”的局面，影响了司法的终局性，损害了司法权威。依照终结制度的规定，对于符合终结条件，依法终结的案件，各级法院不再接待、立案审查、复查，上级政法机关、信访机构也不再转办、交办和通报。从这个意义上看，涉诉信访终结制度的出台是我国司法制度的一项重大创新。这项制度的实施，将改变我国法律制度对于申诉没有限制的缺陷，有利于保证裁判结果的稳定性，有效地维护司法权威。

（2）终结制度有利于引导信访人理性上访并节约司法资源。从当事人角度看，涉诉信访终结制度是对信访人无限申诉的一种合法合理的规制，促使涉诉信访人的信访申诉步入法治化轨道，从制度的层面上，使其在穷尽了司法救济手段和途径之后，能够理性地对待处理结果，有利于涉诉信访案件矛盾依法化解，有利于信访人放弃缠访，回归劳动生产，安居乐业。从人民法院的角度来看，以前当事人对公正的生效裁判反复地进行申诉，人民法院对重复申诉的案件一遍又一遍地接待、审查、答复，俗称“翻烧饼”，加重了人民法院的工作负担，是对有限的司法资源的一种浪费。涉诉信访案件依法终结以后，不再启动复查程序，改变了以往重复信访、重复审查的局面，使人民法院从不必要的重复劳动中解脱出来，节约了有限的司法资源，更能合理有效地利用司法资源，优质高效地为人民群众服务。

（3）终结制度疏通了人民法院处理信访案件的制度出口。我国基本的诉讼制度是二审终审制，绝大部分案件经过二审得到的就是最终结果，即使因法定事由提起再审、重审的案件，在作出最终处理结论之后也就结束了司法程序。诉讼法对申诉没有具体的期限、条件等限制，导致已经穷尽法律程序的当事人可以无限地向人民法院信访申诉，使大量的矛盾集聚在这里，没有退出机制和疏通矛盾的渠道，使人民法院的信访窗口犹如司法之河中的“堰塞湖”。终结制度的建立给人民法院信访案件的处理程序构建了退出机制，疏通了诉讼法上关于申诉的制度缺陷，是对无限申诉的制度限制，是对申诉制度的补充和完善。

三、终结工作中存在的困难和问题

据调研，我省各中基层法院都不同程度地存在一些需要报请终结的案件没有报请终结，或者少数终结案件仍有上访的情况。从终结案件处理和调研反映的情况看，主要存在以下问题：

（一）终结案件启动程序难

虽然各中基层法院符合终结条件的涉诉信访案件较多，但有些需要终结的案件难以启动终结案件程序，主要有三方面的原因：一是对终结案件的条件，在实践中不能较好地把握，信访接待法官觉得缠访的当事人诉求没有道理，具备终结条件，而其没有启动终结程序的办案权利；二是审查终结案件的法官，因为终结案件目前尚未挂号立案，处理终结案件不算结案任务，加之其不愿承担责任而导致对处理终结案件没有积极性；三是因为中基层法院办案压力普遍较大，没有精力从事这项工作而不愿启动终结程序，对缠访闹访当事人的接待处理没有硬性任务，推一推、拖一拖也不违反法律规定，加之目前终结案件条件严格，对上报的终结案件省法院也不一定批复，即使省法院审核批复通过，上报到最高法院也可能不予核准，因此办理和报请终结案件的积极性不高。

（二）终结案件操作规程不够规范

从我们对终结案卷的评查、检查情况看，在终结操作程序中存在的主要问题有：一是未按法定期限书面答复信访人，个别法院信访工作人员因怕把矛盾引到上级机关而未在法定期限出具答复意见，导致申请终结的信访事项长期不能办结，变相剥夺了信访人申请复核的权利；二是未向信访人告知有关权利，有些信访工作人员在终结程序中没有依法向信访人告知其申辩权利、救济途径与期限；三是对终结案件的形式审查不严格，主要表现为相关环节的手续文件不齐备，诸如缺少信访人终结前的谈话材料等；四是释法明理、思想教育工作不到位。

（三）终结案件数据未录入涉诉信访网络平台

由于终结案件信息数据没有进入相关部门机关的信访接待、稳控、司法统计数据库，相关部门无法实现终结案件信息共享，导致已经终结的涉诉信访案件，有关部门仍然重复接待、重复交办、重复通报，既增加了信访工作量，又导致了上下级答复不一致，还助长了信访人无理信访。

（四）终结案件移交稳控不到位

终结移交工作是指涉诉信访案件终结后，信访责任主体由人民法院移交至相关地方政府，根据属地原则，由当地政府落实帮扶教育和稳控工作。由于涉诉信访终结移交工作制度只有原则性地规定，缺少移交的具体规范，有的地方政府对人民法院终结的涉诉信访案件的稳控消极应对，有的法院与地方政府联系沟通不紧密，导致涉诉信访案件终结移交稳控工作不力，致使一些涉诉信访案件在终结之后仍然上访申诉，未能很好地实现终结案件的制度目标。

四、提升终结案件处理质效的对策

终结案件需要依法进行，也需要科学设计，还需要多方面的积极配合。具体来说包括以下几个方面：

（一）严把案件终结标准

标准化有利于办案人员把控与操作，也有利于统一裁决尺度，并有利于提升司法公信力，为此，应该做好以下几方面的工作：一要严格终结案件范围。终结案件必须是终结工作办法规定范围之内的刑事、民事、行政、国家赔偿和执行案件，各中基层法院要严格执行，对于申诉审查司法程序未进行完毕的案件绝不能进入终结程序。二要严把终结案件的事实、证据关，法律适用关和判决结果公正关。法官在终结审查过程中，必须对全案进行审查，亲自倾听申诉人的诉求和意见，对不符合条件的案件绝不能终结。三要对符合司法救助条件的信访人依法予以救助，严格执行《甘肃省司法救助实施办法》的规定，准确把握救助的条件，既不能过宽，也不能过严。四要耐心细致地做好对信访人“释法明理、教育疏导”的工作，不能敷衍了事走过场，也不能做不通思想疏导教育工作就不进行终结。要严把说服教育、矛盾化解关，对申报省法院审查终结的案件，必须要报告对案件上访人释法明理、说服教育和矛盾化解等工作情况。五要尽可能对终结案件进行听证。虽然中央政法委、最高法院规定终结案件的听证不是必须程序而是倡导性意见，但我们认为，2016 年省法院制定的《甘肃省高级人民法院信访申诉听证规则》已经下发全省法院执行，为了更好地保护涉诉信访人的申诉权利，建议今后我省法院对报请终结的案件尽可能进行公开听证，以做到对终结案件真正采取了穷尽一切可能的息诉手段。通过听证会的公开陈述、证据展示、事实评议等环节，再一次听取信访人陈述信访诉求，给信访人多一次维护自身合法权益的机会，更好地保护信访人的申诉权利。听证结论为信访人的信访属无理访，法院化解措施到位的，则上报省法院复查批复予以终结。

（二）做好终结案件移交稳控工作

关于涉诉信访终结案件的移交和稳控，中央两办和中央政法委有原则性规定。我们调研发现，由中级人民法院移交稳控的工作难度较大，也存在有些中级人民法院移交手续不齐全甚至没有移交的问题。对此我们准备采取的措施有：一是把我省法院所有终结的案件重新梳理排查，对于终结后仍然上访的案件，报告省委政法委协调向省信访局进行移交，由省信访局向当地政府移交稳控。二是积极汇报省委政法委，协调甘肃省信访联席会议办公室，对今后终结的案件，由省法院统一向省信访局移交，再由省信访局按照“属地原则”交由当地政府部门落实稳控教育工作，做到终结案件的移交稳控无缝衔接。

（三）终结案件应当立卷存档

诉讼档案是人民法院通过处理案件与诉讼当事人及其他诉讼参与人共同形成的信息记录，也是国家档案的重要组成部分。终结的案件有法官与当事人的谈话笔录、合议庭合议笔录、审判委员会讨论记录，最终形成的决定或批复也属于法律文书的一种。终结案件要报最高人民法院备案，终结案件处理过程中形成的卷宗也涉及保密，并具有保存的司法价值，今后依法终结的涉诉信访案件也应当立卷归档保存。

（四）终结数据应当并网共享

目前已经进入大数据时代，全国各级法院已建成案件统计管理大数据系统，对已终结的涉诉信访案件，应当及时将终结案件信息录入涉诉信访数据库，定期更新电子数据，实现信息共享，便于各级法院信访接待人员甄别处理，也便于相关政法机关及信访部门了解终结案件信息，避免因信息不畅通而导致重复交办、转办等问题。

五、关于改进依法终结制度的意见和建议

涉诉信访案件依法终结制度是一个有待于进一步完善的体系，需要紧跟时代步伐，解决当事人反应的问题，及时化解矛盾，恢复法律秩序。

（一）终结案件需要多元化解

涉诉信访派生于人民法院处理的案件，但它不只是单纯的司法问题，它是司法问题与传统文化、社会问题交织在一起而综合作用于上访人的思想，驱动其产生的一种诉求行为。审查、处理、化解涉诉终结案件也不可能完全

依照诉讼法的规定去做，因为一个案件进入终结程序，表明该案已经走完了诉讼法所规定的审理、申诉的程序。依法终结本质上是为了化解申诉人在穷尽了诉讼法所规定的法律程序之后仍然继续申诉的一个延伸程序，或者可以称为救济程序，有些学者认为这是与现行基本法律制度相抵触的制度。但是，我们认为它是基于我国国情状况而创设的一种向人民群众释法明理，在法律程序之外增加的一种司法手段。要处理化解涉诉终结案件，一是离不开党委的领导和政府的支持，处理终结案件要多向案件当地党委汇报，积极寻求政府部门的支持；二是建立法院、检察院信访部门之间的协作联动，在法院立案信访部门和同级检察院控告、申诉等工作部门间建立协作联动机制；三是寻求社会第三方的介入，共同化解矛盾；四是加强上下级法院之间的联系、协调、配合，形成多元化解力量，合力平息纠纷。

（二）终结制度需要不断完善

信访是我党密切联系群众的一座桥梁，信访制度是中国特色社会主义制度的重要组成部分，但是信访制度也会随着社会发展而创新完善，信访终结制度已经中央决定确立，这也是一项重大的司法改革。从法院方面来看，终结制度必将会使信访人对法院裁判的申诉从“无限申诉”进步到法治化轨道之中。从我们对终结制度的考察看，全国各地法院在具体实施中做法不尽相同，这项制度本身也存在很多问题，立法上尚有不足，终结条件也尚有模糊之处，操作程序还有缺陷，与现行诉讼法尚不能有效衔接等等。我们建议全省法院大胆创新，积累经验，也建议学者积极探索研究。

（三）终结案件要从源头预防

审理案件工作和涉诉信访及信访终结工作犹如河流的上游与下游的关系，法官裁判案件不仅要着眼审理案件，更要立足问题解决。法官办案应在查明事实的情况下，通过自己对案件的认知，运用掌握的法律及社会经验作出公正的判决，实现法律效果与社会效果相统一。建立科学、合理、符合司法规律的案件评查体系对法官的审判工作进行公正的考核，加强审判监督，全面落实司法责任制度，让裁判者真正负起责任，是预防和处理信访案件的重要措施之一。要努力做到法、理、情相融合，确保每一起案件的审理都经得起法律和历史的检验，从源头上预防和减少涉诉信访问题的发生。

（四）依法惩戒违法信访行为

近年来，无理缠访、闹访数量虽然有所减少，但仍然有处于终结程序中的信访人或者依法已经终结的案件信访人继续缠访闹访，制造事端扰乱法院工作秩序，甚至自伤自残胁迫法院要求撤销终结决定。对于在信访中的违法犯罪行为，要依法坚决惩处。以前，这方面的法律有明确规定，而且我省政法部门也曾联合出台过文件，但执行效果不好，究其原因，一是相关部门配合不力，对处理涉诉信访违法案件有畏难情绪；二是忽视取证工作，导致难以追究此类违法犯罪行为。2016 年 2 月，甘肃省公、检、法、司联合下发《关于依法处置信访活动中的违法犯罪行为的指导意见》，使惩处涉诉信访活动中违法犯罪行为有了具体的依据。依法惩戒信访违法、犯罪行为需要人民法院、人民检察院、公安机关及司法行政机关相互配合，严格依法履行职责。要依法客观、全面、及时地收集、固定涉诉信访违法行为的证据，既要依法保护信访人的合法权益，又要对信访人的违法、犯罪行为予以惩处，以维护正常的涉法涉诉信访秩序。

党的十九大报告提出，要成立中央全面依法治国领导小组，加强对法治中国建设的统一领导，还强调深化司法体制综合配套改革，全面落实司法责任制，努力让人民群众在每一个司法案件中感受到公平正义。全省法院广大干警要以习近平总书记新时代中国特色社会主义思想为指导，把矛盾化解工作贯穿于立案、审理、执行案件每一环节，并延伸到信访案件的接待、终结程序之中，力求做到“案结事了”，把涉诉信访工作纳入法治化轨道，在信访终结中坚持“重化解、慎终结”，并不断创新涉诉信访工作方法，依法终结涉诉信访案件，既要做到全面维护涉诉信访人的合法权益，又要做到引导信访人依法维权、理性信访，使当事人最终实现从“信访”到“信法”的转变，营造尊法、学法、守法、用法的良好社会氛围。

甘肃省检察机关司法体制改革试点工作实施方案

甘肃省人民检察院课题组

为深入贯彻落实中央、省委关于司法体制改革试点的工作部署和要求，根据中央全面深化改革领导小组审议通过的《关于司法体制改革试点若干问题的框架意见》和《甘肃省司法体制改革试点方案》等文件精神，结合甘肃检察工作实际，现就组织实施检察体制改革试点工作提出如下方案：

一、指导思想

全面贯彻党的十八届三中、四中、五中全会精神，深入贯彻习近平总书记关于执法司法工作和司法体制改革的系列重要指示精神，紧紧围绕中央、省委关于深化司法体制改革的总体部署，以完善检察人员分类管理制度、完善司法责任制、健全检察人员职业保障制度、推动省以下地方检察院人财物统一管理为抓手，以完善检察权力运行机制、完善检察人员权利保障、确保依法独立公正行使检察权为目标，着力解决影响司法公正、制约司法能力、损害司法公信的深层次问题，为完善中国特色社会主义司法制度、推进国家治理体系和治理能力现代化奠定坚实的法治基础，努力让人民群众在每一个司法案件中都能感受到公平正义。

二、基本原则

（1）坚持正确的政治方向。试点工作必须坚持党的领导，以中央、省委关于深化司法体制改革的要求为指引，紧扣中央的顶层设计和中央关于司法体制改革工作的部署，坚定不移地走中国特色社会主义法治建设道路。

（2）坚持依法稳妥有序开展。司法体制改革涉及司法权力重大调整和司法资源优化配置，必须遵循法治原则。既要在法律框架内大胆探索、先行先试、攻坚克难，又要循序渐进、稳妥有序，做到改革力度、进度和社会可承受程度相适应，确保各项工作有序开展。

（3）坚持遵循司法规律。司法活动有其固有规律，各项试点必须主动适应司法权力运行的规律，将权责统一、权力制约、公开公正的要求贯穿始终，精心设计、周密部署、扎实推进。

（4）坚持立足省情实际。司法体制改革必须坚持一切从实际出发，以实践为依据，突出改革重点，不断提高司法能力水平，更好地顺应新形势下甘肃经济社会发展的需要和人民群众的司法需求，为全面推进司法体制改革提供可复制、可推广的经验做法。

三、主要目标任务

（一）完善检察人员分类管理制度

通过对检察机关各类人员实行分类管理，建立以检察官为主体的检察人力资源配置模式，提升检察官队伍的专业化、职业化水平。

（1）人员分类。根据司法规律和岗位职责，突出检察官在司法工作中的主体地位，将检察机关工作人员分成检察官、检察辅助人员、司法行政人员三大类。其中，检察官是指依法行使国家检察权的检察人员，包括各级院检察长、副检察长、检察委员会委员、检察员。检察辅助人员是指协助检察官履行检察职责的专门工作人员，包括检察官助理、书记员、专业技术人员、司法警察。司法行政人员是指在司法机关从事行政管理的工作人员，包括政工党务、纪检监察、行政事务、后勤管理等人员。

（2）确定检察官员额。实行检察官员额制，根据辖区经济社会发展、人口数量（含暂住人口）和案件数量，以及实际在办案岗位的检察官人数、检察官的能力水平等基础条件，综合测算，因案定员。以中央政法编制总数为基数，使检察官员额保持在检察人员总数的39%内。全省检察官员额由省检察院统筹管理，在全省检察机关三类人员员额比例范围内，根据不同层级检察院的功能定位和不同地区检察院办案任务量等实际情况，合理确定各地检察院三类人员的配置比例。同时，建立员额动态调整机制，根据案件数量的变化，适时增加或减少各地检察官员额。各类人员实行分类管理，计入各序列员额的人员应当在相应岗位履行工作职责。

（3）实行检察官单独职务序列管理。实行检察官领导职务与专业等级并行的制度。改革后，检察官主要从检察官助理中择优选任。上级检察院的检察官原则上从下级检察院的检察官中择优逐级遴选。试点期间，试点检察院的检察官统一在现有检察官中通过考试、考核等方式竞争选拔产生，严格员额控制，提高任职条件，真正把业务能力强，能独立办案的人员选拔到检察官岗位上来。院领导进入员额，要与普通检察官在同一个平台竞争，适用同样的标准和程序。检察官专业职务等级评定实行定期晋升和择优选升相结合的方式，特别优秀或者工作特殊需要的一线办案岗位检察官可以特别选升，具体等级设置和晋升方式、等级比例按中央组织部、中央政法委、最高人民法院、最高人民检察院印发的《法官、检察官单独职务序列改革试点方案》（中组发［2015］19号）执行。

（4）设置5年过渡期，逐步推行严格的分类管理制度。过渡期内，现任检察官按照“老人老办法、新人新办法”的原则进行过渡、消化。检察机关原具有检察官法律职务的检察员未进入检察官员额的，仍保留其检察官身份和待遇，不占用检察官员额。助理检察员经遴选符合条件的，可以选任为检察官，未能选任检察官的可以保留法律职务转任检察官助理，或可以自愿转岗为司法行政人员。现有公务员身份的书记员符合条件的可以选任检察官助理。司法警察按照人民警察序列的规定进行管理。对检察技术人员逐步探索建立专业技术职称制度，在此之前，仍按照现行公务员身份进行管理。目前具有法律职务但在行政岗位上工作的人员，可采取本人自愿与组织安排相结合的方式过渡，选择合适的工作岗位。

（5）畅通“双语”检察官入额渠道。民族地区人民检察院，对能够熟练运用国家通用语言文字及当地通用的少数民族语言文字办案、起草法律文书的“双语”检察官，经考核后可直接进入检察官员额。经高等院校专门培养并取得司法资格的“双语”法律人才，可经一定程序优先进入检察官序列。

（二）完善司法责任制

通过优化办案组织结构，科学划分内部办案权限，突出检察官在办案中的主体地位，完善检察官执法责任制，形成权责明晰、权责统一、管理有序的权力运行机制。

（1）优化检察办案组织结构。科学划分检察机关内部执法办案权限，优化、规范市（州、分）、县（市、区）检察院内设机构设置。在业务部门分设若干检察官办案组，在检察官负责下依法行使检察权，减少中间层级，建立以检察官为主体的执法办案责任体系。

（2）推行检察官办案责任制。完善检察官责任制，推行独任检察官办案制和主任检察官办案制。其中，主任检察官办案组由 2 名以上检察官和若干辅助人员组成，可以常设，也可以根据办案需要临时设立。检察官办案组负责人为主任检察官，对办案组的决定承担司法责任。副检察长、检察委员会委员可以编入办案组织担任主任检察官。主任检察官、检察官作为办案组织的负责人，根据检察长依法授权，行使检察办案权和案件管理权等相关职权，对作出的案件处理决定承担办案责任。

（3）明确检察官办案责任制权力清单。由省院依法依规统一制定、发布检察官办案责任制权力清单，明确规定检察长、检察委员会、副检察长、主任检察官、检察官在办案中的职责权限。法律明确应当由检察长、检察委员会行使的职权由检察长、检察委员会行使，其他经检察长授权的案件处理均由主任检察官、检察官独立作出。主任检察官、检察官在职责范围内，根据事实和法律独立办理案件。

主任检察官、检察官对检察长的指挥、决定和命令必须服从。其中对检察官的处理决定，检察长有不同意见的，可以改变其决定或提交检察委员会决定，检察官对检察长、检察委员会的决定必须服从。属于检察长或检察委员会决定的执法事项，检察官只对事实和证据负责；检察官的决定被全部或部分改变的，对改变部分不承担责任。检察长或检察委员会的决定应当书面明示。

（4）完善检察委员会工作机制。进一步理清检察官、检察委员会在议事与决策工作中的职权和责任。检察委员会的职能主要是讨论案件的法律适用问题以及办案工作中的其他重大事项，案件事实和证据主要由检察官及其办案组织负责。在改革过程中，各级院应当积极完善检察委员会议事规则，规范检察委员会工作职责，建立健全检察委员会委员履职考评机制。

（5）建立办案质量终身负责制和错案责任追究制。检察官在各自职权范围内对案件质量终身负责。建立检察官执法业绩档案，全面记录和掌握检察官办案数量、办案质量以及办案中是否有违纪违法等情形。健全检察官办案责任考评机制，定期对检察官办案质量进行评查，并将考评和评查结果作为检察官等级晋升、奖惩等的重要依据。实行“谁办案、谁负责”，严格执行错案责任追究制度，确保办案质量终身负责制落到实处。

（6）加强对检察权的监督制约。加强检察长、检察委员会对执法办案活动的领导和监督。检察长定期检查检察官办案组的工作，可以指令汇报某一案件或一段时间内的办案情况，并可以对检察官独立作出决定的案件进行事后复核。对于重大、疑难、复杂和社会关注度高的案件以及对主任检察官、检察官作出的案件处理决定有不同意见的案件，检察长可以提交检察委员会讨论决定。主任检察官通过行使审核权对组内检察官办案进行监督。加强办案内部监督机制建设，加强案件流程管理和节点控制，完善案件分配、办案流程监控、案件质量评查、工作绩效考核等管理制度体系，强化对检察权行使的内部监督制约。加大检务公开力度，全面推行侦查办案工作全程录音录像、终结性法律文书公开制度，有效提高司法透明度，保障社会各界的知情权、参与权、监督权。保障律师执业权利，充分发挥律师在诉讼活动中的监督作用。扩大人民监督员监督案件的范围，健全监督程序。

（三）健全检察官及检察辅助人员职业保障制度

建立符合检察官及检察辅助人员职业特点，有别于其他公务员的检察人员职业保障体系，增强职业荣誉感和使命感，调动广大检察人员积极性，为依法公正履职提供必要的职业保障。

（1）建立以专业等级为基础的检察官工资待遇保障制度。根据检察工作特点，建立与检察官单独职务序列配套的薪酬制度，提高一线检察官工资待遇。检察官工资待遇水平应与专业等级、资历、办案数量、质量及综合效果等挂钩。现阶段，以“待遇从优、只增不减”为原则，按照人力资源和社会保障部会同财政部、中央政法委等部门制定的方案及配套政策确定具体实施办法。

（2）探索建立检察官助理、书记员单独职务序列分级管理制度。在探索建立检察官助理、书记员单独职务序列分级管理的基础上，确保检察官助理、书记员薪酬适当增加。司法技术人员按照专业技术类公务员管理，司法警察按照人民警察序列的规定管理，司法行政人员按综合管理类公务员管理，薪酬待遇按有关政策执行。

（3）探索试行检察官延迟退休制度。根据司法工作特点，探索试行检察官有条件延迟退休制度。经本人申请，组织批准，不担任领导职务的一线办案检察官以及退出领导职务并从事一线办案工作的检察官，可延迟至65岁退休。为顺利推进试点工作，在过渡期内对延迟退休的资格和条件应从严掌握。

（4）建立健全检察官履职保障制度。明确检察官依法履行职务，非因法定事由、非经法定程序，不得对检察官停职、调离、辞退或者免职、降级。建立检察官合法权益因依法履职受到侵害的救济制度。健全举报澄清机制，完善检察官人身安全保障机制和名誉保护制度，探索将检察官纳入工伤保险制度范围，逐步缩小不同区域检察官之间的待遇差距。探索建立相应的周转租赁住房等配套措施，为全省检察官统一调配、逐级遴选提供必要的物质保障。

（四）探索建立全省各级院检察官省级统一管理体制

改革现行检察官管理体制，形成全省检察官“统一提名、党委审批、分级任免”的管理新格局，打造高素质的检察队伍，提高司法公信力。

（1）统一编制管理。改革后，全省各级检察院机构编制由省机构编制部门统一管理，根据案件数量、辖区人口及面积、经济发展程度、检察官能力水平等因素统一核定各级检察院专项编制，人员实行统一招录、统一调配、动态管理。省检察院协同开展本系统内机构编制管理工作。探索以购买社会化服务的方式，优化司法辅助人员结构。对市、县检察院现有临时聘用人员，摸清底数，按照凡进必考、人岗相适、培训过渡的原则择优留用。

（2）设立检察官遴选、惩戒工作办公室。在省检察院设立检察官遴选工作办公室，根据省法官检察官遴选委员会的部署，承担检察官遴选中检察系统的日常事务工作。在省检察院设立检察官惩戒工作办公室，作为办事机构承担日常事务工作。

（3）坚持党管干部原则与遵循司法规律相结合，建立“统一提名、党委审批、分级任免”制度。市（州）、县（市、区）检察院检察长由省委（省委组织部）统一管理；其他班子成员和同级干部，省委委托市（州）党委管理。研究确定地方检察院领导班子人选，应听取省检察院党组意见。从政法系统以外调入市、县两级院担任检察长，应征得省检察院党组同意；从政法系统以外调入市级检察院担任其他领导班子成员的，应征求省检察院党组意见；从政法系统以外调入县级检察院担任其他领导班子成员的，应征求市级检察院党组意见。

（五）建立全省各级检察院经费、资产由省级统一管理机制

建立省级管理部门统一管理全省检察机关经费、资产的机制，尽快形成符合分类管理要求的经费分配体系，为检察机关依法独立行使检察权提供可靠保障。

（1）实行检察院经费省级统一管理。省级财政部门直接管理省以下地方检察院部门预算，各市（州、分）、县（市、区）检察院作为省级财政一级预算单位，按照预算管理规定，向省级财政部门编报预算，预算资金通过国库集中支付系统拨付。省级财政部门在大要案办案经费保障、地方检察院特殊专项经费安排等方面听取省检察院的意见建议，并会同省检察院共同组织开展预算执行监督、专项检查考核等工作。原财政预算经费基数由市（州、分）、县（市、区）上划至省级财政，试点市（州、分）、县（市、区）以试点施行上一年度作为基数年，经市（州、分）、县（市、区）两级检察院和同级财政共同审核后，将上一年度同级财政安排给市（州、分）、县（市、区）两级检察院政法专项编制和机关后勤事业编制人员经费、公用经费、项目经费上划省级财政。经费上划统管后，试点检察院人员经费、公用经费、办案（业务）经费、装备经费、基础设施建设经费由省级统一安排，保证公用经费、办案经费的保障水平不低于现有水平。落实“收支两条线”管理，市（州、分）、县（市、区）检察院依法收、追缴的赃款赃物，实行“集中汇缴”方式，统一上缴省级国库。

（2）实行检察院资产省级统一管理。由财政部门会同同级检察院进行清产核资，将资产权属理顺为由省级管理，管理权、使用权原则不变。省级统管后，基本建设和装备及其他固定资产的维护、更新等费用由省级统一安排。

（3）积极做好债务核实和化解工作。市（州、分）、县（市、区）两级检察院基本建设债务，按照省财政厅会同省发改委、省检察院研究提出的方案进行化解。

四、实施步骤

（1）制定试点方案。2016 年 3 月，省院起草完成《甘肃省检察机关司法体制改革试点工作实施方案》及检察官办案责任制等各项试点改革方案，报省委审批。

（2）分步推进试点。按照我省司法体制改革试点方案，先期在天水市检察院、秦安县检察院、张掖市检察院、甘州区检察院、兰州市安宁区检察院、甘南州合作市检察院开展试点，积累经验，完善方案。试点一段时间后，根据统一部署在全省推开。

（3）总结试点经验。及时总结试点工作情况，评估试点工作效果，提出相关工作建议，有针对性地改进工作，并及时向省委报告情况。

五、组织保障

（1）强化组织领导，密切协作配合。司法体制改革试点工作在省委的统一领导下统筹推进，省、市、县院要加强领导、密切配合，形成推进试点工作的整体合力。

（2）加强思想政治工作，统一思想认识。认真组织学习、准确把握中央、高检院、省委关于司法体制改革试点工作的总体要求和目标任务，切实把思想和行动统一到中央的决策部署和高检院、省委的要求上来。各级院要加强思想政治工作，引导干警正确理解和把握改革试点的意义、目的和要求，积极参与到改革中来，确保检察队伍思想稳定、检察工作有条不紊。

（3）严明工作纪律，营造良好氛围。严守组织纪律、人事纪律、财经纪律、保密纪律、宣传纪律。严格新闻审批制度，未经批准，不得对外披露改革试点工作相关事项，不得擅自接受媒体采访。同时对一些重大改革举措要适时适度进行宣传，及时回应社会关切，正确引导舆论，凝聚改革共识，增加改革正能量。

甘肃省检察官员额制管理及入额试点方案

甘肃省人民检察院课题组

根据《甘肃省司法体制改革试点方案》《甘肃省检察机关司法体制改革试点工作实施方案》等文件精神，结合我省检察机关实际，制定检察官员额制管理及入额试点方案。

一、总体目标

在全省检察机关建立起结构合理、职责明晰、管理规范的检察官员额管理制度，科学确定检察官员额比例，公平择优遴选入额检察官，真正将政治立场坚定、品质优秀、法学基础深厚、业务能力突出的检察官放到办案一线，实现司法资源的优化配置，推进建立以检察官为核心的人员分类管理体系，加强检察官队伍正规化、专业化、职业化建设。

二、基本原则

（1）坚持党管干部。严格执行党的干部路线、方针、政策，切实加强党对检察机关干部人事工作的领导，积极推进我省检察官员额制改革。

（2）坚持依法推进。在宪法和法律的框架内，按照中央和省委关于深化司法体制改革的精神和部署要求，借鉴公务员制度的实践经验，建立科学有效的管理制度。

（3）体现职业特点。根据检察官工作性质、特点及管理需要，全省各级检察院检察官员额按照统一核定、合理配置、分级使用的原则进行规划和管理。

（4）积极稳妥实施。通盘考虑，整体推进，稳慎操作，坚持德才兼备、以德为先，注重实绩、群众公认，严格标准、宁缺毋滥和公开、平等、竞争、择优的原则，依照法定条件和程序开展检察官入额。

三、检察官员额管理

（一）员额比例

检察官实行员额制，全省检察官员额控制在中央政法编制总数的39%以内。

各试点院员额数量采用“比例制+定额制”的方式确定，以比例制为主，定额制为辅。政法编制在30人（含本数）以下的检察院，采取定额制，具体员额数量由省检察院政治部根据人员和办案量核定。其他检察院采取比例制。

（二）员额管理

全省各级检察院员额的核定、调整和管理由省检察院政治部负责，各市级院政治部负责日常管理。检察官入额工作和检察官的遴选工作在省检察院党组领导下开展，由省法官检察官遴选委员会审核，遴选工作办公室具体负责。

（三）检察官员额的配置和调整

检察官员额主要配备在侦查监督、公诉、未成年人刑事检察、反贪污贿赂、反渎职侵权、民事行政监督、刑事执行监督、控告申诉等业务部门的司法办案岗位上；举报中心、职务犯罪预防、案件管理、法律政策研究等业务部门的检察官员额按规定岗位从严控制；政工党务、纪检监察、行政事务、后勤管理及检察业务部门不直接承担办案职责的岗位不配置检察官员额。担任领导职务的检察官进入员额，必须亲自办案，办案要达到一定数量。

省检察院对全省检察官员额实行动态管理，根据各级检察院的人员编制、办案数量和工作业绩的变化情况，在全省检察官员额总额度内，对各级检察院检察官员额进行调整。

（四）过渡措施

设置5年过渡期，过渡期内，不再任命助理检察员，现任检察官按照“老人老办法、新人新办法”的原则进行过渡、消化。对首次未入额的检察官，在过渡期内保留检察官身份和待遇，可转任检察官助理或司法行政人员，在过渡期内享有优先遴选为检察官的权利。

四、入额遴选

全面试点中入额的检察官，从现有检察官中择优选任。避免“一步到位”

用尽员额，防止遴选中“论资排辈”、迁就照顾，要真正使业务水平高、办案能力强的人员遴选入额。

（一）入额数量

各院遴选入额的检察官，由省院政治部核定下达。

（二）入额程序

检察官入额依照统一的遴选标准和程序，按照“申请入额、资格审查、考试考核、省法官检察官遴选委员会把关、党委审批、人大任命”等环节进行。

1. 考试考核

（1）本人自愿提出入额申请；

（2）基本条件审查；

（3）考试考核方式：首次入额人员采用业绩考核与能力考试相结合的方式，择优选任。

2. 入额基本条件

符合《中华人民共和国检察官法》规定的任职资格、条件，并具备与办案要求、司法责任相适应的办案能力、作风和司法廉洁职业操守。

具有下列情形的人员不能进入员额：

（1）近三年公务员年度考核结果被评为不称职或基本称职的，或因违法违纪行为受过党纪行政处分的、正在处分期的；

（2）根据相关法律规定有回避情形的；

（3）近三年病假连续超过一年，或者事假累计超过一年，身体状况不能胜任检察官岗位工作的；

（4）被纪检监察部门或司法部门立案调查期间的。

考试考核和遴选工作，由省检察官遴选工作办公室具体组织，按本人申请、考试考核、省检察官遴选工作办公室提出拟任人选、省法官检察官遴选委员会审核、按照干部管理权限分级任命的程序进行。

3. “双语”检察官入额

民族地区人民检察院，对能够熟练运用国家通用语言文字及当地通用的少数民族语言文字办案、起草法律文书的“双语”检察官，经考核后可直接进入检察官员额。经高等院校专门培养并取得司法资格的“双语”法律人才，可经一定程序优先进入检察官序列。

五、工作要求

（1）加强组织领导。全省各级检察院要成立工作领导小组，加强对检察官员额制试点工作的指导，明确领导责任人，结合本院实际，有效开展试点工作。同时，要深入细致地做好思想政治工作，确保检察官员额制的平稳实施。

（2）周密部署实施。检察官员额制试点工作情况复杂、任务重、时间紧，省检察院要加强与最高人民检察院、省直有关部门的沟通，主动汇报，争取支持；各院要根据方案精神，立足实际，建章立制，细化分工，有计划、有组织、有步骤地推进试点工作，及时总结试点工作经验，对实施过程中遇到的问题要及时报告、及时研究解决。

（3）严肃纪律约束。检察官员额制试点工作政策性强，涉及全省检察院检察官切身利益，社会关注度高。要加强对试点工作的舆论引导、管理和监督，注重加强与新闻媒体的沟通，为试点工作的开展营造良好的舆论氛围。

甘肃省检察机关司法责任制改革试点方案

甘肃省人民检察院课题组

为落实中央关于深化司法体制改革的决策部署，进一步完善检察机关执法办案组织、执法办案机制和检察官管理制度，根据国家相关法律政策规定、高检院《检察官办案责任制改革试点方案》和《关于完善人民检察院司法责任制的若干意见》等文件精神，结合我省检察工作和队伍建设实际，现就全省检察机关司法责任制改革试点工作提出如下方案：

一、司法责任制改革的指导思想、目标任务和基本原则

（1）指导思想。坚持以邓小平理论、“三个代表”重要思想、科学发展观为指导，深入贯彻落实党的十八大和十八届三中、四中、五中全会精神，深入贯彻习近平总书记系列讲话精神和中央政法工作会议精神，以中国特色社会主义检察制度自我完善和发展为方向，以引导优秀检察人才向办案一线集中为导向，优化人力资源配置，完善检察司法办案责任体系，促进检察官队伍专业化、职业化、正规化，推动检察工作科学发展。

（2）目标任务。健全司法办案组织，科学界定内部司法办案权限，完善司法办案责任体系，构建公正高效的检察权运行机制和公平合理的司法责任认定、追究机制，做到谁办案谁负责、谁决定谁负责。

（3）基本原则。坚持遵循司法规律，符合检察职业特点；坚持突出检察官办案主体地位与加强监督制约相结合；坚持权责明晰，权责相当；坚持主观过错与客观行为相一致，责任与处罚相适应。

二、改革试点的主要内容

（一）改革司法办案组织及运行机制

（1）推行检察官办案责任制。实行检察人员分类管理，落实检察官员额

制。检察官必须在司法一线办案，并对办案质量终身负责。担任院领导职务的检察官办案要达到一定数量。业务部门负责人须由检察官担任。

（2）健全司法办案组织形式。根据履行职能需要、案件类型及复杂难易程度，实行独任检察官或检察官办案组的办案组织形式。独任检察官承办案件，配备必要的检察辅助人员。检察官办案组是检察机关的重要办案组织形式，设立于业务部门，在主任检察官组织下依法行使检察权。检察官办案组由2名以上检察官组成，配备必要的检察辅助人员。检察官办案组可以相对固定设置，也可以根据司法办案需要临时组成。固定组原则上由1名主任检察官、2名以上检察官及若干辅助人员组成。根据案件重大、复杂、疑难程度，可设立临时办案组，由检察长指定临时办案组主任检察官，抽调其他检察官、检察辅助人员协同办案。检察官办案组的数量，根据工作实际需要设定。

（3）审查逮捕、审查起诉案件，一般由独任检察官承办，重大、疑难、复杂案件也可以由检察官办案组承办；独任检察官、主任检察官对检察长（分管副检察长）负责，在职权范围内对办案事项作出决定。人民检察院直接受理立案侦查的案件，一般由检察官办案组承办，简单案件也可以由独任检察官承办；决定初查、立案、侦查终结等事项，由主任检察官或独任检察官提出意见，经职务犯罪侦查部门负责人审核后报检察长（分管副检察长）决定。诉讼监督等其他法律监督案件，可以由独任检察官承办，也可以由检察官办案组承办；独任检察官、主任检察官对检察长（分管副检察长）负责，在职权范围内对办案事项作出决定；以人民检察院名义提出纠正违法意见、检察建议、终结审查、不支持监督申请或提出（提请）抗诉的，由检察长（分管副检察长）或检察委员会决定。

（4）推进检察办案专业化建设。实行类案专办与重案稳办兼顾。根据本地案件情况，可以在业务部门建立专业办案组。

（5）在业务部门建立检察官联席会议制度。对重大、疑难、复杂案件进行讨论研究，提出参考意见。

（6）逐步探索检察官负责制。分类改革后，根据检察工作需要和检察官队伍实际情况，进一步突出检察官的办案主体地位，推行检察官负责制。

（二）明确检察人员职责权限

（1）制定授权清单，明确权力行使范围。由省院依法依规统一制定、发布检察官办案责任制授权清单，明确规定检察长、检察委员会、检察官、辅助人员在办案中的职责权限。

（2）检察长、检察委员会职责权限。法律明确应当由检察长、检察委员会行使的职权，以及检察长、检察委员会认为应当由其行使的职权，应由检察长、检察委员会行使。检察长可以授权主任检察官、检察官行使前述规定的部分职责。

（3）业务部门负责人职责权限。业务部门主要负责人负责行政事务和人员管理、部署各办案组调研任务、主持召开检察官联席会议。

（4）主任检察官职责权限。主任检察官负责组织、协调、指导、监督本办案组检察官行使检察办案权；带头办理重大、疑难、复杂案件；审核本办案组其他检察官的办理意见；指挥检察辅助人员协助本组检察官开展工作。

（5）检察官职责权限。独任检察官根据检察长授权，行使案件决定权。编入检察官办案组的检察官，在主任检察官的指导、监督下依法独立办案，并在授权范围内行使案件决定权。但对外作出法律决定前须报主任检察官审核，审核意见均实行书面明示。

（三）完善检察委员会运行机制

（1）提高检察委员会工作法治化、民主化、科学化水平，发挥检察委员会对重大案件和其他重大问题的决策、指导和监督功能。检察委员会讨论决定的案件，主要是本院办理的重大、疑难、复杂案件，涉及国家安全、外交、社会稳定的案件，下一级人民检察院提请复议的案件，以及公安机关提出复议复核的案件。

（2）检察委员会由检察长、副检察长、专职委员和部分资深检察员组成。

（3）检察官可以就承办的案件提出提请检察委员会讨论的请求，依程序报检察长决定。

（4）检察委员会对案件进行表决前，应当进行充分讨论。表决实行主持人末位表态制。检察委员会会议由专门人员如实记录，并按照规定存档备查。

（5）完善检察委员会决策咨询机制。建立健全专家咨询委员会、专业研究小组等检察委员会决策辅助机构。检察委员会讨论案件，可以邀请有关专家到场发表咨询意见。

（四）改革办案机制

根据检察职权范围规定，将检察机关办案机制划分为刑事检察、职务犯罪侦查和诉讼监督三种办案模式。

1. 刑事检察：

（1）适用于公诉、侦监、未检检察部门。

（2）主要业务为审查逮捕、审查起诉案件。一般由独任检察官承办，重大、疑难、复杂案件也可以由检察官办案组承办。独任检察官、主任检察官对检察长（分管副检察长）负责，在职权范围内对办案事项作出决定。

（3）主任检察官可指定办案组内检察官办理具体案件。对组内检察官所办理的案件，在检察长授权范围内，主任检察官具有审核权。

（4）主任检察官应当直接办理案件，并且应主要办理重大、疑难、复杂案件。

主任检察官认为案件重大、疑难、复杂，需要集体研究的，可提请分管检察长或业务部门主要负责人召集联席会议讨论。

2. 职务犯罪侦查：

（1）适用于反贪、反渎部门。

（2）主要业务为办理人民检察院直接受理立案侦查的案件。一般由检察官办案组承办，简单案件也可以由独任检察官承办。决定初查、立案、侦查终结等事项，由主任检察官或独任检察官提出意见，经职务犯罪侦查部门负责人审核后报检察长（分管副检察长）决定。

（3）主任检察官在检察长授权范围内，负责指挥、指导、协调组内检察官开展侦查活动。主任检察官对主办案件的相应侦查事项行使决定权，并独立承担办案责任。其他检察官、检察辅助人员应当服从指挥，并对其具体侦查行为的合法性负责。

（4）在线索初查以及案件突破后取证固证、审查结案等阶段，由主任检察官指挥办案组开展侦查活动。在案件突破阶段，需要团队协同办案的，由检察长或侦查部门负责人组织若干办案组，共同配合开展侦查活动。

3. 诉讼监督：

（1）适用于控申、刑事执行、民行检察部门。

（2）主要业务是办理诉讼监督等其他法律监督案件，可以由独任检察官承办，也可以由检察官办案组承办。独任检察官、主任检察官对检察长（分管副检察长）负责，在职权范围内对办案事项作出决定。以人民检察院名义提出纠正违法意见、检察建议、终结审查、不支持监督申请或提出（提请）

抗诉的重大诉讼监督事项，由主任检察官召集组内检察官合议，形成检察官办案组意见，报请检察长（分管副检察长）或检察委员会决定。

（3）刑事执行检察部门办理诉讼监督事项时，涉及刑事检察和职务犯罪侦查办案的，分别适用刑事检察和职务犯罪侦查机制相关规定。

4. 检察长（分管副检察长）参加检察官办案组或独任承办案件的，可以在职权范围内对办案事项作出决定。

5. 以人民检察院名义制发的法律文书，由检察长（分管副检察长）签发。

（五）加强监督制约

（1）检察长（分管副检察长）有权对独任检察官、检察官办案组承办的案件进行审核。检察长（分管副检察长）不同意检察官处理意见，可以要求检察官复核或提请检察委员会讨论决定，也可以直接作出决定。要求复核的意见、决定应当以书面形式作出，归入案件卷宗。

检察官执行检察长（分管副检察长）决定时，认为决定错误的，可以提出异议；检察长（分管副检察长）不改变该决定，或要求立即执行的，检察官应当执行，执行的后果由检察长（分管副检察长）负责，检察官不承担司法责任。检察官执行检察长（分管副检察长）明显违法的决定的，应当承担相应的司法责任。

（2）主任检察官对组内检察官办案进行监督。主任检察官通过行使审核权对组内检察官办案进行监督。

（3）主任检察官、检察官、辅助人员应当接受和服从业务部门负责人的行政管理。

（4）案管部门对办案流程进行全面监督。通过流程监控进行事中监督，通过组织案件质量评查等方式进行事后监督，对检察长批办案件进行程序性管理。

（5）强化案件备案审查工作，确保上级院及时掌握下级院重大案件办理情况。严格落实相关案件报请批准制度，严禁擅自越权作出决定。

（6）纪检监察部门对检察官、辅助人员遵守检察职业道德和职业纪律的情况进行监督。对涉及徇私枉法、滥用职权、执法不公等行为的举报反映进行调查处理，确保检察官、辅助人员依法行使职权。

（7）检务督查部门可以对检察官、辅助人员执法办案的质量和效率进行监督，对督查发现的问题进行通报并督促整改。

（8）加强对检察官、辅助人员的外部监督。邀请人大代表、政协委员参加案件听庭评议，听取人民监督员对执法办案的监督意见。深化检务公开，保障人民群众对检察办案工作的知情权、参与权。严格保障律师和当事人诉讼权利，认真听取律师及当事人意见。

（9）所有案件处理意见均以书面形式作出并完整归入检察内卷，作为责任依据；对党政机关领导干部、检察机关工作人员过问案件实行记载制度，归入检察内卷。

（10）建立检察官执法档案，严格执行高检院错案责任追究条例，实行办案责任终身制。

（六）司法责任认定和追究

（1）检察人员应当对其履行检察职责的行为承担司法责任，在职责范围内对办案质量负责。

司法责任包括故意违反法律法规责任、重大过失责任和监督管理责任。检察人员与司法办案活动无关的其他违纪违法行为，依照法律及《检察人员纪律处分条例（试行）》等有关规定处理。

（2）司法办案工作中虽有错案发生，但检察人员履行职责中尽到必要注意义务，没有故意或重大过失的，不承担司法责任。

检察人员在事实认定、证据采信、法律适用、办案程序、文书制作以及司法作风等方面不符合法律和有关规定，但不影响案件结论的正确性和效力的，属司法瑕疵，依照相关纪律规定处理。

（3）检察人员的司法责任范围、责任划分与承担、责任的认定、责任追究及处理，由省院另行制定《甘肃省检察机关错案责任追究暂行规定》和《甘肃省检察机关办案质量终身负责暂行规定》。

三、其他

本试点方案由甘肃省人民检察院负责解释，适用于全省各级检察院，自印发之日起试行。

甘肃省检察机关检察官确认入额实施办法（试行）

甘肃省人民检察院课题组

第一条 检察官确认入额工作要坚持德才兼备、注重实绩、严格标准、择优选任，防止论资排辈、迁就照顾，避免一步到位、用尽员额。

第二条 全省入额检察官，应通过考试考核的方式从现有检察员和助理检察员中择优选任。

第三条 民族自治地方检察院中，对能够熟练运用国家通用语言文字及当地通用的少数民族语言文字办案、起草法律文书的“双语”检察官，可经考核后直接进入检察官员额。经高等院校专门培养并取得司法资格的“双语”法律人才，可经一定程序优先进入检察官序列。

第四条 现有检察员经考试考核符合入额条件的，依照本办法规定的程序直接确认为纳入员额管理的检察官，不再提请同级人大重新任命；现有助理检察员经考试考核被遴选进入检察官员额的，应当按照法律规定提请同级人大任命。

第五条 检察员、助理检察员确认入额，应当同时具备下列资格条件：

（一）具有良好的政治素质和职业素养，品行端正；

（二）具有较高法律政策水平以及依法办理案件和处理各项检察事务的能力；

（三）曾办理过案件，具有相应的检察业务工作经历；

（四）身体健康，具备正常履行检察办案职责的身体条件；

（五）具备 5 年以上法律工作经验，且近 3 年年度考核均为称职以上等次；

（六）符合《检察官法》规定的学历条件。

第六条 具有下列情形之一的检察员、助理检察员，不能确认入额：

（一）因故意或重大过失导致案件国家赔偿，造成严重后果的；

（二）在办案中严重违反法律程序，导致重大办案后果的；

（三）违反检察职业操守，严重损害检察职业形象的；

（四）因违法违纪行为被给予警告以上处分且在影响期内的；

（五）近三年内病假连续超过一年，或者事假累积超过一年，身体状况难以适应办案需要的；

（六）根据相关法律规定有回避情形的；

（七）其它不适合纳入检察官员额的情形。

第七条 具有下列情形之一的检察员，可以暂缓入额：

（一）侦监、公诉、未检、反贪、反渎、刑事执行、民行、控告申诉等业务部门中不直接承担检察办案职责的；

（二）近5年因办案过错引起社会不良反响的；

（三）涉嫌违纪违法正在接受审查的；

（四）采取不当方式规避不能确认入额情形的；

（五）其它需要暂缓确认入额的情形。

第八条 现有检察员、助理检察员的确认入额程序：

（一）本人提出申请。符合遴选资格条件的现有检察员、助理检察员根据本院设定的检察官岗位，向本院提出遴选申请。

（二）严格考试考核。省院、市级院对符合遴选条件的检察员、助理检察员进行资格审核，并通过入额考试、实绩评估、民主测评、个别访谈等多种方式，按照1∶1.2的比例产生推荐人选。

（三）党组提出拟任人选。各级院党组在严格考核的基础上，择优提出拟纳入检察官员额管理的检察官人选，报省检察官遴选工作办公室审核。

（四）省院审核把关。省检察官遴选工作办公室对拟确认人员的办案能力、办案业绩以及职业素养、廉洁自律等情况进行全面审核，按照1∶1.1的比例研究提出拟确认人选，经省院司改领导小组审定后，报省法官检察官遴选委员会审核。

（五）省法官检察官遴选委员会审核。省法官检察官遴选委员会根据拟确认人选实际情况，对省检察官遴选工作办公室上报人选进行审核，向省院党组提出拟确认纳入检察官员额管理的名单。

（六）决定人选。省院党组根据省法官检察官遴选委员会的建议名单，研究决定纳入检察官员额管理的名单。

第九条 现有检察员、助理检察员被确认入额后，根据干部管理权限进行管理，享受纳入员额管理检察官的薪酬待遇以及相关的职务保障。

第十条 暂缓入额的检察员、助理检察员在暂缓入额情形消失后，符合条件的，可按程序确认入额。

第十一条 未进入员额的检察员、助理检察员，实行“老人老办法”保留其原身份和待遇，并享有优先遴选为检察官的权利。

第十二条 本办法由甘肃省人民检察院负责解释，适用于全省各级检察院，自印发之日起试行。

甘肃省人民检察院 2016 年 9 月 6 日

甘肃省高级人民法院关于全省林区法院案件管辖实施意见（试行）

甘肃省高级人民法院课题组

为深入推进林区法院改革，实现全省重点林区涉林案件集中管辖，依照最高人民法院《关于同意甘肃矿区人民法院司法改革方案的批复》和省委办公厅、省政府办公厅《关于印发〈甘肃矿区人民法院司法改革方案〉和〈甘肃林区法院检察院司法改革方案〉的通知》精神，根据《中华人民共和国刑事诉讼法》《中华人民共和国民事诉讼法》《中华人民共和国行政诉讼法》及相关司法解释的规定，结合我省法院工作实际，现就我省林区法院案件管辖问题，制定本实施意见。

一、子午岭林区法院在现管辖范围基础上，管辖太统崆峒山保护区管理局辖区内的各类案件。

二、小陇山林区法院管辖甘肃省小陇山林业实验局、小陇山国家级自然保护区管理局和兴隆山国家级自然保护区管理局辖区内的各类案件。

三、祁连山林区法院管辖祁连山自然保护区管理局、连古城自然保护区管理局、敦煌西湖自然保护区管理局、安南坝自然保护区管理局、盐池湾自然保护区管理局辖区内的各类案件。

四、白龙江林区法院在现管辖范围基础上，管辖原文县、迭部林区基层法院和白水江国家级自然保护区管理局辖区内的各类案件。

五、洮河林区法院在现管辖范围基础上，管辖洮河林区的太子山、莲花山、尕海则岔自然保护区管理局辖区内的各类案件。

六、鉴于案件管辖范围调整后，白龙江林区法院管辖白龙江流域内的各类案件，洮河林区法院管辖洮河流域内的各类案件的实际，由白龙江林区法院在文县和迭部县各设一个林业人民法庭。

七、全省林区基层法院办理的一审案件，二审由甘肃省林区中级人民法院管辖。

八、全省林区基层法院、甘肃省林区中级人民法院在受理本辖区内一审各类案件时，严格依照法律、司法解释有关级别管辖、集中管辖的规定。

九、本实施意见自印发之日起施行，解释权归甘肃省高级人民法院。

甘肃省高级人民法院 2017 年 9 月 12 日